Reihe Rechtswissenschaft
Band 184

Der Anspruch auf ein Verfahren innerhalb angemessener Zeit

Kai-A. Otto

Centaurus Verlag & Media UG 1995

Dr. jur. Kai-A. Otto studierte an den Universitäten Mainz und Dijon Rechtswissenschaften. Nach dem Assessorexamen war er wissenschaftlicher Mitarbeiter an der Johannes Gutenberg-Universität-Mainz. Seit 1992 ist er Regierungsrat in Bonn.

Die Deutsche Bibliothek – CIP-Einheitsaufnahme

Otto, Kai-A.:
Der Anspruch auf ein Verfahren
innerhalb angemessener Zeit / Kai-A. Otto. –
Pfaffenweiler : Centaurus Verl.-Ges., 1995
(Reihe Rechtswissenschaft ; 184)
Zugl.: Mainz, Univ., Diss., 1994
ISBN 978-3-8255-0088-7 ISBN 978-3-86226-329-5 (eBook)
DOI 10.1007/978-3-86226-329-5
NE: GT

ISSN 0177-2805

Satz: Vorlage des Autors

Elke

Inhaltsverzeichnis

Einführung

„Der Bürger hat einen substantiellen Anspruch auf eine möglichst wirksame gerichtliche Kontrolle bezüglich des ihn betreffenden Handelns oder Unterlassens der öffentlichen Gewalt[1]. Wirksamer Rechtsschutz bedeutet zumal auch Rechtsschutz innerhalb angemessener Zeit. Die Angemessenheit der Dauer eines Verfahrens ist nach den besonderen Umständen des einzelnen Falles zu bestimmen[2].

Die häufig zu lange Dauer von Verfahren vor deutschen Gerichten stellt nach wie vor ein schwerwiegendes Problem dar. Überlange Verfahrensdauer schädigt nachhaltig nicht nur das Ansehen der Rechtspflegeorgane gegenüber den Bürgern der Bundesrepublik Deutschland, sondern auch gegenüber dem Ausland[3]. *Goethe* hat in „Dichtung und Wahrheit“ die Situation der Rechtspflege als maßgeblich für die Beurteilung irgendeines Staates bezeichnet[4]. Gegenwärtig befindet sich die Justiz der Bundesrepublik Deutschland nicht in einem allgemeinen Zustand der Verfahrensverschleppung: Die meisten Verfahren dauern weniger als ein Jahr, so daß es als überzogen erscheinen muß, die Gerichte mit dem Reichskammergericht gleichzustellen[5], das seinerseits mit dem Olymp verglichen wurde, dem Sitz der über unendlich viel Zeit verfügenden Unsterblichen[6].

In dieser Arbeit geht es um Verfahren, die teilweise über Jahre hinweg andauern. Was der Rechtsschutzsuchende gegen eine überlange Verfahrensdauer unternehmen und wie er gegen Verfahrensverzögerungen durch den Richter vorgehen kann, ist Thema dieser Arbeit.

---

[1] BVerfGE 55, 349/369 mit Hinweis auf BVerfGE 40, 272/275; ständige Rechtsprechung.
[2] BVerfGE 55, 349/369.
[3] Vgl. die Verurteilungen der Bundesrepublik Deutschland durch den EGMR wegen unangemessen langer Verfahrensdauer im Fall Eckle, Urteil vom 15.7.1982, Ser. A Nr. 51 = EuGRZ 1983, 371 und im Fall König, Urteil vom 28.6.1978 Ser. A Nr. 27 = EuGRZ 1978, 406.
[4] *Goethe*, Dichtung und Wahrheit, Dritter Teil, 12. Buch in: Aus meinem Leben, S. 24.
[5] So aber: *Berra*, Im Paragraphenturm, S. 24.
[6] *Feuerbach*, Betrachtung über die Öffentlichkeit und Mündlichkeit der Gerechtigkeitspflege, S. 177.

Spielt für die richterliche Entscheidungsfindung die materielle Gerechtigkeit auch die Hauptrolle, so läßt sich dennoch sagen, daß in der Regel nur schnelle Justiz eine wirkliche Rechtsschutzgewährung bedeutet[7].

Die vielfältigen Gründe der häufig zu langen Dauer von Gerichtsverfahren können hier ansatzweise genannt, aber nicht untersucht werden. Insbesondere die Beschäftigung mit der praktischen Arbeitstechnik der Richter vermag zwar Ursachen für eine oft zu lange Verfahrensdauer aufzuzeigen[8], aber nicht dem betroffenen Bürger eine Handhabe gegen rechtsschutzmindernde Verfahrensverzögerungen zu liefern. Es geht hier nicht darum, der Justiz Vorschläge zu unterbreiten, wie sie dem Begehren des Bürgers auf schnelle Justiz, insbesondere in Zeiten leerer Kassen, gerecht werden kann[9]. Auch soll hier nicht nach dem Gesetzgeber gerufen werden, zumal dieser bis in die jüngste Zeit hinein Beschleunigungs- und Vereinfachungsnovellen erlassen hat[10]. Mit einem Verkürzungseffekt durch Änderungen beispielsweise der ZPO von sieben bis zehn Tagen[11] ist dem rechtsschutzsuchenden Bürger kaum geholfen, so daß Novellierungen des Verfahrensrechts nicht schlechthin als Allheilmittel gegen zu lange Gerichtsverfahren angesehen werden können.

Ziel dieser Untersuchung ist es vielmehr, den „Anspruch auf Rechtsschutz in angemessener Zeit" herauszuarbeiten. Nach der Darstellung der Entwicklung dieses Anspruchs in der Zeit vor 1949 soll untersucht werden, ob auch das

---

[7] *Schwab/Gottwald*, Verfassung und Zivilprozeß, S. 57.

[8] Z.B. *Sendler*, DVBl 82, 923; ders. DöV 90, 776.

[9] Vgl. dazu die Gutachten im Auftrag des BMJ „Strukturanalyse der Rechtsprechung" (SAR) der WIBERA-Wirtschaftsberatungs-AG und der Kienbaum-Unternehmensberatungs-GmbH zur Verbesserung innerbetrieblicher Organisationsabläufe durch modernes „Gerichtsmanagement"; zur Erschließung von „Binnenreserven" vgl. das Gutachten im Auftrag des Landes NRW des betriebswirtschaftlichen Institutes für Organisation und Automation der Universität Köln (BIFOA); alle zit. nach *Schmieszek*, NVwZ 91, 526.

[10] Vgl. z.B. die Änderung der ZPO durch das Rechtspflegevereinfachungsgesetz vom 17.12.1990, BGBl. I, 2847 und die Novelle zur VwGO vom 17.12.1990, BGBl. I 1990, 2809.

[11] Vgl. *Rottleuthner/Rottleuthner-Lutter*, Die Dauer von Gerichtsverfahren, Evaluation der ZPO-Vereinfachungsnovelle, 1990, S. 204.

Grundgesetz und das einfache Gesetzesrecht diesen Anspruch gewährleisten. Während im Grundgesetz und in den Verfahrensordnungen ein Anspruch auf angemessene Verfahrensdauer nicht formuliert ist, verbürgt die Europäische Menschenrechtskonvention in Art. 6 Abs. 1 ausdrücklich einen Anspruch auf Rechtsschutz in angemessener Zeit.

Bisher hat der Europäische Gerichtshof für Menschenrechte in zwei Entscheidungen zu Lasten der Bundesrepublik Deutschland eine überlange Verfahrensdauer gerügt[12]. Deshalb soll anhand dieser Rechtsprechung geklärt werden, ob nicht mit einem nationalen Rechtsmittel überlanger Verfahrensdauer wirksam begegnet werden kann, wenn der deutsche Rechtsschutz nicht hinter dem europäischen Rechtsschutz zurückbleiben will.

Darüber hinaus ist die Bewertung der „Angemessenheit" der Verfahrensdauer nach den Umständen des Einzelfalls nicht befriedigend. Weder das Gericht, noch der Bürger haben Anhaltspunkte, wann nun im Einzelfall die Schwelle der noch angemessenen Dauer überschritten wird. Es wird hier versucht, für die Beurteilung der „Angemessenheit" der Verfahrensdauer konkrete Zeitangaben zu liefern.

[12] EGMR, Urteil vom 15.7.1982, Fall Eckle, Ser. A Nr. 51 = EuGRZ 1983, 371; Urteil vom 28.6.1978, Fall König, Ser. A Nr. 27 = EuGRZ 1978, 406.

Teil A Grundlagen des Anspruchs auf angemessene Verfahrensdauer

1. Kapitel: Historische Betrachtung

Ein Anspruch auf ein Verfahren in angemessener Zeit setzt zunächst voraus, daß überhaupt ein Anspruch des einzelnen auf ein Verfahren, auf eine juristische Klärung und Entscheidung einer Streitigkeit, besteht. Ein solcher Anspruch ist erst dann denkbar, wenn überhaupt eine staatliche Justizgewährung vorhanden ist. Nur in Verbindung mit der Entstehung des Justizgewährleistungsanspruchs konnte sich ein Anspruch auf angemessene Verfahrensdauer entwickeln.

§ 1 Der ältere Justizstaat nach 1495

I. Selbsthilfe und staatliche Justizgewährleistung

Nachdem zunächst die Selbsthilfe bzw. die Fehde, die dem germanischen Rechtsdenken entstammt[1], das anerkannte Mittel war, Rechtspositionen durchzusetzen, kann erst ab Ende des Mittelalters von einer grundsätzlich dem „Staat" zugeordneten Aufgabe, Recht zu gewähren, die Rede sein. Im Rahmen dieser allmählichen Entwicklung wurde die private Rechtsverwirklichung von einer „obrigkeitlichen" Rechtsgewährung immer weiter zurückgedrängt.

Der Zusammenhang zwischen obrigkeitsrechtlicher Justizgewährung und privater Selbsthilfe findet sich z.B. im Mainzer Landfrieden von 1235[2], wonach derjenige, der vor dem obrigkeitlichen Gericht sein Recht nicht erhält, „Widersage" tun darf, d.h. seinen Gegner befehden kann[3]. Somit konnte die

---

[1] *Eb. Schmidt*, Lehrkommentar zur StPO I, Rn 2; *Planitz/Eckhardt*, Deutsche Rechtsgeschichte, S. 46.

[2] Text bei *Zeumer*, Quellensammlung, Nr. 58, S. 68.

[3] Erstmalig bereits 1152 im Landfrieden Friedrichs I.; zu den Land- und Gottesfrieden, dem Grundatz „zuerst das Gericht, dann das Schwert" und der Wechselwirkung pax et iustitia, vgl. *Eb. Schmidt*, Lehrkommentar zur StPO I, Rn 2; *ders.*, Einführung in die Geschichte der deutschen Strafrechtspflege, S. 52; *His*, Strafrecht des deutschen Mittelalters, S. 14ff; schon der Sachsenspiegel sah überhaupt keine gerechtfertigte Fehde mehr vor.

Justizgewalt als Surrogat der privaten Ausübung des Zwangsrechts, der Selbsthilfe, begriffen werden. Je stärker der Staat die Rechtspflege für sich reklamierte, desto dringlicher mußte er seine Justizgewährleistung institutionalisieren, um der übernommenen Verpflichtung zugunsten des Bürgers gerecht zu werden.

Die Zeit nach dem „Ewigen Landfrieden" von 1495 war neben den absoluten Fehdeverboten dadurch gekennzeichnet, daß der entstehende Territorialstaat die Rechtspflege als bedeutsames Instrument der Friedenssicherung erkannte und Möglichkeiten für den einzelnen erschloß, überhaupt einen Richterspruch zu erlangen[4]. In diesem Zusammenhang muß hervorgehoben werden, daß sich die Herrschergewalt nicht in Gesetzgebung und Regierung manifestierte, sondern in der Stellung als oberster Richter. Die richterliche Gewalt des jeweiligen Herrschers war die Basis einer „Staatsgewalt", aus der sich erst eine Gesetzgebung und Regierung im heute verstandenen Sinne entwickeln konnte[5]. So nimmt es nicht wunder, daß der Herrscher, auch wenn er „selbständige" Gerichte einrichtete, seinen maßgeblichen Einfluß auf die Rechtsprechung zu erhalten versucht war.

Durch § 1 der Reichskammergerichtsordnung von 1495[6]. wurde mit der Errichtung des Reichskammergerichts zwar eine Trennung von Herrschaft und Rechtsprechung vorgesehen, die aber von einer Konstituierung einer unabhängigen richterlichen Gewalt gewiß noch weit entfernt war. Das Reichskammergericht sprach Recht „im Namen des Kaisers"; Kammerrichter mußte ein Fürst, Graf oder Freiherr sein[7]. Ob das Reichskammergericht vom Rang her mit dem des BVerfG und von den Kompetenzen her mit dem US-Supreme Court vergleichbar ist, sei dahingestellt[8].

---

[4] *Eb. Schmidt*, Lehrkommentar zur StPO I, Rn 3.

[5] *Roellecke*, VVDStRL 34 (1975) S. 25f; *Ebel*, Geschichte der Gesetzgebung in Deutschland, S. 13, 27.

[6] RKGO von 1495, abgedruckt bei *Zeumer*, Quellensammlung Nr. 174 S. 284.

[7] Vgl. § 1 Reichskammergerichtsordnung von 1495.

[8] Dafür *Roellecke*, Über richterliche Gewalt und höchstrichterliche Entscheidung, S. 6.

Das Reichskammergericht erlangte als Instanz für die Behandlung von Justizverweigerungen bzw. Justizverzögerungen eine wichtige Bedeutung. Dies galt insbesondere im Verhältnis zur Justiz der Territorien, wo die „Oberaufsicht“ des Reichskammergerichts sonst kaum eine Rolle spielte. Daß sie aber vorhanden war, wurde formal dadurch dokumentiert, daß die deutschen Fürsten, die grundsätzlich ihren Gerichtsstand beim Reichskammergericht hatten, dort verklagt werden konnten[9].

II. Justizverweigerung und Justizverzögerung

In Verbindung mit der Gewährung von sogenannten Nichtanrufungsprivilegien[10] läßt sich die wichtige Unterscheidung zwischen der Weigerung des Richters, überhaupt zu entscheiden (Justizverweigerung) und dem Fehlurteil aufzeigen. Offenkundig wurde dies in den jeweils unterschiedlichen Rechtsfolgen: Lag eine Entscheidung eines Gerichts vor und war gemäß eines Nichtanrufungsprivilegs die Appellation für ein bestimmtes Gebiet ausgeschlossen, dann war auch die Anrufung der Reichsinstanzen unzulässig. Hingegen konnten diese Instanzen unabhängig von diesen Vorrechten angegangen werden, wenn der Unterrichter die Entscheidung verweigerte[11].

In den Reichskammergerichtsordnungen seit 1495 waren ausdrücklich die Voraussetzungen für das Vorliegen einer Justizverweigerung oder -verzögerung, die Zuständigkeiten und die Rechtsfolgen geregelt[12]. Zu dieser Zeit

[9] Vgl. *Rüfner*, Verwaltungsrechtsschutz in Preußen, S. 23 mwN, S. 29 mit dem Beispiel der Klagemöglichkeit des Untertanen gegen den Landesherren zum Schutz wohlerworbener Rechte; *Triepel*, Reichsaufsicht, S. 17ff; *Fehr*, Deutsche Rechtsgeschichte, S. 197f.

[10] Z. B. Privilegium de non evocando = Verzicht des Kaisers, Klagen von Untertanen der Kurfürsten an sich zu ziehen; 1274 auch zugunsten der Reichsstädte gewährt, Text bei *Zeumer*, Quellensammlung, Nr. 86, S. 124; vgl. auch die Nichtanrufungsprivilegien der Goldenen Bulle von 1356 in cap. VIII und XI, Text bei *Zeumer*, aaO, Nr. 148, S. 192/201ff; privilegium de non appellando = Verzicht des Kaisers, Klagen gegen Urteile der kurfürstlichen Urteile anzunehmen; vgl. auch *Berg*, Grundriß der reichsgerichtlichen Verfassung und Praxis, S. 41ff.

[11] Goldene Bulle, cap. XI § 4, Text bei *Zeumer*, Quellensammlung, Nr. 148, S. 192/202f; später auch RKGO von 1555; Teil II, Titel 29, § 1, Text bei *Zeumer*, Nr. 190, S. 371/381; *Döhring*, Geschichte der deutschen Rechtspflege seit 1500, S. 1, 25.

[12] Vgl. RKGO von 1495, § 16, Text bei *Zeumer*, Quellensammlung Nr. 174 S. 284/287, wonach jedermann das Reichsgericht anrufen konnte, wenn trotz Ersuchens an den Unterrichter dieser ihm das Recht „kondtlich versagt oder mit Geverd“ verzogen worden war.

wurden unter „Justizsachen“ immer nur Zivilrechtssachen verstanden[13]. Demgemäß deuteten auch die Bezeichnungen „Justizverweigerung“ oder „Justizverzögerung“ darauf hin, daß diese sich nur im Bereich der Zivilgerichtsbarkeit ereignen konnten. Für die mit peinlicher Strafe bedrohten Kriminalsachen lag wegen der absoluten Fehdeverbote die Strafgewalt allein bei den Territorien. Die alleinige Zuständigkeit der territorialen Gerichte verhinderte jegliche Appellation des als Objekt behandelten Rechtsbrechers zum Reichskammergericht[14]. Solange zudem die Strafe als Abschreckung bzw. als Buße gegenüber dem Opfer ausgestaltet war[15], war eine öffentliche Pflicht des Gerichts dem Delinquenten gegenüber, ohne Verzögerung tätig zu werden, noch nicht vorstellbar.

Justizverweigerung oder -verzögerung sind mithin Erscheinungsformen im Rahmen des vom Staat beanspruchten Rechts, allein Justiz zu gewähren. Mit diesem Recht ist gleichzeitig die Pflicht verbunden, daß Rechtspflegeorgane eingerichtet und unterhalten werden, so daß dieser Pflicht der Anspruch des Bürgers auf Justizgewährung bzw. einer Unterlassung von justizverzögerndem, oder -verweigerndem Verhalten der staatlichen Organe entspricht[16].

1. Begriff der Justizverweigerung oder - verzögerung

Die Reichskammergerichtsordnungen unterschieden die Justizverweigerung von der Justizverzögerung[17], obwohl die möglichen Rechtsfolgen gleich waren. Unter ersterem wurde die Ablehnung richterlicher Tätigkeit schlechthin

[13]Zum Inhalt dieses Begriffs, insbesondere im Verhältnis zu „Polizeisachen“ vgl. *Rüfner*, Verwaltungsrechtsschutz in Preußen, S. 26ff.

[14]RKGO von 1555, Teil II, Tit. 28 § 5, zit. bei *Hummer*, Justizgewährung, S. 13; *Conrad*, Deutsche Rechtsgeschichte, Bd. II, S. 158, 164; *Pütter*, Anleitung zum Teutschen Staatsrechte, S. 171.

[15]Statt vieler *Fehr*, Deutsche Rechtsgeschichte, S. 169.

[16]*Goldschmidt*, Zivilprozeßrecht, S. 78, 138; *Rosenberg*, Lehrbuch des deutschen Zivilprozeßrechts S. 8; *Niese*, Doppelfunktionelle Prozeßhandlungen S. 59ff; vgl. auch *Wolf*, Gerichtsverfassungsrecht, § 27 I 1 (S. 264f).

[17]Im frühmittelalterlichen deutschen Recht wurde diese Unterscheidung nur ausnahmsweise getroffen, *Cohn*, Justizverweigerung im altdeutschen Recht, S. 10f.

verstanden[18], sei es vor oder nach Eröffnung des Verfahrens, ausdrücklich[19] oder konkludent[20] erklärt. Unter der Justizverzögerung wurde ein Verhalten der Justiz subsumiert, das der Untätigkeit gleichkam[21]. Dies war der Fall, wenn der Richter den ordnungsgemäßen Lauf der Verhandlung willkürlich verzögerte und/oder den Bürger durch rechtswidrig unterlassene Handlungen hinhielt; bei einem unzumutbar langen Verzug der Erledigung der Streitsache sprach man auch von einer beharrlichen Justizverschleppung[22]. Somit läßt sich Justizverzögerung oder -verweigerung als rechtswidrige Versagung gerichtlicher Entscheidung definieren, vorausgesetzt, daß ein formell ordnungsgemäßer Antrag die öffentliche Pflicht des Gerichts zum Tätigwerden ausgelöst hat[23]. Jedwede, evtl. auch unrichtige Entscheidung schloß das Vorliegen einer Justizverweigerung und in Verbindung mit den Nichtanrufungsprivilegien die Appellation zu den Reichsinstanzen aus; die Justizverweigerung hatte ihre Ursache somit im prozessualen richterlichen Fehlverhalten.

2. Verfahren und Rechtsfolgen

Im Fall einer Justizverweigerung bzw. einer ihr gleichkommenden Justizverzögerung konnte jedermann das Reichskammergericht anrufen[24]. Nach dem

[18] Vgl. auch schon Ssp. Ldr. III 87 § 3: „Recht verweigert der Richter, wenn er nicht richten will oder seine rechte Thingfrist nicht hält.“

[19] Vgl. RKGO von 1495, § 16, Text bei *Zeumer*, Quellensammlung, Nr. 174 S. 284/287 und bei *Perels*, ZRG 24 (1904), S. 24; Reichsabschied von 1512, Titel 4 § 13, Text bei *Perels*, RKGO von 1521, Titel 22 § 2, vgl. *Perels*, RKGO von 1555, Teil II, Titel 1 § 2, Text bei *Perels*, die diesen Fall mit „das Recht kündlich versagen“ benennen.

[20] Dieser Fall wurde zuerst in der RKGO von 1555, Teil II Titel 1 § 2, Text bei *Perels*, S. 24, hervorgehoben, wonach eine richterliche Untätigkeit von einem Monat die Justizverweigerung fingiert; zur insoweit großzügigen Praxis: *Bayer*, Vorträge über den gemeinen ordentlichen Zivilprozeß, S. 282.

[21] Vgl. das Rechtssprichwort „Justitiae dilatio est quaedam negatio“ = Hinauszögern der Rechtsgewährung ist eine Art sie zu verweigern; zit. nach *Liebs*, S. 106, Nr. 193.

[22] *Perels*, S. 6.

[23] Vgl. *Perels*, S. 5f; *Conrad*, Deutsche Rechtsgeschichte I, S. 164; *Hummer*, S. 16.

[24] RKGO von 1495, § 16, Text bei *Zeumer*, Nr. 174, S. 284/287. Die Zuständigkeit des höchsten Gerichts war schon in altdeutscher Zeit ein unumstrittener Rechtsgrundsatz; vgl. *Conrad*, Deutsche Rechtsgeschichte I, S. 145, 378. Zweifelhaft bleibt, ob bei Justizverweigerung der Rechtssuchende das geistliche Gericht anrufen konnte; das kanonische Recht nahm eine solche Kompetenz für sich ausdrücklich in Anspruch: *Plöchl*, Geschichte des Kirchenrechts II, S. 348; Ssp. Ldr. III 87 § 1 und § 2; die Abschaffung der Kompetenzanmaßung durch das forum ecclesiasticum wurde durch die Goldene Bulle abgeschafft; vgl. *Perels*, S. 10ff.

Reichsabschied von 1512 war vor Anrufung des RKG erst die nächsthöhere Instanz des Unterrichters anzugehen[25].

Der Rechtsbehelf, mit der die Justizverschleppung geltend gemacht werden konnte, war das prozessuale Rechtsmittel der Justizverweigerungsbeschwerde[26]. Sie war eine Erscheinung, die von dem Aufbegehren gegen die weitläufigen Appellationsbeschränkungen herrührte, durch die die Judikatur der Territorien nicht mehr angreifbar geworden war[27]. Diese Rechtsbeschwerde war im Interesse einer wirksamen Verfolgung des Begehrens an ein Minimum von Rechtsförmlichkeiten gebunden, hatte aber keine aufschiebende Wirkung. Mit ihr konnten sogenannte Mandate und Promotoralien bewirkt werden, mit denen einer gefährlichen Verlängerung des Verfahrens entgegengewirkt werden sollte.

Ein *Mandat* beinhaltete die Aufforderung an ein Gericht, den Anspruch eines Rechtssuchenden auf rechtliches Gehör zu erfüllen. In der milderen Form des „mandatum cum clausula" enthielt es lediglich die Aufforderung an den angegriffenen Richter, den Bericht oder die Akten einzusenden, damit die Unsicherheit über das Vorliegen einer Justizverweigerung noch beseitigt werden konnte. Das „mandatum sine clausula" hingegen geht von der Tatsache einer Justizverweigerung aus und forderte den Richter unbedingt zur Rechtsgewährung auf, wobei dem Richter für den Fall einer Zuwiderhandlung eine (Geld-) Strafe angedroht wurde[28].

Mit *Promotorialien* wurden die Untergerichte angewiesen, den Gerichtstätigkeitsanspruch innerhalb einer bestimmten Frist zu erfüllen. Verbunden waren diese Befehle mit der Androhung der Avokation, wenn die Frist ergebnislos verstreichen sollte. Der Übergang der Sache von dem an sich zuständi-

[25] Reichsabschied von 1512, Titel 4 § 13, Text bei *Perels*, S. 23.

[26] Zur „querela protectae vel denegatae iustitae": *Gönner*, Handbuch des deutschen gemeinen Prozesses, S. 137, 518ff; *Perels*, S. 10ff.

[27] *Weitzel*, Der Kampf um die Appellation ans Reichskammergericht, S. 44.

[28] *Perels*, S. 26f.

gen rechtsversagenden Gericht an das übergeordnete Gericht, konnte auf Antrag auch sofort erfolgen, wenn z.B. die erwiesene Justizverweigerung bestimmte Fristen überschritten hatte[29]. Die ermöglichte Avokation für den Fall der Justizverweigerung war mit dem Recht auf den gesetzlichen Richter vereinbar, weil durch Gesetz die Zuständigkeit nur im festgeschriebenen Fall der Justizverweigerung als ultima ratio verlagert werden konnte und die Gefahr einer willkürlichen Richtervertauschung damit nicht bestand[30].

Damit tritt der noch im altdeutschen Recht gegebene pönale Charakter der Justizverweigerung in den Hintergrund[31]. Gegen den untätigen Richter konnten zu dieser Zeit Wiedergutmachungsleistungen an die betroffene Partei oder sogar die Todesstrafe verhängt werden[32]. Die Justizverweigerung war allein als spezieller Fall des Rechtspflegedelikts der Rechtsbeugung ausgestaltet; Relikte dieser Auffassung finden sich heute in Art. 4 des Code Civil (déni de justice) iVm. § 185 des Code Pénal. Im deutschen Strafrecht dagegen wird die Justizverweigerung nicht mehr selbständig geahndet.

§ 2 Das Zeitalter des Absolutismus

Das Reichskammergericht blieb zwar noch bis zum Ende des alten Reiches (1806) erhalten, aber seine Tätigkeit wurde immer weniger effektiv. Zum einen war dies auf eine starke Überlastung und eine hoffnungslose Unterbesetzung[33] zurückzuführen (1806 blieben 50.000 unerledigte Fälle zurück). Zum anderen war die praktische Wirksamkeit seiner Entscheidungen nur sehr eingeschränkt, weil die Vollstreckung der Urteile in den Territorien nicht gelang[34]; im Rahmen der immer schwächer gewordenen kaiserlichen Gewalt

---

[29] RKGO von 1555, II. 1 § 2, II. 26 § 1; *Perels*, S. 37 mwN. in Fn 3.

[30] *Perels*, S. 36, vgl. auch *Maunz/Dürig-Dürig*, Art. 101 Rn 35 a.E.

[31] Dazu *Schmitt-Weigand*, Rechtspflegedelikte in der fränkischen Zeit und *Cohn*, Die Justizverweigerung im altdeutschen Recht; vgl. auch Sachsenspiegel Ldr. II 13 § 8, III, 87, § 3.

[32] *Cohn*, Zusammenfassung S. 158.

[33] Dazu auch *Goethe*, Dichtung und Wahrheit, 3. Teil, 12. Buch S. 24ff.

[34] Vgl. *Zwierlein*, Vermischte Briefe, S. 299ff; *Rüfner*, Verwaltungsrechtsschutz in Preußen, S. 24, 45.

ging mit der Erstarkung der Landesherren auch ein Aufschwung der territorialen Justiz einher. Es wurden territoriale Instanzenzüge eingerichtet, und teilweise traten Oberappellationsgerichte an die Stelle des Reichskammergerichts. Die Landesherren waren nunmehr selbst „oberste" Richter, d.h. sie leiteten ihre Gerichtsgewalt nicht mehr vom Kaiser, sondern aus ihrer Landeshoheit ab, die aus der Territorialgewalt der Reichsstände entstanden war; es galt: „Jeder Herr ist Kaiser im eigenen Lande"[35]. Damit hatten die Landesherren mehr Einfluß auf die territoriale Justiz als das Reich[36]. Versagte nach Meinung des Landesherrn ein Gericht, konnte er auch durch Machtspruch selbst entscheiden, was als rechtmäßige Ausübung seines Hoheitsrechts empfunden wurde.

Die alte Justizverweigerungsbeschwerde zu den Reichsinstanzen war zwar nicht abgeschafft, konnte aber mangels Durchsetzbarkeit der Beschlüsse und Urteile ihre Funktion nicht mehr erfüllen. Insbesondere aber waren Justizsachen jetzt nicht mehr nur Eingriffen durch verzögerndes Verhalten der Justiz selbst ausgesetzt, sondern zusätzlich dem Einfluß der „Kabinettsjustiz", also dem Eingriff durch nichtrichterliche Staatsorgane.

Gegen diese aufkommenden Eingriffe in den Lauf der Rechtsprechung konnte auch die landesrechtliche Einführung einer Prozeßbeschwerde - z.B. in Preußen zum territorialen Obergericht[37]- nichts ausrichten. Gegen Ende des 18. Jh. versuchte man, Machtsprüche zu verbieten[38], um im Interesse der Sicherung der Rechte des einzelnen größere Sicherheit der Rechtspflege durch unabhängige Richter zu gewährleisten; weitgehend durchsetzen ließ sich dies erst im 19. Jh. mit dem verfassungsrechtlichen Verbot der Kabinettsjustiz[39].

---

[35]*Conrad*, Deutsche Rechtsgeschichte II, S. 118ff.

[36]Vgl. für Preußen *Rüfner*, S. 60.

[37]Teil 1 Titel 2 § 42 der Allgemeinen Gerichtsverfassung für die Preußischen Staaten; zur Justizverweigerungsbeschwerde auf Landesebene allgemein: *Gönner*, Handbuch des deutschen gemeinen Prozesses, S. 523ff.

[38]Klare Regelungen, wie z.B. § 6 der Einleitung zum ALR von 1794, wonach Machtsprüche weder Rechte noch Verbindlichkeiten bewirken sollten, kamen nicht zur Anwendung; vgl. *Baur*, Justizaufsicht, S. 9; *Conrad*, Deutsche Rechtsgeschichte II, S. 285.

[39]*Conrad*, Deutsche Rechtsgeschichte II, S. 284f.

Aus dem Machtspruch des Landesherren entwickelte sich allmählich, unterschiedlich ausgeprägt in den Territorien, eine bloße „Dienstaufsicht“, die in Verbindung mit der entstehenden richterlichen Unabhängigkeit sich materieller Weisungen weitgehend enthalten mußte.

Nach und nach wurde die Aufgabe, gegen richterliches Fehlverhalten einzuschreiten, Justizverwaltungen übertragen[40], denen die Mittel „Androhung mit Strafe, wenn die Sache nicht binnen einer bestimmten Frist entschieden würde“ oder „Aktenanforderung und Übertragung der Sache an ein anderes Gericht“[41] zur Verfügung standen. Da in der Praxis dieser Dienstaufsichtsweg offensichtlich schneller beschritten werden konnte, wurde die formelle Justizbeschwerde schließlich völlig verdrängt[42].

§ 3 Die Zeit von 1816 bis 1871

In den Verfassungen des 19. Jahrhunderts war man bestrebt, die Auswüchse der absolutistischen Machtentfaltung zu beseitigen. Dies galt insbesondere zugunsten der Rechtspflege, indem die richterliche Unabhängigkeit durch umfassende Gewährleistungen in den Verfassungen gestärkt wurde[43]. Auch wurden Strafsachen nunmehr unter Justizsachen gefaßt[44] mit der Konsequenz, daß der Schutz der Rechte des Bürgers in bisher nicht gekanntem Umfang den Gerichten anvertraut wurde. Dabei wurde die Gefahr nicht verkannt, daß die Judikative dann mehr Eingriffsversuchen durch die anderen Gewalten ausgesetzt werden würde, gegen die es sie deshalb besonders zu schützen galt.

Pflichtwidrigkeiten der Richter durch die Dienstaufsicht zu ahnden, um Justizverzögerungen abzuhelfen, wurde als weniger problematisch eingestuft.

---

[40] Vgl. z. B. Allgemeine Gerichtsordnung für die Preußischen Staaten, Titel 1, § 9.
[41] Vgl. *Döhring*, Geschichte der deutschen Rechtspflege seit 1500, S. 107.
[42] Vgl. *Hummer*, Justizverweigerung, S. 27.
[43] Z.B. durch das Verbot der Kabinettsjustiz und der entsprechenden Justizverzögerung bzw. -verweigerung; Verbot der Richterentziehung; Überblick bei *Kern*, Der gesetzliche Richter, S. 115ff.
[44] *Zachariä*, Staatsrecht, § 281 II S. 787.

Vielmehr sah man die Gefahr, daß dem Bürger durch Eingriffe der gesetzgebenden Gewalt eine Justizverweigerung widerfahren könnte. Ihn davor zu schützen, war der Angelpunkt der Reformbestrebungen, mit denen ein Bedürfnis nach einer den Territorien übergeordneten Abhilfe deutlich wurde.

Im Deutschen Bund fand sich in Art. 29 der Wiener Schlußakte deshalb die Regelung, daß bei verweigerter oder gehemmter Rechtspflege die Bundesversammlung gerichtliche Hilfe zu bewirken hatte[45]. Die Beurteilung dieser Beschwerden richtete sich nach der Verfassung und den Gesetzen des jeweiligen Landes. Gerichtliche Hilfe „bewirken" bedeutete, daß die Bundesversammlung als höchste Aufsichtsbehörde sich bei der Vollstreckung ihrer Entscheidungen der Landesjustizverwaltungen bedienen mußte, also nur mittelbar in die inneren Verhältnisse der Bundesstaaten eingreifen konnte[46].

Als Zwangsmittel hatte der Bund nur politischen Druck und die Bundesexekution zur Verfügung, die nicht gegen das betroffene Gericht, sondern nur gegen den Bundesstaat angewendet werden konnten[47]. Der landesrechtliche Weg bei richterlicher Justizverweigerung, der nach wie vor in den jeweiligen Prozeßgesetzen vorgesehen war, war eine - wenn auch nur kaum genutzte - Behelfsmöglichkeit des Bürgers. Auf dem Gebiet der Justizverweigerung durch nichtrichterliche Staatsorgane sollte Art. 29 WSchlA eine Lücke schließen, die durch die landesrechtlichen Normen nicht abgedeckt war[48].

In der Verfassung des Deutschen Reichs vom 28. März 1849[49] war für die Abhilfe von Justizverzögerung bzw. -verweigerung nicht ein Verwaltungsorgan vorgesehen, sondern wiederum ein zu schaffendes Reichsgericht, verbunden mit einem Staatsgerichtshof. Damit hätte die Frankfurter Paulskirchen-

[45]Schlußakte der Wiener Ministerkonferenzen vom 15.5.1820, abgedruckt bei *Dürig/Rudolf*, S. 65/70 und bei *Huber*, Dokumente, Bd. 1, S. 81/85.

[46]*Meyer/Anschütz*, Lehrbuch des Deutschen Staatsrechts, S. 134f.

[47]Zu den Exekutionsmaßregeln: vgl. Art. 31f der Wiener Schlußakte und *Perels*, S. 51.

[48]Vgl. *Klüber*, Öffentliches Recht des Teutschen Bundes, S. 202f; *Hummer*, Justizgewährung, S. 34.

[49]RGBl. 1849, 101; abgedruckt bei *Huber*, Dokumente, Bd. 1, S. 304/317 und *Dürig/Rudolf*, S. 94/112: § 126 h) eröffnete die Zuständigkeit des Reichsgerichts bei Beschwerden „wegen verweigerter oder gehemmter Rechtspflege, wenn die landesgesetzlichen Mittel der Abhülfe erschöpft sind".

verfassung an die Tradition des alten Reichs angeknüpft, wenn sie Wirksamkeit erlangt hätte.

§ 4 Das Deutsche Reich von 1871 bis 1918

Art. 77 der Reichsverfassung von 1871[50], die Art. 77 der Verfassung des norddeutschen Bundes entsprach, räumte jedermann das verfassungsmäßige Recht ein, bei Justizverweigerung den Bundesrat anzurufen[51]. Neben der formellrechtlichen Verfahrensregelung enthielt diese Vorschrift auch ein materiell-rechtliches Verbot der Justizverweigerung[52]. Damit wurde eine reichsverfassungsrechtliche Gewährleistung des allein beschwerdebefugten betroffenen Bürgers nach Maßgabe der Gesetze normiert. Mithin kann die Beschwerde als Rechtsmittel, das der Abwehr eines rechtswidrigen Eingriffs in ein verfassungsmäßig verbürgtes Individualrecht diente, also als echte Verfassungsbeschwerde bezeichnet werden[53].

Allerdings verblieben dem Bundesrat mit der Reichsexekution[54] und dem politischem Druck nur eingeschränkte Mittel, in den einzelnen Ländern die Justizverweigerung zu beseitigen, so daß der praktische Wert dieser Beschwerde nicht bedeutend war[55]. Durch die Vereinheitlichung der Prozeßgesetze durch die Reichsjustizgesetze verschwand das in den Landesprozeßgesetzen vorgesehene Rechtsmittel der Beschwerde zum Obergericht bei Justiz-

[50] RGBl. 1871, S. 63; abgedruckt bei *Dürig/Rudolf*, S. 153/174 und bei *Huber*, Dokumente, Bd. 2, S. 289/305.

[51] BGBl. 1867, S. 2, abgedruckt bei *Huber*, Dokumente, Bd. 2, S. 227/240; von Art. 29 WSchlA unterschied sich Art. 77 RV nur dadurch, daß nicht die Bundesversammlung, sondern der Bundesrat angerufen werden konnte; das Verfahren lief aber genauso, wie bei Art. 29 WSchlA; vgl. oben und *Meyer/Anschütz*, Lehrbuch des Deutschen Staatsrecht, S. 932; *Laband*, Staatsrecht des Deutschen Reiches, Bd. 1, S. 268f.

[52] *Triepel*, Reichsaufsicht, S. 495 Anm. 4.

[53] *Huber*, Deutsche Verfassungsgeschichte, Bd. III, S. 1071f; a.A. *Triepel*, Reichsaufsicht, S. 534, 654.

[54] *Huber*, Deutsche Verfassungsgeschichte, Bd. III, S. 1071f; a.A. *Triepel*, Reichsaufsicht, S. 534, 654.

[55] Vgl. *Hummer*, Justizgewährung, S. 37.

verweigerung. Diese Aufgabe wurde nunmehr nur noch der Dienstaufsicht übertragen[56].

Die Meinung in der Kommission des Reichstags zum GVG, eine Prozeßbeschwerde bei richterlichem Fehlverhalten in Verbindung mit Strafdrohungen zu normieren, konnte sich nicht durchsetzen.

Die Mehrheit sah wegen der Erfahrungen mit Art. 77 RV für dieses Rechtsmittel nicht nur kein praktisches Bedürfnis[57], sondern schon gar keine Reichskompetenz[58] und außerdem eine Kollision mit der im übrigen für ausreichend gehaltenen Dienstaufsichtsbeschwerde[59].

Mit den §§ 1, 13 und 16 GVG wurden zwar einige Erscheinungsformen der Rechtsverweigerung verboten, aber ein umfassendes Verbot der Justizverweigerung war darin nicht enthalten und nach den Motiven zum GVG auch nicht bezweckt[60]. Somit stand dem Bürger allein mit Art. 77 RV eine Anspruchsnorm gegen richterliche Justizverweigerung bzw. -verzögerung zur Verfügung[61].

§ 5 Die Weimarer Reichsverfassung

Ein Antrag, in die WRV eine an Art. 77 RV angelehnte Justizverweigerungsbeschwerde - zu einem Staatsgerichtshof - vorzusehen[62], scheiterte ebenfalls wegen Zweifeln an der praktischen Notwendigkeit. Zum einen betrachtete man ein ausdrückliches Verbot der Justizverweigerung in einer mo-

---

[56] *Meyer/Anschütz*, Lehrbuch des Deutschen Staatsrechts, S. 746; *Hummer*, Justizgewährung, S. 38.

[57] Vgl. *Hahn*, Materialien, S. 424ff; zu den Erfahrungen mit Art. 77 RV: vgl. die Ausführungen des Staatssekretärs des Reichsjustizamts, *Bosse*, vom 11. 2. 1898, Sten. Berichte des deutschen Reichstags, Bd. 119, S. 4117 D.

[58] *Hahn*, Diskussionsbeitrag *Puttkammer*, S. 425 und *Arnsberg*, S. 426.

[59] *Hahn*, Diskussionsbeitrag *Tilo*, S. 425.

[60] Vgl. *Hummer*, Justizgewährung, S. 39f.

[61] Vgl. *Triepel*, Reichsaufsicht, S. 386.

[62] So § 114 a des Entwurfs, vgl. Verhandlungen der verfassungsgebenden Deutschen Nationalversammlung, Bd. 336, Bericht des Verfassungsausschusses, S. 365.

dernen Verfassung als nicht mehr opportun[63] und zum anderen sah man sich durch die Erfahrungen mit der Justizverweigerungsbeschwerde an den Bundesrat bestätigt. Dieser hatte die meisten Beschwerden als unzulässig zurückgewiesen, was zu der Unterstellung führte, daß kein Bedürfnis für die Einrichtung einer solchen Beschwerdemöglichkeit bestünde[64], zumal sich das Institut der Dienstaufsichtsbeschwerde weitgehend etabliert hatte.

Die WRV konstituierte im übrigen zwar viele Programmsätze im Interesse des Individualrechtsschutzes, die aber nur Ausschnitte der Rechtspflege ansprachen. Für den Fall richterlichen Versagens war weder eine Regelung vorgesehen noch eine Rechtsweggarantie.

Nachdem aus einem Problem des Prozeßrechts ein Problem des Staatsrechts geworden war, konnten richterlich hervorgerufene Justizverzögerungen und -verweigerungen durch den rechtssuchenden Bürger - wenn überhaupt - nur noch mit den Mitteln der Dienstaufsicht angegangen werden. Die Ablösung der staatsrechtlichen und prozeßrechtlichen Mittel durch die Dienstaufsichtsbeschwerde stand in direkter Beziehung zum zunehmenden Vertrauen in eine funktionierende Rechtspflege als dritte Gewalt im Rechtsstaat, so daß sich im Grundgesetz keine Regelung der Justizaufsichtsbeschwerde mehr findet.

---

[63]Verhandlungen der verfassungsgebenden Deutschen Nationalversammlung, S. 486; vgl. auch *Anschütz*, Verfassung des Deutschen Reichs, Kommentar zu Art. 102, S. 416: „Versuch von linkssozialistischer Seite, (...) das Fundament einer vertrauenswürdigen Rechtspflege zu zerstören"; Gutachten *W. Rosenberg* zum 34. DJT 1926, S. 11: Damit würde „aus dem parlamentarischen Rechtsstaat die Willkürherrschaft eines Konvents" gemacht und ein „Revolutionstribunal als dauernde Einrichtung der Rechtsprechung" eingerichtet.

[64]*Jagemann*, Reichsverfassung, S. 219, der die hohe Anzahl der Beschwerden nach Art. 77 RV auf das Mißverständnis der Bürger zurückführt, die evtl. falsche richterliche Entscheidung mit einer Untätigkeit des Richters zu verwechseln: „In den zehn Jahren meiner Bundesratstätigkeit sind mir viele Beschwerden wegen Justizverweigerung durch die Hände gegangen, aber keine einzige begründete." Weitere Nachweise bei *Triepel*, Reichsaufsicht, S. 385 Fn 2.

2. Kapitel: Der Anspruch auf ein Verfahren innerhalb angemessener Zeit im Grundgesetz

§ 6 Zivilgerichtsbarkeit

I. Der Justizgewährleistungsanspruch

Der Justizgewährleistungsanspruch stellt den Ausgangspunkt für die Verortung des Anspruchs auf angemessene Verfahrensdauer dar. Nur wenn der Bürger überhaupt einen Richterspruch verlangen kann, ist ein Anspruch auf ein Verfahren in angemessener Zeit denkbar. Der Justizgewährleistungsanspruch beruht auf der Erwägung, daß die Lösung von rechtlichen Konflikten nur in eng begrenzten Ausnahmefällen dem Bürger selbst überlassen ist. Sieht man von diesen Fällen ab, namentlich der Notwehr (§§ 227 BGB, 32 StGB), dem Notstand (§§ 228, 904 BGB, 34 StGB) und der Selbsthilfe (§§ 229 ff, 561, 581 Abs. 2, 859f, 865, 867, 1029 BGB, ferner 127 StPO), so ist die Durchsetzung von Rechten grundsätzlich dem Staat überantwortet. Verbietet der Rechtsstaat einerseits die Selbsthilfe, so muß er andererseits dem Bürger einen Anspruch zur Verfügung stellen, wonach der Staat als Träger der Justizhoheit verpflichtet ist, auf einen entsprechenden Antrag des Bürgers tätig zu werden.

Das Recht des Bürgers gegenüber dem Staat auf die Errichtung funktionsfähiger Gerichte, die derart ausgestattet sind, daß sie die Rechtsschutzbegehren der Bürger wirksam und in Übereinstimmung mit dem Recht zu erfüllen imstande sind, wird als Justizgewährleistungsanspruch oder Justizanspruch bezeichnet[1]. Diese Forderung richtet sich damit auch an die zur Rechtspflege bestellten Organe, in erster Linie an die Gerichte, die dadurch verpflichtet

[1] *Wolf*, Gerichtsverfassungsrecht aller Verfahrenszweige, § 27 I 1 (S. 265), *Schilken*, Gerichtsverfassungsrecht, Rn 88.

sind, alles zur sachgemäßen Erledigung des Rechtsschutzgesuchs Notwendige vorzunehmen[2].

II. Zeitliches Verständnis der Rechtsdurchsetzungspflicht

Das Ideal der Rechtsordnung ist ihre völlige Einhaltung; da dies aber weder realistisch ist noch sein wird, stellt die Rechtsordnung mehrere Mittel - insbesondere die Rechtsprechung - zur Verfügung, um eingetretene Abweichungen vom geltenden Recht aufzuheben[3]. Den Gerichten kommt die Aufgabe zu, durch eine möglichst rasche (rechtskräftige) Entscheidung das Intervall zwischen Abweichung und Beseitigung der Rechtsverletzung klein zuhalten, um nicht den Wert des Urteils zu mindern bzw. völlig zunichte zu machen[4]. Dies kommt unmittelbar in § 9 ArbGG zum Ausdruck : „Das Verfahren ist in allen Rechtszügen zu beschleunigen". Rechtsprechung als Kehrseite des Selbsthilfeverbots muß deshalb auch einen zeitigen Rechtsschutz beinhalten. Daß nur zügige Justiz wirkliche Rechtsschutzgewährung ist, läßt sich für den Bereich des Zivilrechts an folgenden Beispielen verdeutlichen:

- Der Kläger kann seine Tatsachenbehauptungen nicht mehr beweisen, da sich der Zeuge aufgrund der langen Dauer nicht mehr erinnert[5].
- Der Wert des Urteils ist bei hoher Inflationsrate nach langer Zeitdauer vermindert.
- Einem (kleinen) Unternehmen gelingt es in angemessener Zeit nicht, seine erheblichen Außenstände einzuklagen; es muß deshalb Konkurs anmelden. Bei einem zügigen Gang der gerichtlichen Verfahren wäre dies zu vermeiden gewesen[6].
- Ein Kläger verlangt 100.000 DM an gezahlter Hotelkaution zurück, die er zur Fortführung seines Geschäftes benötigt, weil ihm die Banken keinen Kredit mehr geben[7].

---

[2] Im Ergebnis allgem. Meinung; vgl. BGHZ 37, 121; 67, 187; *Hill*, JZ 1981, 807; Stein/Jonas-*Schumann*, Einl. Rn 210; *Rosenberg/Schwab*, § 3 I; *Jauernig*, § 36 I 1.
[3] *Kloepfer*, JZ 1979, 209f.
[4] Vgl. *Kloepfer*, JZ 1979, 209f.
[5] Vgl. *Schwab/Gottwald*, Verfassung und Zivilprozeß, S. 57;. *Kloepfer*, JZ 1979, 209f.
[6] *Weth*, Die Zurückweisung verspäteten Vorbringens im Zivilprozeß, S. 55.
[7] *J. Blomeyer*, NJW 1977, 557.

- Der Mieter eines Ladenlokals will dem Vermieter das vertragswidrige Betreten der Ladenräume gerichtlich untersagen lassen. Das Mietverhältnis endet nach zwei Jahren, ohne daß eine Entscheidung ergangen ist[8].

Wird die Behandlung eines solchen Anliegens unangemessen verzögert, so ist der Justizgewährleistungsanspruch in Frage gestellt, weil eine verspätete Entscheidung der Rechtsprechungsorgane einer Justizverweigerung gleichkommt. Man spricht dann von einer Justizverzögerung. Zum Justizanspruch gehört somit auch die Behandlung des Rechtsschutzgesuchs in einer angemessenen Zeit: dieser Anspruch ist dann verletzt, wenn das Verfahren unangemessen lange dauert.

Für die weitere Erörterung spielt ein von einigen Autoren vom Justizanspruch zu unterscheidender sogenannter Rechtsschutzanspruch keine Rolle; er beinhaltet das Recht auf eine günstige Entscheidung, das einer der Parteien nach Maßgabe des materiellen Rechts zustehen soll[9]. Der Justizanspruch gewährleistet nur die Entfaltung der Rechtspflegetätigkeit schlechthin, das Funktionieren der Rechtspflege im Einzelfall[10]. Der Justizgewährleistungsanspruch wird bereits durch den Erlaß eines „beliebigen" Urteils erfüllt, gleichgültig, ob es sich um ein Prozeß- oder Sachurteil handelt und ob die Entscheidung „richtig" oder „falsch" ist[11].

Die Justizgewährleistungspflicht[12] des Staates bzw. seiner Gerichte besteht nicht lediglich im Interesse der Allgemeinheit an der Bewahrung der objektiven Rechtsordnung. Der Schutz der subjektiven Rechte des Bürgers stellt sich nicht als unbeabsichtigter Reflex bei der Wahrnehmung der Rechtsprechungsaufgaben dar, sondern es besteht ein öffentlich-rechtlicher Anspruch des ein-

---

[8] *Weth*, S. 55; vgl. auch BGH JZ 1965, 540 mit Anm. *Baur*.

[9] Zum heutigen Stand der Diskussion um die Existenz dieses Anspruchs: Vgl. *Stürner*, Die Aufklärungspflicht der Parteien des Zivilprozesses, S. 31; *Rosenberg/Schwab*, § 3 II und die Wiederbelebungsversuche durch *Schwab*, ZZP 81 (1968), 412ff.

[10] *Baur*, AcP 153 (1954), 397.

[11] Vgl. BGHZ 37, 113/121.

[12] Diese Bezeichnung geht auf *Goldschmidt*, Der Prozeß als Rechtslage, S. 78, 138, 263, zurück.

zelnen auf Gerichtsschutz in allen Bereichen rechtlicher Betroffenheit[13]. Dies ergibt sich aus dem freiheitlich-demokratisch verfaßten Rechtsstaat. Darin haben Gerichte und der Staat insgesamt die Aufgabe, die Freiheiten des Bürgers insbesondere dann zu sichern, wenn er die Gerichte anruft. Ob es sich bei diesem Anspruch um einen „klaglosen Anspruch", um eine „obligatio naturalis" des Staates handelt oder ob - und ggf. wie - dieser Anspruch durchgesetzt werden kann, wird in Teil B dieser Arbeit untersucht.

Gegenstand der folgenden Ausführungen ist zunächst die Beantwortung der Frage, wo der Justizgewährleistungsanspruch für bürgerlich-rechtliche Streitigkeiten im Grundgesetz festzumachen ist. Dessen Grundlage stellt gleichermaßen das Fundament des Anspruchs auf angemessene Verfahrensdauer dar.

III. Verortung des Anspruchs

In der älteren Rechtsprechung und Literatur wurde stets eine einzelne Norm des Grundgesetzes als Basis des Justizanspruchs im Zivilrecht angesehen, nämlich Art. 19 Abs. 4 oder Art. 103 Abs. 1 oder Art. 101 Abs. 1 Satz 2 während nunmehr das Rechtsstaatsprinzip die Grundlage bildet.

1. Art. 19 Abs. 4 GG[14]

Entgegen dem Wortlaut des Art. 19 Abs. 4, der sich auf den Justizgewährleistungsanspruch im öffentlich-rechtlichen Unterordnungsverhältnis erstreckt, wurde vertreten, aus Art. 19 Abs. 4 ein Grundrecht auf Zivilrechtsschutz herzuleiten[15]. Gestützt wird diese Auffassung auf die Tatsache, daß für den privatrechtlichen Bereich eine dem Art. 19 Abs. 4 entsprechende Regelung nicht in das Grundgesetz aufgenommen worden ist. Daraus sei zu fol-

---

[13] *Schilken*, Rn 86; *Wolf*, § 27 I 1 (S. 264).
[14] Artikel ohne Gesetzesbezeichnung sind solche des Grundgesetzes.
[15] Z.B. *Bötticher*, ZZP 74 (1961) 317; 75 (1962) 43f; *Pawlowski*, JZ 1975, 197 (ohne Begründung); vgl. auch *H. H. Klein*, JZ 1963, 592.

gern, daß mit Art. 19 Abs. 4 eine Lücke geschlossen werde, die die Weimarer Reichsverfassung gelassen habe, so daß Art. 19 Abs. 4 in Verbindung mit dem Rechtspflegeabschnitt des GG auch eine Rechtsschutzgararantie für privatrechtliche Ansprüche erfasse[16].

Gegen diese vereinzelt gebliebene Auffassung spricht jedoch die Entstehungsgeschichte des GG. Die Gerichtsschutzgarantie wurde bewußt nur für den Teilbereich des öffentlichen Rechts normiert. Der Wunsch nach einer verfassungsmäßen Verfestigung einer gerichtlichen Kontrolle der Exekutive stand stets im Vordergrund rechtsstaatlicher Forderungen, während der Verfassungsgeber den uneingeschränkten Gerichtsschutz im Privatrecht als gegeben unterstellt hatte[17]. Im übrigen ist Art. 19 Abs. 4 nicht der einzige Ansatzpunkt für eine Verortung des bürgerlich-rechtlichen Justizgewährleistungsanspruchs, so daß mit der Ablehnung des Art. 19 Abs. 4 als Grundlage nicht gesagt ist, daß dieser Anspruch sich nicht an anderen Vorschriften des GG festmachen läßt[18].

Der durch die Rechtsprechung des BVerfG zementierte Grundsatz, Art. 19 Abs. 4 gewähre nur Schutz durch, aber nicht gegen den Richter[19], versperrt den Rückgriff auf die Erwägung, (zivilrechtliche) Entscheidungen unter einen „Akt öffentlicher Gewalt" zu subsumieren. Die Gründe hierfür liegen darin, daß auch eine Verfassung, die auf Gewaltenkontrolle und Gewaltenbeschränkung achtet, nicht ohne Vertrauen in gerade diejenigen Institutionen auskom-

---

[16] Vgl. *Dütz*, Rechtsstaatlicher Gerichtsschutz im Privatrecht, S. 71 mwN.; zur Möglichkeit und Verneinung einer Analogie und Verrneinung vgl. *Hummer*, Justizgewährung, S. 65f.

[17] *Dütz*, S. 113. Aus dem Vorhandensein des Art. 19 Abs. 4 GG läßt sich entgegen *Lerche*, ZZP 78, 7f. nicht der Schluß ziehen, daß deshalb gerade ein lückenloser Rechtsschutz im Privatrecht nicht angenommen werden könne: vgl. *Dütz*, S. 111f.

[18] Bonner Kommentar-*Schenke*, Art. 19 Abs. 4 Rn 172.

[19] E 15, 275/280; 8, 350/351; 65, 76/90; *Leibholz/Rinck/Hesselberger*, Art. 19 Rn 266 mwN.; st. Rspr. und h.M.: *Bettermann*, Die Grundrechte III/2, S. 790; Bonner Kommentar-*Schenke*, Art. 19 Abs. 4 Rn 275, v. Münch-*Hendrichs*, Art. 19 Abs. 4 Rn 42; Maunz/Dürig-*Dürig*, Art. 19 Abs. 4 Rn 17 (Bearb. 1968); a.A. *Lorenz*, Der Rechtsschutz des Bürgers und die Rechtsweggarantie, S. 241ff.

men kann, die sie im Dogma gerichtsgeprägter Gewaltenteilung besonders hervorhebt[20].

2. Art. 103 Abs. 1 GG (Rechtliches Gehör)

Aus dem allgemeinen Prozeßrechtsgrundsatz des Art. 103 Abs. 1 wurde teilweise in der Literatur ein grundrechtgleiches Recht auf Zivilrechtsschutz abgeleitet[21]. Nach dieser Auffassung ist Art. 103 Abs. 1 vor dem Hintergrund der Erfahrungen in der nationalsozialist freiheitlich auszulegen, so daß Art. 103 Abs. 1 auch den Zugang zu Gericht umfaßt[22]. Soll in der Verfassung ein umfassender Gerichtsschutz garantiert werden, dann ist dies nur dann sinnvoll, wenn der Zugang zu Gericht und Gehör vor Gericht verbürgt werden. Sonst könnte der Gesetzgeber durch einfachgesetzliche Zugangsbeschränkungen die Gewähr rechtlichen Gehörs aushöhlen. Der Anspruch auf ein zivilgerichtliches Verfahren innerhalb angemessener Zeit wäre dann in der Verbürgung auf rechtliches Gehör zu finden, weil darin auch das Recht auf rechtzeitiges und ohne erhebliche Verzögerungen gewährtes Gehör enthalten ist.

Dagegen spricht jedoch die Formulierung des Art. 103 Abs. 1, die sich deutlich von Art. 19 Abs. 4 unterscheidet, so daß mit Hilfe von Art. 103 Abs. 1 keine Lücken im Rechtsschutz geschlossen werden dürfen[23]. Schließlich kann Art. 103 Abs. 1 nicht der Rechtswegeröffnung dienen, weil die Gewährleistung „rechtlichen Gehörs vor Gericht“ nicht auf den Zugang zu Gericht ausgedehnt werden kann: Art. 103 Abs. 1 zielt auf die Sicherung von prozessualen Rechten der Beteiligten innerhalb eines anhängigen Prozesses ab. Dafür spricht die eindeutige Entwicklung des Begriffs „rechtliches Gehör“. Weder

---

[20] Vgl. Maunz/Dürig-*Schmidt-Aßmann*, Art. 19 Abs. 4 Rn 96; hierzu auch *Lord Denning*, What Next in Law, S. 330 „Someone must be trusted. Let it be the jugdes“ zit. nach *Stern*, Staatsrecht III/1 S. 1508.

[21] *Baur*, AcP 153, 398ff; *Eb. Schmidt*, Lehrkommentar zur StPO I, S. 41f Rn 16; *Däubler*, BB 1969, 550; *Habscheid*, ZZP 96, 307; *Dütz*, S. 75 mwN.

[22] *Baur*, AcP 153, 398f.

[23] Bonner Kommentar-*Rüping*, Art. 103 Abs. 1 Rn 13; Maunz/Dürig-*Dürig*, (Bearb. 1960) Art. 103 Abs. 1 Rn 88.

im römischen Recht, in den Reichsjustizgesetzen, noch z.B. in den Landesverfassungen von Bayern (Art. 91 Abs. 1) oder Thüringen (Art. 51) aus dem Jahre 1946 wurde unter rechtlichem Gehör mehr verstanden als nur das beiderseitige Gehör im bereits anhängigen Gerichtsverfahren[24].

Mithin reicht Art. 103 Abs. 1 - zumindest nicht allein - für eine Garantie verzögerungsfreien Zivilrechtsschutzes aus.

3. Art. 101 Abs. 1 S. 2 GG (Gesetzlicher Richter)

Die Diskussion, den Justizgewährleistungsanspruch allein unter Art. 101 Abs. 1 S. 2 zu subsumieren, wurde durch das BVerfG ausgelöst, das formulierte, daß die formelle Justizverweigerung - z.B. die Nichterledigung einer Sache - gegen Art. 101 Abs. 1 S. 2 verstößt[25]. Allerdings vertrat das BVerfG später die Auffassung, daß Art. 101 Abs. 1 Satz 2 nichts darüber besagt, wie der gesetzliche Richter einen Antrag zu behandeln hat[26]. Selbst wenn, so das BVerfG, aus dieser Grundgesetzvorschrift zu folgern wäre, daß ein Antrag grundsätzlich beschieden werden muß, so wäre eine Verletzung dieses Grundsatzes dann als Entziehung des gesetzlichen Richters anzusehen, wenn die Entscheidung des Gerichts von willkürlichen Erwägungen bestimmt wäre. Mit diesem Standpunkt verwirft das BVerfG Art. 101 Abs. 1 S. 2 als Dreh- und Angelpunkt für die Gewährleistung verzögerungsfreien Privatrechtsschutzes.

Entgegen dem BVerfG versucht die Literatur in Art. 101 Abs. 1 S. 2 einen wichtigen Anknüpfungspunkt für eine Verortung der verfassungsmäßigen Gerichtsschutzgarantie zu gewinnen. Wenn die Möglichkeit der Verfassungsbeschwerde bei einer sogenannten ungesetzlichen Richtervertauschung vor-

---

[24]Vgl. *Dütz*, S. 76ff mwN.

[25]E 3, 359/364: „Jemand kann daher seinem gesetzlichen Richter auch durch Maßnahmen oder Entscheidungen eines Gerichts entzogen werden, wenn sie willkürlich sind..." Zustimmend: *Arndt*, JZ 1956, 633; *ders.*, DRiZ 1959, 171; *Buchholz*, DVBl 1952, 362; *Joachim*, DRiZ 1965, 186; *Kissel*, Gerichtsverfassungsrecht, § 16 Rn 22, 32ff, 64, 68; dagegen *Bettermann*, Die Grundrechte III/2, S. 559, *H.H. Klein*, JZ 1963, 592; unentschieden BayVGH, BayVBl 91, 238 = NJW 1991, 2895.

[26]E 13, 132/144 mit Hinweis auf E 3, 359/363ff.

liege, dann müsse die Verfassungsbeschwerde erst recht dann erhoben werden können, wenn jeder Richter entzogen wird[27]. Da von der Gerichtsschutzgarantie auch die Wirksamkeit des richterlichen Schutzes umfaßt ist, löst das Gebot des gesetzlichen Richters demnach ein Recht zur Erhebung der Verfassungsbeschwerde dann aus, wenn ein Rechtsschutzsuchender nicht binnen angemessener Zeit eine rechtssichernde richterliche Sachentscheidung aufgrund umfassender Tatsachen- und Rechtsprüfung zu erlangen vermag[28]. Dagegen spricht jedoch die Schutzrichtung des Art. 101 Abs. 1 S. 2, der speziell Willkür bei der Zuständigkeitsbestimmung verhindern soll. Der Schutzbereich würde überdehnt, wollte man allein in Art. 101 Abs. 1 S. 2 die Justizgewährleistungspflicht für private Rechte verorten. Insbesondere vermag Art. 101 Abs. 1 S. 2 dann nicht vor unangemessenen Verzögerungen zu schützen, wenn die Sache bereits beim zuständigen Richter anhängig ist und von diesem verzögert wird.

4. Rechtsstaatsprinzip

Der überwiegende Teil des Schrifttums wie auch die Rechtsprechung sehen die Grundlage des Justizgewährleistungsanspruchs nicht mehr in einer einzelnen Vorschrift, sondern im Rechtsstaatsprinzip[29]. Die Gewährung eines sachgemäßen Schutzes durch die Gerichte ist ein wesentliches Element des Rechtsstaates[30]. Im Grundgesetz wird dieser Schutz durch Art. 20 Abs. 3 und die das Rechtsstaatsprinzip konkretisierenden Ausprägungen gewährt.

Das Schrifttum sieht in der Zusammenfassung der einschlägigen rechtsstaatlichen Rechtsschutzvorschriften (Art. 1 Abs. 3, 19 Abs. 4 , 20, 28, 92 GG) das

[27] *Dütz*, S. 284f.
[28] *Dütz*, S. 285.
[29] BVerfGE 54, 277/291; *Bettermann*, Die Grundrechte III/2, S. 559, 788; *Schwab/Gottwald*, Verfassung und Zivilprozeß, S. 32; Stein/Jonas-*Schumann*, Einl. Rn 204ff; *Rosenberg/Schwab*, § 3 I; *Jauernig*, § 36 I 1; Maunz/Dürig-*Schmidt-Aßmann*, Art. 19 Abs. 4 Rn 16; wN. bei *Dütz*, S. 97f, der selbst eine differenziertere Auffassung vertritt. Vgl. BayVGH, BayVbl 91, 238 = NJW 1991, 2895, der den Justizgewährleistungsanspruch im Rechtsstaatsprinzip des Art. 3 Bay. Landesverfassung verortet.
[30] *Stern*, Staatsrecht I, S. 838ff; Maunz/Dürig-*Schmidt-Aßmann*, Art. 19 Abs. 4 Rn 16f.

Fundament für den umfassenden gerichtlichen Rechtsschutz im Privatrecht[31]. Parallel zu den Garantien, die im öffentlichen Recht durch Art. 19 Abs. 4 GG vermittelt werden, wird daraus das Gebot eines wirksamen und damit zeitgerechten Rechtsschutzes gewonnen, was aus dem Wortlaut der maßgeblichen Verfassungsvorschriften, deren Stellung im Gesamtgefüge des Grundgesetzes, sowie der Rechtsentwicklung und der Entstehungsgeschichte gefolgert wird.

Der Inhalt der nach dieser Ansicht im Schrifttum angenommenen, umfassenden Garantie wirksamen richterlichen Privatrechtsschutzes erstreckt sich auf eine in jeder privatrechtlichen Angelegenheit verbindliche richterliche Entscheidung nach uneingeschränkter Wahrheits- und Rechtsprüfung in angemessener Zeit. Diese Gerichtsschutzgarantie geht somit über den bereits vor Erlaß des GG entwickelten Justizanspruch hinaus, der nur ein Tätigwerden der Rechtsschutzorgane nach Maßgabe der Gesetze unter der Voraussetzung des Zugangs zu Gericht verspricht.

Weil auf der Basis des Rechtsstaatsprinzips bzw. aus der Zusammenfassung der einschlägigen rechtsstaatlichen Grundgesetzartikel keine Verfassungsbeschwerde gegen Justizverweigerungen oder -verzögerungen eingelegt werden kann (Art. 93 Abs. 1 Nr. 4a GG, § 90 BVerfGG), bezieht die Literatur die aus den rechtsstaatlichen Prinzipien gewonnene Gewährleistung effektiven richterlichen Privatrechtsschutzes in den Schutzbereich des Art. 101 Abs. 1 S. 2 GG ein. Damit vollendet diese vorherrschende Meinung im Schrifttum ihr Gebäude wirksamen Privatrechtsschutzes, das nunmehr auf drei Säulen ruht:

- rechtsstaatliche Garantien effektiven Gerichtsschutzes;
- die Einbeziehung dieser Verbürgungen in den Schutzbereich des Art. 101 Abs. 1 S. 2 GG und
- die verfassungsrechtliche Institutionalisierung der Verfassungsbeschwerde[32].

---

[31] *Dütz*, S. 111, 123f; *Benda/Weber*, ZZP 96 (1983), 292.
[32] *Dütz*, S. 289f.

Auch das BVerfG stellt in jüngeren Entscheidungen für die Gewährleistung eines wirkungsvollen Rechtsschutzes für bürgerliche Rechtsstreitigkeiten im materiellen Sinn auf das Rechtsstaatsprinzip des GG ab[33]. Es nennt zwar nicht ausdrücklich den Justizgewährleistungsanspruch, wenn es ausführt, daß sich in der Gerichtsbarkeit innerstaatliches Gewaltverbot und staatliches Gewaltmonopol ausprägen und sich von hier aus die grundlegende Bedeutung der Regeln über den Zugang zu den Gerichten, den Verfahrensgang und die Ausgestaltung der Rechtsmittel für die Wahrung der Rechtsordnung erhellt.

Wenn das BVerfG aber weiterhin erklärt, daß bei der Wahrnehmung staatlicher Gerichtsbarkeit verfassungsrechtliche Erfordernisse zu beachten sind:

- die Gewährleistungen der richterlichen Unabhängigkeit,
- des gesetzlichen Richters und
- des rechtlichen Gehörs vor Gericht,
- Art. 92, 97, 101, 103 Abs. 1 GG,
- darüber hinaus bestimmte Anforderungen aus dem Rechtsstaatsprinzip sowie aus den Grundrechten, zumal aus dem Gleichheitsgrundsatz[34],

dann umschreibt es damit die Gewährleistung eines umfassenden Zivilgerichtsschutzes.

Daraus ergibt sich, daß der Staat diese Gewährung tatsächlichen wirksamen Rechtsschutzes nicht willkürlich von beliebigen Voraussetzungen abhängig machen darf. Mit dem Willkürverbot hat das BVerfG im Fall Hess[35] schließlich die Frage beantwortet, wann eine Verfahrensverzögerung den Anspruch auf angemessene Verfahrensdauer verletzt: Solange keine Anhaltspunkte für eine willkürliche Verfahrensverzögerung vorlägen, sei dies noch als angemessen zu erachten.

---

[33]E 54, 277/291; BVerfG, NJW 1991, 29.
[34]BVerfGE 54, 277/291.
[35]BVerfGE 55, 349; vgl. auch BayVerfGH, BayVbl 1991, 137 = NJW 1991, 2895.

IV. Folgerungen für den Anspruch auf ein Zivilgerichtsverfahren in angemessener Zeit

Die Einklagbarkeit eines zeitgerechten Rechtsschutzes für privatrechtliche Streitigkeiten vor dem BVerfG ist wohl unumstritten. Jedenfalls hat das BVerfG selbst nie einen Zweifel daran erkennen lassen. Somit läßt sich letztlich sowohl aus Literatur und Rechtsprechung der Justizgewährleistungsanspruch und damit auch der Anspruch auf ein Verfahren innerhalb angemessener Zeit im Rechtsstaatsprinzip als solchem verorten. Diese breite Verankerung ist für zivilrechtliche Streitigkeiten erforderlich, weil eine Konkretisierung des Rechtstaatsprinzips für den Zivilgerichtsschutz - wie im öffentlichrechtlichen Bereich in Art. 19 Abs. 4 GG vorhanden - nicht gegeben ist. Unterschiede bestehen lediglich darin, welche Ausprägungen hierzu noch gezählt werden.

Dies spielt aber auch für den Anspruch auf angemessene Verfahrensdauer keine entscheidende Rolle, weil sich aus diesen Nennungen selbst keine Präzisierungen des Anspruchs auf angemessene Verfahrensdauer gewinnen lassen. Erreicht werden nur allgemeine Inhaltsbeschreibungen, etwa daß der Justizgewährleistungsanspruch zur Errichtung und Unterhaltung funktionsfähiger Gerichte verpflichtet, oder daß im Rahmen des Zumutbaren die zur Vermeidung einer Überlastung erforderlichen Mittel aufgebracht und eingesetzt werden müssen[36].

Die genannten rechtsstaatlichen formalen Verbürgungen im Grundgesetz sind zwar als Fundament des Justizanspruchs und des Anspruchs auf angemessene Verfahrensdauer im zivilrechtlichen Bereich zu nennen. Aber einen konkreten Maßstab für noch zulässige Verfahrensdauer bzw. eine nicht mehr rechtsstaatliche, überlange Verfahrensdauer können diese Garantien nicht liefern. Abhilfe könnte der Gedanke der „Wirksamkeit des Rechtsschutzes“

---

[36] Vgl. BVerfGE 36, 264/275; BayVerfGH NJW 1986, 1326f.

leisten, der über formale Garantien des Gerichtsschutzes hinaus auch auf den materiell richtigen Rechtsschutz abzielt. Als Grundlage eines „Anspruchs auf wirksamen Rechtsschutz" könnten direkt die materiellen Grundrechte dienen.

V. Die verfahrensrechtliche Komponente der Grundrechte

Nach Art. 1 Abs. 3 GG ist die gesamte Staatsgewalt an die Grundrechte gebunden. Dadurch werden die Grundrechte zu unmittelbar geltendem verbindlichen Recht aufgewertet, was ihren bedeutsamsten Niederschlag in der Grundrechtsbeachtung und Grundrechtsanwendung durch die Rechtsprechung gefunden hat. Letztlich ist auch nur diese Staatsfunktion in der Lage, die Gesetzgebung und die vollziehende Gewalt zur Beachtung der Grundrechtsnormen zu zwingen; *Stern* spricht in diesem Zusammenhang von einer weitgehenden „Imprägnierung der Rechtsordnung durch die Grundrechte", die auf die diesbezügliche, ungewöhnliche Aktivität der Rechtsprechung zurückzuführen sei[37].

Die Gerichte stehen aber nicht nur im Dienst des Schutzes der Grundrechte, sondern gehören nach Art. 1 Abs. GG selbst zu den grundrechtsverpflichteten Staatsorganen.

Diese Verpflichtung obliegt ihnen zum einen für für den Inhalt der Entscheidungen, die sie treffen, und zum anderen im Verfahren, das die Gerichte bei ihrer rechtsprechenden Tätigkeit anwenden[38].

Beim Inhalt der richterlichen Entscheidung ist für die Frage der Grundrechtsbindung zu unterscheiden, welche Rechtsbeziehung beurteilt werden soll und welche materiell-rechtlichen Normen im Streit stehen. Erkennt etwa der Verwaltungsrichter über hoheitliches Handeln, wirken die Grundrechte als Abwehrrechte des Bürgers gegenüber dem Staat unmittelbar. Das Gericht hat

[37] *Stern*, Staatsrecht III/1, S. 1425.

[38] Diese Unterscheidung geht auf Maunz/Dürig-*Dürig*, Art. 19 Abs. 4 Rn 119f (Bearbeitung 1958) zurück; vgl. *Stern*, Staatsrecht III/1, S. 1429, 1444; *Lorenz*, NJW 1977, 869 mwN.

über eine seitens anderer Staatsorgane möglicherweise begangene Grundrechtsverletzung zu befinden[39]. Für den Zivilrichter hingegen ergibt sich die Reichweite der Grundrechtsbindung daraus, inwieweit die zur Entscheidung stehenden Privatrechtsverhältnisse ihrerseits unter Grundrechtsbindung stehen. Auf der vom Grundsatz der Privatautonomie geprägten Ebene der Gleichordnung dürfen Grundrechte unmittelbar nicht zur Anwendung kommen[40]. Erst über die Deutung der Grundrechte als objektive Prinzipien des Gesamtrechts können Grundrechte über das Medium der das einzelne Rechtsgebiet beherrschenden Vorschriften, insbesondere der Generalklauseln, und sonstigen auslegungsfähigen und ausfüllungsbedürftigen Begriffe auf dieses Rechtsgebiet einwirken[41].

Wenn sich etwa in Fällen gestörter Vertragsparität hinter vermeintlicher Selbstbestimmung Fremdbestimmung verbirgt, können Grundrechte somit im Rahmen eines erweiterten Grundrechtsverständnisses zuerkannten Ausstrahlungswirkung mittelbar materielles Zivilrecht anreichern, modifizieren oder eine bestimmte Auslegung vorgeben[42].

Während beim Inhalt der Entscheidung die Grundrechtsbindung sich aus dem Grundsatz des Vorrangs der Verfassung ergibt, der die Gerichte zu einer verfassungskonformen Rechtsanwendung verpflichtet[43], folgt bei der Art und Weise des Judizierens die Grundrechtsbindung daraus, daß der Richter den Verfahrensbeteiligten formell und in unmittelbarer Ausübung staatlicher Hoheitsgewalt gegenübertritt[44]. Beim Gerichtsverfahren ist deshalb eine unmittelbare Grundrechtsbindung sowohl für öffentliche Streitigkeiten, als auch für

---

[39] Maunz/Dürig-*Dürig*, Art. 1 Abs. 3 Rn 120.

[40] Vgl. Wortlaut Art. 3 GG und ganz herrschende Auffassung: BVerfGE 73, 261/269; BAG NJW 1987, 676; *Pieroth/Schlink*, S. 204f; *Canaris*, AcP 184 (1985), S. 203ff.

[41] Grundlegend: Lüth-Urteil des BVerfGE 7, 198/205 vom 15. Januar 1958. *Hesse*, HdBVerfR, S. 137f, Rn 21f.

[42] Der Zivilrichter setzt dann die sog. Drittwirkung der Grundrechte um; hierzu grundlegend: *Dürig*, Grundrechte und Zivilrechtsprechung, in: FS Nawiasky, S. 157ff; *ders.* in: Maunz/Dürig, Art. 1 Abs. 3 Rn 127ff; aus neuerer Zeit: *Canaris*, AcP 184 (1985), S. 201ff ; *Rüfner*, HdBStR V, S. 551, Rn 59; *Hesse*, Verfassungrecht und Privatrecht, S. 23ff..

[43] *Rüfner*, HdBStR V, S. 537, Rn 30.

[44] Vgl. BVerfGE 52, 203/207.

den Zivilprozeß anerkannt. Die materiell-private oder öffentlich-rechtliche Rechtsbeziehung zwischen den Parteien setzt sich durch Hinzutreten des übergeordneten Richters in einem öffentlich-rechtlichen Prozeßrechtsverhältnis fort und wird von diesem überlagert[45].

Die Rolle des Richters erschöpft sich dabei nicht darin, als unbeteiligter Dritter die Einhaltung der Prozeßordnung zu überwachen und den sachlichen Streit auf der Grundlage des Prozeßergebnisses zu entscheiden; gemäß der Ausrichtung des Prozeßrechts auf die Verwirklichung des materiellen Rechts und seiner Wertungen kommt dem Richter vielmehr auch eine eigene, über die bloße Entscheidungskompetenz hinausgehende Stellung zu, wie dies in der Erörterungs- und Aufklärungspflicht nach §§ 139 ZPO, 86 Abs. 3 VwGO besonders deutlich wird[46].

Das Verfahrensrecht dient der Herbeiführung gesetzmäßiger und unter diesem Blickpunkt richtiger, aber auch gerechter Entscheidungen[47]. Nach der Auffassung des BVerfG muß der Richter dann die Verfahrensvorschriften im Rahmen seines Ermessens im Blick auf die Grundrechte auslegen und anwenden; sie dürfen nicht zu einer Verkürzung des grundrechtlich gesicherten „Anspruchs auf effektiven Rechtsschutz" führen[48].

Die Verpflichtung des Richters zur Grundrechtsverwirklichung und -sicherung im Verfahren ist ohne weiteres deutlich bei den Grundrechten, die die Gewährleistung von Verfahrensgrundsätzen explizit, etwa in Art 103 Abs. 1 GG[49], oder allgemein zum Gegenstand haben[50]. Aber auch die materiellen

---

[45] *Lorenz*, NJW 1977, 871f, *Rosenberg/Schwab*, S. 4; *Bruns*, Zivilprozeßrecht, S. 12.

[46] *Lorenz*, NJW 1977, 872; *Schönke-Kuchinke*, Zivilprozeßrecht, S. 26f. Die Aufklärungspflicht ist streng von der Gleichbehandlungspflicht der Parteien im Zivilprozeß zu trennen; BVerfGE 42, 64/78: Die Unparteilichkeit des Richters ist kein wertfreies Prinzip, sondern an der Verfassung orientiert. Die Zurückhaltung des Richters muß dort ihre Grenze haben, wo das Gebot der sachgerechten Entscheidung im Rahmen der Gesetze unter dem Blickpunkt materialer, wertorientierterGerechtigkeit offensichtlich mißachtet wird.

[47] BVerfGE 42, 64/73; 49, 220/226; 52, 131/153; 54, 117/125.

[48] BVerfGE 49, 220/226; wN. bei *Stern*, Staatsrecht III/1, S. 1450f Fn 131 - 139.

[49] Weitere Beispiele, die Organisations- und Verfahrensgrundsätze gewährleisten: Art. 9 Abs. 1 GG (Vereinigungsfreiheit), die Prozeßgrundrechte des Art. 101 Abs. 1 S. 2 GG (gesetzlicher Richter) oder Art. 104 GG (Voraussetzungen und Garantien bei Freiheitsentziehungen). Vgl. *Hesse*, HdB-VerfR, S. 147 (Rn 44).

Grundrechte beeinflussen das Verfahren, wenn sich eine prozessuale Gestaltung zum Nachteil des zu verwirklichenden Grundrechts auswirkt[51].

Dieser Gedankengang erreicht seinen Kulminationspunkt dann, wenn direkt aus den Grundrechten Verfahrensgarantien abgeleitet werden[52]. Die Grundrechte selbst als Verfahrensgarantien auszuweisen, bedeutet, daß eine anzuwendende Verfahrensvorschrift dann grundrechtskonform modifiziert werden muß, sofern eine bestimmte Verfahrensgestaltung zur Beeinträchtigung des im Prozeß geltend gemachten Rechts führt[53]. Andernfalls würde das hinter dem eingeklagten Recht stehende Grundrecht verletzt. Grundrechtlich bestimmte Privatrechtsbeziehungen zwingen den Richter zu einer entsprechenden Verfahrensgestaltung: Für den Richter ist maßgeblich „nicht die in dem Grundrecht enthaltene und für ihn unmittelbar verbindliche Handlungsanweisung, sondern die darin zum Ausdruck kommende Wertentscheidung, die ihrerseits für die materiell-rechtliche Beurteilung leitend und deshalb auf der formellen Ebene fortzuführen ist“[54].

Art. 19 Abs. 4 läßt sich gegen die Anreicherung der materiellen Grundrechte mit Rechtschutzelementen nicht ins Feld führen. Zwar schützt diese Vorschrift ihrerseits als Grundrecht die materiellen Grundrechte, kommt aber nach ihren tatbestandlichen Voraussetzungen nur gegen die öffentliche Gewalt zur Anwendung. Somit ist es für den wirksamen Rechtsschutz in Privatrechtsstreitigkeiten nur konsequent, wenn hier das BVerfG den verfassungskräftigen An-

---

[50]Deutlich wird dies im Strafprozeß: So darf ein Gericht die Hauptverhandlung dann nicht durchführen, wenn der Angeklagte dadurch in akute Lebensgefahr geraten kann. Andernfalls liegt dann ein unmittelbarer Eingriff in das Recht auf Leben (Art. 2 Abs. 2 GG) vor, was auch nicht durch das Interesse an der Aufrechterhaltung einer funktionsfähigen Strafrechtspflege gerechtfertigt werden kann, BVerfGE 51, 324/326f. Ein weiteres Beispiel ist Art. 4 GG, der ein Recht auf Eidesverweigerung bewirken (BVerfGE 33, 23/34) oder Art. 2 Abs. 1, der Beweisverbote nach sich ziehen kann (BVerfGE 34, 238/246), vgl. *Hesse*, EuGRZ 1978, 427/435.

[51]Das BVerfG hatte sich mit einer solchen Grundrechtsauswirkung auf das Verfahren erstmals in Verbindung mit dem Hamburgischen Deichordnungsgesetz, das Enteignungen ermöglichte, auseinanderzusetzen, BVerfGE 24, 367.

[52]Den Anstoß zu dieser Diskussion gab *Häberle*, Grundrechte im Leistungstaat, VVDStRL 30 (1972), S. 86ff, 121ff, wo er die Komplementärfunktion des Verfahrensrechts für die Grundrechte herausgearbeitet und sogar einen „status activus processualis“ entwickelt hat, der nicht erst das gerichtliche Verfahren, sondern vor allem den vorweggenommen Rechtsschutz im behördlichen Verfahren präge in Richtung auf Beteiligungs- und Anhörungsrechte und einen Kommunikationsprozeß, der einer Konfrontation von Grundrechtsinteressen und „entschiedenen Vorhaben“ vorbeuge.

[53]*Lorenz*, NJW 1977, 872; *Zeuner*, Rechtliches Gehör, materielles Recht und Urteilswirkungen, S. 8f; Sondervotum Böhmer, BVerfGE 49, 220/228, 235 für das Zwangsversteigerungsverfahren.

[54]*Lorenz*, NJW 1977, 872.

spruch etwa des Eigentümers auf wirksamen Rechtsschutz unmittelbar aus der Eigentumsgarantie herleitet[55]. Hingegen ist für das verwaltungsgerichtliche Verfahren eine Verankerung des umfassenden, wirksamen Rechtsschutzes in den materiellen Grundrechten nicht notwendig, da Art. 19 Abs. 4 GG hierfür bereits eine hinreichende Basis bietet[56]. Das BVerfG will - wenn überhaupt und entgegen anfänglich zumindest mißverständlichen Äußerungen - mittlerweile nur noch unter besonderen Umständen über Art. 19 Abs. 4 hinaus die materiellen Grundrechte heranziehen[57], wonach es sich unzweideutig ergeben müsse, daß rechtsstaatlich unverzichtbare Erfordernisse sonst nicht mehr gewahrt wären.

Dem Gedanken einer verfahrensrechtlichen Wirkung der Grundrechte ist *Ossenbühl* mit vehementer Kritik entgegengetreten[58]. Er verweist auf die sehr zurückhaltende Rechtsprechung des BVerfG im Hinblick auf Teilhaberechte[59], die sich der Tendenz entgegenstellt hat, Freiheitsrechte allmählich in Teilhaberechte umzuwandeln[60]. Diese Bedenken waren jedoch vornehmlich gegen die besonders grundrechtsfreundliche Verfahrensgestaltung im behördlichen Vorverfahren gerichtet. Soweit die Kritik an der aus den Grundrechten abgeleiteten verfahrensrechtlichen Wirkung auch das gerichtliche Verfahren betrifft, steht dies nur einer generellen Berücksichtigung entgegen, was jedoch im Einzelfall eine grundrechtsfreundliche Gerichtsverfahrensgestaltung nicht ausschließt[61].

[55] So *Bethge*, NJW 1982, 1/6 mit Hinweis auf BVerfGE 13, 132/141; *Vollkommer*, Gedächtnisschrift Bruns, S. 205; *Stürner*, Die Aufklärungspflicht der Parteien des Zivilprozesses, S. 31ff.
[56] Vgl. z.B. *Schoch*, Vorläufiger Rechtsschutz, S. 1111.
[57] Vgl. BVerfGE 60, 253/297ff.
[58] *Ossenbühl*, DöV 1981, 5 bemerkt hierzu, daß für den Fall eines undifferenziert aus allen Grundrechten ganz allgemein erhobenen Anspruchs auf Grundrechtsschutz durch Verfahrensteilhabe letztlich ein basisdemokratischer Konsens erreicht werde, der Grundrechtsverletzungen gar nicht auftreten lasse; aus dem Schutzpflichtgedanken lasse sich zudem nicht in jedem Fall eine Forderung auf Teilhabe am Verwaltungsverfahren begründen. Nur vereinzelt könnten Grundrechte verfahrensrechtliche Vorwirkungen haben; *ders.*, FS Eichenberger, S. 185. Weiterhin bestünde dann die Gefahr einer „Verfahrenseuphorie", nach der alle Rechtsprobleme nur noch als Verfahrensprobleme verkannt würden; *ders.*, DöV 1981, 6.
[59] Allgemein zur Teilhabelehre: *Häberle*, Grundrechte im Leistungsstaat, VVDStRL 30 (1972), S. 43ff.
[60] Z.B. BVerfGE 35, 79/114: kein Recht aus Art. 5 Abs. 3 GG auf eine bestimmte Form der Hochschulselbstverwaltung.
[61] *Dörr*, Faires Verfahren, S. 140.

Anerkennt man grundsätzlich die verfahrensrechtliche Wirkung der materiellen Grundrechte im Rahmen der Zivilgerichtsbarkeit, so stellt sich die Frage nach deren konkreten Auswirkung auf den Zivilprozeß. Hinsichtlich der „Effektivität“ des Gerichtsschutzes könnten „Entwicklungsreserven“[62] gesehen werden, die für die Frage des Anspruchs auf angemessene Verfahrensdauer eine Rolle spielen können.

Wenn das BVerfG in mehreren Entscheidungen der Eigentumsgarantie des Art. 14 GG den verfassungsrechtlichen Anspruch auf verfahrensförmigen, wirksamen Rechtsschutz des Eigentums entnimmt[63], so könnte für den Bereich eines speziellen Freiheitsrechtes eine verallgemeinerungsfähige Grundrechtsauslegung verwirklicht werden. Da im Rechtsstaat der Schutz von Rechten, die auf ein Grundrecht zurückgehen, nur in einem justizförmigen Verfahren möglich ist, hat der Grundrechtsträger auch einen Anspruch auf ein solches Verfahren[64].

Gilt dies für den speziellen Bereich des Art. 14 GG, dann müßte dies, führt man den Ansatz des BVerfG fort, ebenso für andere Freiheitsgewährleistungen des GG und damit auch für den allgemeinen Freiheitsbereich, abgedeckt durch das Hauptfreiheitsrecht des Art. 2 Abs. 1 GG, gelten.

Hiergegen spricht jedoch, daß das BVerfG im Bereich des Zivilrechts auf die Argumentationsfigur der verfahrensrechtlichen Wirkung der Grundrechte lediglich in Fällen der Verletzung des Eigentumsrechts im Zwangsversteigerungsverfahren sowie durch die grundrechtswidrige Anwendung von Verfah-

---

[62] So für den Zivilprozeß: *Schumann*, Bundesverfassungsgericht, Grundgesetz und Zivilprozeß, S. 116f.

[63] BVerfGE 24, 367/401f - Hamburger Deichgesetz; 35, 348/361f - Armenrecht; 37, 132/141, 147ff - Wohnraumskündigung; 45, 297/322, 333 - Hamburger U Bahn; 46, 325/334; 49, 220/225; 51, 150 - alle zur Zwangsversteigerung; vgl. *Leibholz/Rinck/Hesselberger*, Art. 14, Rn 91.

[64] Vgl. *Stürner*, Die Aufklärungspflicht der Parteien des Zivilprozesses, S. 40.

rensregelungen in Mietprozessen zurückgegriffen hat[65]. Im Zivilprozeß ist aber nicht regelmäßig über hoheitliche Eingriffe wie den Zuschlag zu erkennen, sondern über die Rechte gleichgeordneter Privater, hinter denen nicht zwangsläufig eine materielle Grundrechtsposition stehen muß.

Außerdem setzt zwar die Durchsetzung materieller Rechte ein rechtsstaatlich geordnetes Verfahren voraus. Dieses Verfahren ist aber zunächst von der Feststellung und Durchsetzung des eingeklagten materiellen Rechts unabhängig: Das rechtsstaatliche Verfahren erhält seine Ausprägungen nicht erst dadurch, daß bestimmte materielle Rechtspositionen eingeklagt werden, sondern erfüllt durch seine Ausgestaltung eine eigenständige Funktion[66]. Aus materiellen Grundrechten allein lassen sich keine unmittelbaren konkreten Anforderungen für das Verfahren ableiten. Sie können vielmehr nur dann vom Zivilrichter ergänzend als Korrektiv herangezogen werden, wenn eine Eingriffskonstellation vorliegt[67], wie dies im Zwangsversteigerungsverfahren der Fall ist, wenn durch den Zuschlag ein unmittelbarer Eigentumseingriff bewirkt wird.

Bei Rechten gleichgeordneter Privater im übrigen erlangt die verfahrensrechtliche Dimension der Grundrechte keine Aktualität.

---

[65]So z.B. BVerfGE 37, 132/141, 148 - Wohnraumkündigung; 49, 220/247ff - Zwangsversteigerung. In anderen Bereichen hat das BVerfG direkt aus den Grundrechten verfahrensrechtliche Konsequenzen hergeleitet: E 39, 276/294 - Passivlegitimation für Zulassungsklagen; E 41, 251/265 - schulrechtliche Ordnungsmaßnahmen; E 44, 105/119ff, E 45, 422/430ff, E 48, 292/297f - vorläufige Berufsverbote und Amtsenthebungen; E 50, 16/30 - Anfechtbarkeit von Mißbilligungen; E 53, 30/65, 72ff - Mülheim-Kärlich, Art. 2 Abs. 2 GG.

[66]*Degenhart*, HdBdStR V, S. 885f, Rn 10f.

[67]*Degenhart*, HdBdStR V, S. 885f, Rn 10f mit Hinweis auf BVerfGE 46, 325; 49, 220; 51, 150.

§ 7 Verwaltungsgerichtsbarkeit, Finanz- und Sozialgerichtsbarkeit

I. Art. 19 Abs. 4 als Errungenschaft des Rechtsstaates

Literatur und Rechtsprechung stimmen einmütig in das „Hohelied" des Art. 19 Abs. 4 GG ein, wonach dieser Grundgesetzartikel für die Rechtsentwicklung zu einem „Gravitationspunkt"[1] geworden ist. Art. 19 Abs. 4 hat seine Aufgabe erfüllt, der Selbstherrlichkeit der vollziehenden Gewalt entgegenzuwirken[2]: Dem Bürger steht mit dieser Vorschrift, dem „Schlußstein im Gewölbe des Rechtsstaates"[3], ein subjektives Recht auf Rechtsschutz zu, das die Qualität eines Grundrechts hat und demzufolge auch mit der Verfassungsbeschwerde durchgesetzt werden kann. Art. 19 Abs. 4 gewährt zwar auch die institutionelle Garantie einer Gerichtsbarkeit („Rechtsweg"), aber in erster Linie zielt diese Norm auf den Individualrechtsschutz.

Art. 19 Abs. 4 sichert zunächst den Zugang zu den Gerichten überhaupt. Der Zugang und der Weg zu den weiteren Instanzen nach den Verfahrensordnungen darf nicht in unzumutbarer Weise erschwert werden[4]. Weiterhin hat der Bürger im Verfahren selbst einen substantiellen Anspruch auf eine tatsächlich wirksame Kontrolle[5]. Wirksamer Rechtsschutz bedeutet zumal auch Rechtsschutz innerhalb angemessener Zeit[6]. Da nur rechtzeitiger Rechtsschutz auch wirksamer Rechtsschutz sein kann, trifft Art. 19 Abs. 4 mittelbar eine Aussage zur Verfahrensdauer.

II. Die Stellung des Art. 19 Abs. 4 im Gesamtgefüge der Verfassung

Während Art. 19 Abs. 4 sich auf den Gerichtsschutz gegen die öffentliche Gewalt konzentriert, tragen drei Gruppen weiterer Garantien den allgemeinen

---

[1] Ausdruck von Maunz/Dürig-*Schmidt-Aßmann*, Art. 19 Abs. 4 Rn 1.
[2] BVerfGE 10, 264/267; 16, 289/292; 35, 263/274; 51, 268/284.
[3] *Thoma*, Recht, Staat, Wirtschaft, S. 9.
[4] BVerfGE 78, 88/99; *Leibholz/Rinck/Hesselberger*, Art. 19 Abs. 4 Rn 376 mwN.
[5] BVerfGE 78, 88/99; st. Rechtsprechung: *Leibholz/Rinck/Hesselberger*, Art. 19 Abs. 4 Rn 446.
[6] BVerfGE 55, 349/369.

Mindeststandard dessen, was den Gerichtsschutz in allen Gerichtsverfahren ausmacht:

- Art. 19 Abs. 4 wird von dem in Art. 20 Abs. 3 zum Ausdruck kommenden Rechtsstaatsprinzip sowie von den Ausprägungen rechtsstaatlicher Gerichtsbarkeit flankiert (Art. 97, 103 Abs. 1, 101 Abs. 1 und speziell bei Freiheitsentziehungen Art. 104 Abs. 2 GG).
- Ungeschriebene Gewährleistungen des Rechtsstaatsprinzips in Verbindung mit Art. 2 Abs. 1 und 3 Abs. 1 GG stehen Art. 19 Abs. 4 zur Seite. Zu nennen sind das Fairneßgebot, der Grund satz der Waffengleichheit vor Gericht und das Prinzip des Vertrauensschutzes im Prozeß.
- Die verfahrensrechtliche Komponente der Grundrechte für den Gerichtsschutz übernimmt die Rolle, den Kontrollmaßstab der Verhältnismäßigkeit (Übermaßverbot) und das Ziel vorzugeben, nämlich die Sicherung der materiellen Rechte und nicht eine maximale Ausgestaltung der Schutztechniken[7].

Das Verhältnis des Art. 19 Abs. 4 zu diesen drei begleitenden Momenten besteht in einer gegenseitigen Ergänzung[8]. Damit wird die Verbundenheit der Gerichtspraxis im Garantiebereich des Art. 19 Abs. 4 mit der allgemeinen Prozeßrechtslehre gewahrt. Deren Präjudizienbestand wird erschlossen[9] und die Auslegung des Art. 19 Abs. 4 auf den besonderen Rechtsschutzstandard gegen die öffentliche Gewalt angespannt. Dieses Verhältnis der gegenseitigen Einflußnahme und Rücksichtnahme verhindert einerseits ein Verständnis des Art. 19 Abs. 4 als allgemeines Effektuierungsprinzip, weil andere Verfassungsgrundsätze, insbesondere in sogenannten mehrpoligen Rechtsverhältnissen, den Wirksamkeitsgedanken des Art. 19 Abs. 4 relativieren. Andererseits muß dann Art. 19 Abs. 4 nicht mit Inhalten belastet werden, die in einem Sinngefüge anderer Verfassungsaussagen in ihrer spezifischen Weise besser wirken können[10]. Denn die Verfassung ist ein Sinngefüge, bei dem einzelne Gewährleistungen - und mithin auch Art. 19 Abs. 4 - so auszulegen sind, daß

---

[7] Maunz/Dürig-*Schmidt-Aßmann*, Art. 19 Abs. 4 Rn 21.
[8] Vgl. Maunz/Dürig-*Schmidt-Aßmann*, Art. 19 Abs. 4 Rn 15, der von einem Verhältnis der „Komplementarität“ spricht.
[9] Maunz/Dürig-*Schmidt-Aßmann*, Art. 19 Abs. 4 Rn 18.
[10] Maunz/Dürig-*Schmidt-Aßmann*, Art. 19 Abs. 4 Rn 15.

auch anderen Verfassungsnormen und -grundsätzen nicht Abbruch getan wird[11].

III. Art. 19 Abs. 4 und angemessene Verfahrensdauer

1. Beschleunigungsgebot

Aus Art. 19 Abs. 4 wird ein an die Gerichte adressiertes Gebot der Beschleunigung hergeleitet[12], das besagt, daß die Gerichte verpflichtet sind, das Verfahren mit einer am Einzelfall ausgerichteten Abwägung in einer möglichst kurzen Dauer zu einer Entscheidung zu bringen. Das Beschleunigungsgebot des Art. 19 Abs. 4 kann sich bei ganz offensichtlicher Verfahrensverzögerung zur konkreten gerichtlichen Handlungspflicht auswirken, so z.B. zur Anberaumung eines Termins, zum Absetzen einer Entscheidung (§ 117 Abs. 4 VwGO) oder zum Vorgehen gegen einen säumigen Zeugen. Bei ganz offensichtlichen Verletzungen des Beschleunigungsgebots ist eine auf Art. 19 Abs. 4 gestützte Verfassungsbeschwerde möglich, weil eine extreme Verzögerung mit einer Verweigerung des Zugangs zu Gericht gleichgesetzt werden kann[13].

2. Die Unauflösbarkeit des Konflikts zwischen materieller Gerechtigkeit und Beschleunigung

Bei dieser Abwägung kommt das Grunddilemma rechtsstaatlicher Rechtsprechung zum Ausdruck: das Spannungsverhältnis zwischen materieller Gerechtigkeit und beschleunigter Entscheidung. Dabei handelt es sich um ein Dauerproblem in jeder Prozeßordnung[14]. Zwar darf im Rechtsstaat die Beschleunigung allein nicht eine Legitimation für bewußte Rechtsabweichungen

---

[11]BVerfGE 60, 253/257.

[12]BVerwGE 45, 351/357; 50, 275/280f; *Finkelnburg*, FG BVerwG, S. 174; *Sendler*, DVBl 1978, 924ff.

[13]Maunz/Dürig-*Schmidt-Aßmann*, Art. 19 Abs. 4 Rn 263.

[14]Vgl. Zöller-*Schneider*, § 528 Rn 2 für die ZPO.

sein[15]; aber die Alternative zu überlangen, materiell „richtigen" Entscheidungen muß nicht zwangsläufig eine schnelle und unrichtige Entscheidung sein.

Es gilt die Auffassung *Kloepfers*, daß allenfalls subjektive Vorstellungen über die Richtigkeit feststellbar sind, die vielfach nur Annäherungen an die objektive Richtigkeit sein werden. Das Verfahrensrecht der Beweise und Rechtsmittel kann hier nur kleinere oder größere Annäherungswerte erzielen, aber auch bewußte Diskrepanzen in Kauf nehmen[16].

In gleicher Weise, wie das BVerfG im Einzelfall selbst unrichtige Gerichtsentscheidungen um der Rechtssicherheit willen über das Institut der Rechtskraft in Kauf nimmt[17], kann dies auch für die beschleunigte Entscheidung formuliert werden. Mit den Worten des BVerfG ist dann das rechtsstaatliche Grundgebot, materielle Gerechtigkeit zu verwirklichen, nicht auf den Einzelfall bezogen, sondern auf den Wirkungszusammenhang der Rechtsordnung und ihrer Vollzüge insgesamt. Zwischen diesem Gebot und dem Anliegen auf schnelle Entscheidung besteht zwar ein - im Einzelfall nicht immer auflösbares - Spannungsverhältnis, nicht aber ein generell unüberwindbarer Gegensatz: Rechtsschutz innerhalb angemessener Zeit herbeizuführen, ist selbst eine Forderung materieller Gerechtigkeit, denn sie führt zu zügiger Sicherung rechtsstreitig verunsicherter Freiheit oder zur Vergewisserung ungeklärten Rechts[18].

Zur Lösung des Konflikts zwischen materiell richtiger und beschleunigter Gerichtsentscheidung muß eines dieser widerstreitenden Gebote zurücktreten. Die Entscheidung, welches Rechtsgut hinter dem anderen zurücktreten muß, obliegt nach ständiger Rechtssprechung des BVerfG zunächst dem Gesetzge-

[15]Dazu schon das von Publius Syrus, Sentenzen J 25 überlieferte lateinische Sprichwort „In judicando criminosa est celeritas" = beim Richten ist Eile verbrecherisch; zit. nach *Liebs*, S. 93 Nr. 77.
[16]*Kloepfer*, JZ 1979, 211.
[17]BVerfGE 60, 263/268f.
[18]Vgl. BVerfGE 60, 263/268f zum Institut der Rechtskraft. Schon *Montesqieu* sah die Gefahr für die Gerechtigkeit in Verzögerungen des Rechtsschutzes und nicht in der Ausgestaltung des Prozeßrechts: „L'injustice n'est pas dans les formes mais dans les delais"; zit. nach *Baert*, in: Effektiveness of Judicial Protection, S. 42.

ber. Es ist seine Aufgabe, diesen Konflikt bald nach der Seite der zügigen Entscheidung, bald nach der Seite der materiellen Gerechtigkeit hin zu entscheiden[19]. Mit dem Kritiker Karl Kraus kann dies pointiert formuliert werden: „Ungerechtigkeit muß sein, sonst kommt man zu keinem Ende“[20].

Vollzieht sich die Abwägung ohne Willkür, so kann die gesetzgeberische Entscheidung nicht beanstandet werden[21].

Eine Wertung zugunsten von Beschleunigung und Rechtssicherheit zu Lasten der materiellen Gerechtigkeit hat der Gesetzgeber z.B. mit den Zurückweisungsvorschriften im Zivilprozeß vorgenommen[22]. Diese gesetzgeberische Entscheidung haben die Gerichte zu respektieren, so daß beim Vorliegen der entsprechenden Tatbestandsvoraussetzungen eine Zurückweisung erfolgen muß. Auch sind die Entscheidungen des Gesetzgebers für Rechts- und Bestandskraft und die entsprechenden Fristenregelungen tendenziell geeignete Mittel zur Beschleunigung des Verfahrens: Die Beschleunigung der Verfahren wirkt gleichzeitig darauf hin, daß auf einer hinreichend frischen Entscheidungsgrundlage verfahren werden kann, wo die Beweise noch verfügbar sind, der Sachverhalt den Beteiligten noch im Gedächtnis haftet, neu auftretende Gesichtspunkte noch aufgeklärt und erforderliche weitere Beweismittel noch beschafft werden können. Auch die Güte der Entscheidung wird von der durch Fristen veranlaßten Zügigkeit des Verfahrens beeinflußt. Zeitliche Grenzen für prozessuales Verhalten können gerade auch im Interesse der Beteiligten selbst liegen und Ausdruck prozessualer Fürsorge für sie sein[23].

Neben diesem nicht unerheblichen Entscheidungsspielraum des Gesetzgebers hat auch die Rechtsprechung bei der Auslegung prozessualer Vorschriften Ermessensbereiche, wo zugunsten des einen oder anderen Prinzips entschie-

---

[19]BVerfGE 22, 322/329 unter Hinweis auf BVerfGE 3, 225/237; 15, 313/319; *Leibholz/Rinck/Hesselberger*, Art. 20 Rz 641 für das Verhältnis Rechtssicherheit - materiale Gerechtigkeit.

[20]Zit. bei Zöller-*Schneider* § 567 Rn 41 aE.

[21]BVerfGE 25 269/290f unter Hinweis auf BVerfGE 3, 225/237f.

[22]Vgl. *Weth*, Die Zurückweisung verspäteten Vorbringens im Zivilprozeß, S. 56ff.

[23]BVerfGE 60, 253/270f.

den werden kann. Gefunden werden muß aufgrund des Rechtsdurchsetzungsauftrages ein „goldener Schnitt, ein schonender Ausgleich zwischen größtmöglicher Schnelligkeit und maximaler Richtigkeit von Entscheidungen“[24].

Erheblich wird insbesondere im öffentlichen Recht die Problematik des zeitgerechten Rechtsschutzes durch die Möglichkeit entschärft, irreparable Schäden durch vorläufigen Rechtsschutz zu verhindern[25]. Ohne die Möglichkeit, auf diesem Weg die aufschiebende Wirkung her- bzw. wiederherzustellen, würde die Gefahr bestehen, daß Art. 19 Abs. 4 ins Leere läuft. Je schwieriger der Eingriff gegenüber dem Bürger wiedergutzumachen ist, desto besser hat der vorläufige Rechtsschutz zur Geltung zu kommen; je summarischer das vorläufige Rechtsschutzverfahren, desto schneller ist das Hauptsacheverfahren zu betreiben, um im Einklang mit der Rechtsweggarantie des Art. 19 Abs. 4 zu stehen.

3. Strukturelle Maßnahmen zur Verfahrensbeschleunigung

Neben dem Beschleunigungsgebot beinhaltet die Rechtsweggarantie des Art. 19 Abs. 4 mittels des Wirksamkeitsgedankens eine Rückbindung an die Grundlagen des Gerichtsschutzes. Diese Rückbindung öffnet das Blickfeld darauf, ob die heute überkommene Gerichtsschutzdogmatik nicht die eigentliche Ursache für die Problematik überlanger Verfahrensdauer bildet. Die Gründe für eine überlange Verfahrensdauer liegen teilweise darin, daß sich die Justizgewährung und Art. 19 Abs. 4 oft im Netz ihrer eigenen Gediegenheit verfangen, so daß die Frage erlaubt sein muß, ob nicht auch konkret einzelne, äußerlich rechtsschutzmindernde Änderungen der Gesetze oder der Gerichtspraxis zur Effizienz des Rechtsschutzes beitragen könnten[26]. Wird durch das Grundgesetz nur ein Mindeststandard für den Gerichtsschutz verbürgt, dann

---

[24] *Kloepfer*, JZ 1979, 211.
[25] Vgl. hierzu im einzelnen unten zum Eilverfahren.
[26] So zutreffend statt vieler Maunz/Dürig-*Schmidt-Aßmann*, Art. 19 Abs. 44 Rn 262.

stellt sich die Frage, ob nicht alles, was darüber hinaus geht, sich eine Kosten/Nutzen-Analyse gefallen lassen muß. Der ständige Anstieg der Arbeitsbelastung der Gerichte mit den entsprechenden Auswirkungen auf die Verfahrensdauer zeigt, daß die Justiz, will sie dem Justizgewährleistungsanspruch noch gerecht werden, sich als modernes Dienstleistungsunternehmen am Bedarf des Bürgers und der Verwaltung orientieren muß[27].

Gewiß ist es im Rechtsstaat nicht hinnehmbar, daß der Gesetzgeber zugunsten einer kurzen Verfahrensdauer ***bewußt*** Rechtsabweichungen in Kauf nimmt. Aber am Beispiel der Übertragung von Entscheidungen auf den Einzelrichter hat sich gezeigt, daß dieser mehr und auch schneller Fälle erledigen kann, ohne daß damit ein meßbares Qualitätsgefälle einhergehen muß[28].

Welche Ursachen für eine zu lange Verfahrensdauer verantwortlich sind und welche legislativen Lösungsmöglichkeiten hervorgebracht werden, soll hier nicht ganz unerwähnt bleiben. Änderungen des Prozeßrechts haben gegenüber Straffungen und Effektuierungen der Organisationsabläufe den Vorteil, daß der (Bundes-) Gesetzgeber auf das Prozeßrecht einen bequemen Zugriff hat und daß der finanzielle Aufwand vergleichsweise gering ist[29].

a) Mitwirkungspflichten im Verwaltungsgerichtsprozeß

Art. 19 Abs. 4 beinhaltet vorrangig den Individualrechtsschutz als subjektives Recht des Bürgers. Im Verwaltungsprozeßrecht gilt der Amtsermittlungsgrundsatz, der jedoch nicht dazu führen darf, daß Schwierigkeiten des Gerichts, die Tatsachen festzustellen, zu willkommener Verzögerungstaktik benutzt werden, ein Problem, das insbesondere in Drittbeteiligungsfällen brisant ist. Deshalb kann der Gesetzgeber sanktionsbewehrte Mitwirkungspflichten

---

[27] Handlungsbedarf besteht insbesondere durch die Belastung der Verwaltungsgerichte in den neuen Bundesländern durch den Anstieg der Eingänge erstinstanzlicher Sachen: 182 im Januar 1991, 1790 im Dezember 1991; *Clausing* NVwZ 1992, 717 Fn 7.

[28] *Schmieszek*, NVwZ 1991, 522; kritisch zur „Bewegung der Einzelrichterspirale": *Redeker*, DVBl 1992, 216; *Clausing*, NVwZ 1992, 717ff.

[29] Vgl. *Krumsiek*, DVBl 1992, 508; kritisch zu weiteren Eingriffen in das Prozeßrecht: *Clausing*, NVwZ 1992, 717ff.

statuieren, die dort beginnen, wo die Untersuchungsmaxime endet. In diesem Bereich ist der Gesetzgeber in jüngster Zeit auch aktiv geworden, indem er durch das 4. VwGO Änderungsgesetz Ausschlußfristen in § 87 b VwGO normiert hat[30].

b) Die Verkürzung des Instanzenzuges

Die überkommene Auffassung geht davon aus, daß mehrere Instanzen den Rechtsschutz verbessern, aber weder aus Art. 19 Abs. 4 noch Art. 20 Abs. 3 läßt sich ein verfassungsrechtlich garantierter Instanzenzug im Sinne einer Mehrstufigkeit aller gerichtlichen Verfahren herleiten[31]. Dem steht nicht entgegen, daß Art. 19 Abs. 4 nicht nur den - ersten - Zugang zum Gericht eröffnet, sondern darüber hinaus verbietet, den Zugang zur jeweiligen nächsten Instanz in unzumutbarer, aus Sachgründen nicht mehr zu rechtfertigender Weise zu erschweren[32]. Das setzt aber voraus, daß die jeweilige Verfahrensordnung einen Instanzenzug zur Verfügung stellt[33].

Ist mithin die Mehrstufigkeit des Rechtsschutzes nicht garantiert, so ist der Gesetzgeber durch Art. 19 Abs. 4 verfassungsrechtlich auch nicht gehindert, den Rechtsschutz zu verkürzen[34]. Liegt aber eine administrative oder richterliche Verkürzung des prozeßrechtlich vorgesehenen Instanzenzuges vor, z.B. durch falsche Vorstellungen über Wiedereinsetzungsgründe und Postlaufzeiten, so soll Art. 19 Abs. 4 nach der Rechtsprechung des BVerfG verletzt sein[35] - eine wenig überzeugende Rechtsprechung[36]. Das BVerfG kann nicht gegen

[30] Vom 17.12.1990 BGBl 1990 I, 2809.
[31] BVerfGE 78, 88/89; ständige Rechtsprechung, vgl.: *Leibholz/Rinck/Hesselberger*, Art. 19 Rz 516
[32] BVerfGE 78, 7/18, 88/89; *Leibholz/Rinck/Hesselberger*, Art. 19 Rz 517.
[33] BVerfGE 78, 7/18.
[34] Vgl. BVerfGE 65, 76/90; BVerwGE 69, 30/32.
[35] BVerfGE 40, 272/274f; 41, 23/26; 54, 277/293; vgl. Maunz/Dürig-*Schmidt-Aßmann* Art. 19 Abs. 4 Rn 179 Fn 33.
[36] *Arndt*, Praktikabilität und Effizienz, S. 145f; der Rückgriff auf Art. 19 Abs. 4 ist nicht zwingend, da einfaches Gesetzesrecht in Frage steht; im übrigen handelt es sich dabei um ein Problem des Art. 103 Abs. 1 GG.

beachtliche Argumente in der Literatur[37] auf der einen Seite über Art. 19 Abs. 4 keinen Instanzenzug gewährleisten wollen, und auf der anderen Seite die Prüfung des Zugangs zu diesen Instanzen anhand Art. 19 Abs. 4 vornehmen[38]. Die Verkürzung des Instanzenzuges wäre eine strukturelle Maßnahme zur Beschleunigung des Rechtsschutzes, der Art. 19 Abs. 4 nach dem BVerfG nicht entgegensteht. Damit könnte sich bewahrheiten, daß weniger auch mehr sein kann[39].

[37] *Lorenz*, Der Rechtsschutz des Bürgers und die Rechtsweggarantie, S. 242ff.
[38] *Haag*, Effektiver Rechtsschutz, S. 59 und 139f.
[39] Vgl. auch *Sendler*, FS Deutsche Richterakademie, S. 175ff.

§ 8 Strafgerichtsbarkeit

I. Anspruchsgrundlagen

Überlange Verfahrensdauer ist auch bei Strafverfahren ein Problem, das nachhaltig erst seit den siebziger Jahren vorhanden ist[1]. Neben der angestiegenen Verfahrensflut können als Ursachen die verstärkte Betreibung von zudem besonders komplexen Wirtschaftsstrafverfahren[2], die gestiegene Aufklärungsschwierigkeit von NS-Sachen[3] und der Beginn der Terroristenprozesse[4] genannt werden.

Anknüpfungspunkt für den Anspruch auf angemessene Verfahrensdauer ist zunächst wiederum die Justizgewährungspflicht des Staates:

Der Staat ist verpflichtet, für das Opfer bzw. für die verletzte Rechtsgemeinschaft Justiz zu gewähren und dem Rechtsbrecher die im materiellen Strafrecht angedrohten Unrechtsfolgen aufzuerlegen[5]. Wenn das Opfer schon nicht das Recht hat, das ihm zugefügte Unrecht selbst zu ahnden, dann hat der Staat nicht nur das Recht, sondern als Kehrseite seines Strafmonopols auch die Pflicht, einen sich aus der Tat ergebenden Strafanspruch durchzusetzen[6]. Er hat eine Grundlage dafür zu ermitteln, aufgrund der ein objektiver Ausspruch über Schuld, Strafe und sonstige strafrechtliche Maßnahmen im Interesse der Wiederherstellung des Rechtsfriedens gefällt werden kann[7]. Ein entsprechender „Anspruch" des Geschädigten beschränkt sich auf wenige Mitwirkungsbefugnisse: Strafantragsrecht bei Antragsrechten[8], Privat[9]- und Nebenklagerecht[10], Möglichkeit Entschädigung zu verlangen[11] und im übrigen als Zeuge

---

[1] Vgl. *Hammerstein*, Symposion 1986, S. 95; *Wolfslast*, NStZ 1990, 410, *Scheffler*, Die überlange Dauer von Strafverfahren, S. 19.
[2] *Schünemann*, Verh. 58. DJT, S. B 16; vgl. auch *Hanack*, JZ 1971, 705f.
[3] *Rückerl*, NS-Verbrechen vor Gericht, S. 269f, 373f.
[4] Vgl. *Scheffler*, S. 19.
[5] Löwe/Rosenberg-*Schäfer*, Einl. Kap. 6 Rn 2.
[6] Statt vieler *Beulke*, Strafprozeßrecht, Rn 3.
[7] Statt vieler KK-*Pfeiffer*, Einleitung, Rn 1ff.
[8] Z.B. bei der fahrlässigen Körperverletzung, §§ 230, 232 StGB.
[9] §§ 374 - 394 StPO.
[10] §§ 395 - 402 StPO.

mit relativ wenigen eigenen Rechten, insbesondere nicht mit Möglichkeiten, das Verfahren zu beschleunigen, um zügig zu einem Ausspruch über Schuld zu kommen. Dies liegt daran, daß nicht das Opfer, sondern der Staat für die Rechtsgemeinschaft den Prozeß durchführt. Ausdruck deren Interesses, in angemessener Zeit dem Täter die Unrechtsfolgen aufzuerlegen, sind vielfältige Regelungen der Prozeßordnung, die Verzögerungen entgegenwirken sollen.

Auf der anderen Seite hat der Straftäter einen Anspruch darauf, innerhalb angemessener Zeit über den Schuldvorwurf Klarheit zu erlangen. Im Unterschied zum Zivilprozeß, in dem die Basis für die Entscheidung die vom Vorbringen der Parteien abhängige formelle Wahrheit ist, kommt dem Strafprozeß u.a. die Aufgabe zu, die materielle Wahrheit von Amts wegen zu ermitteln[12]. Die Ermittlung der materiellen Wahrheit ist nicht immer ohne Eingriffe in grundrechtliche Bereiche des Betroffenen möglich: Einerseits wird der Angeklagte nachhaltig betroffen durch prozeßbegleitende Eingriffe[13], wie Haft, Beschlagnahme und vorläufiges Berufsverbot, deren Rechtfertigung oder Aufhebung erst bei Abschluß des Verfahrens erfolgt. Andererseits kann das Strafverfahren selbst schwere Beeinträchtigungen von Gesundheit, Nerven oder für das Berufs- und Geschäftsleben (z.B. Kreditwürdigkeit) mit sich bringen[14]. Nicht zu vergessen sind auch die nachteiligen Auswirkungen auf die Resozialisierung, wenn der Zeitraum zwischen Tat und Urteil zu lang wird[15].

Da der Beschuldigte im Strafverfahren somit besonders intensiven Grundrechtsbeeinträchtigungen ausgesetzt ist, kann er als Kehrseite seiner Unterwerfung unter das Recht vom Staat ein entsprechend justizförmiges und rechtsstaatliches Verfahren[16] beanspruchen. Hierzu gehört auch sein Anspruch darauf, daß sich die verfahrensbedingten Belastungen nicht unangemessen lang

[11] §§ 403 - 406 c StPO.
[12] Vgl. *Kleinknecht/Meyer*, Einl. Rn 9; KK-*Pfeiffer*, Einleitung, Rn 2.
[13] Zum Gedanken des Verfahrens als Eingriff: *Kloepfer*, DVBl 1977, 740; *ders.*, JZ 1979, 209/214.
[14] Vgl. *Hanack*, JZ 1971, 711; *Hillenkamp*, JR 1975, 133f.
[15] Vgl. *Jescheck*, JZ 1970, 204
[16] Nach BVerfGE 32, 373/383 und BGHSt 19, 325/330 kann das Strafverfahrensrecht als angewandtes Verfassungsrecht aufgefaßt werden.

hinziehen dürfen, zumal die Unschuldsvermutung[17] hierbei nicht unberücksichtigt bleiben darf.

Der Anspruch auf ein Verfahren innerhalb angemessener Zeit ergibt sich für den Beschuldigten mithin aus dem Rechtsstaatsprinzip in Verbindung mit dem betroffenem Grundrecht[18]; in der Regel ist dies im Strafverfahren Art. 2 Abs. 1 GG.

Wird der im Rechtsstaatsprinzip in Verbindung mit den materiellen Grundrechten gewährleistete Anspruch auf ein Strafverfahren innerhalb angemessener Zeit verletzt, dann ist eine diesem Anspruch zuwiderlaufende Verfahrensverzögerung bei der Strafzumessung zu berücksichtigen[19].

Der somit aus grundgesetzlichen Vorschriften folgende Anspruch auf ein Strafverfahren innerhalb angemessener Zeit ist auch in Art. 6 Abs. 1 EMRK ausgesprochen, auf den im übernächsten Paragraphen näher eingegangen wird. Darüber hinaus hat der Anspruch in der StPO zwar nicht ausdrücklich, aber mittelbar Ausdruck gefunden, wie es auch aus zahlreichen, bis in die jüngste Zeit hinein (StVÄG 1987) geschaffenen oder geänderten Vorschriften der StPO deutlich wird, deren erklärtes Ziel die Beschleunigung der Verfahren ist.

Im Zusammenhang mit dem Anspruch auf ein Verfahren innerhalb angemessener Zeit ist im Strafprozeß der Beschleunigungsgrundsatz zu nennen, dessen Grundlage teilweise ebenfalls im Rechtsstaatsprinzip gesehen wird[20] und teilweise aus der sich aus dem Grundsatz des sozialen Rechtsstaates (Art. 28 GG) ergebenden prozessualen Fürsorgepflicht[21] hergeleitet wird[22]. Er dient in erster Linie dem Interesse des Beschuldigten, aber auch dem öffentlichen

---

[17] Sie folgt ebenso aus dem Rechtsstaatsprinzip; vgl. BVerfGE 22, 254/265; *Paeffgen*, Vorüberlegungen zu einer Dogmatik des Untersuchungshaft-Rechts, S. 42ff, 64ff; vgl. Art. 6 Abs. 2 EMRK.

[18] Art. 19 Abs. 4 GG als Grundlage scheidet aus, weil dem Bürger nicht Rechtsschutz, sondern Eingriff angedroht wird: *Kirchhof*, FS Doehring, S. 450f.

[19] Dazu ausführlich unten, II.(S. 50).

[20] *Beulke*, Strafprozeßrecht, Rn 26.

[21] Löwe/Rosenberg-*Schäfer*, Einl. Kap. 6 Rn 23; vgl. *Kleinknecht/Meyer*, Einl. Rn 156 mwN.

[22] BGHSt 26, 1/4; *Gössel*, Strafverfahrensrecht, S. 166.

Interesse: Die gegen einen Angeklagten erhobenen Beschuldigungen sollen in der den Schwierigkeiten der Beweisführung angemessener Zeit der Klärung zugeführt werden[23]. Dem schleunigen Verfahren kommt auch wahrheitssichernde Funktion zu[24].

Für den Anspruch auf angemessene Verfahrensdauer besagt die Beschleunigungspflicht unabhängig davon, ob man sie in das Rechtsstaatsprinzip oder den Fürsorgegrundsatz einbettet, indes nichts Neues, soweit sie sich nicht schon aus Einzelvorschriften der StPO ergibt. Eine eigenständige Pflicht, die etwa aus einer erweiterten Auslegung einer Rechtsvorschrift gewonnen werden könnte, würde nur besagen, daß das Verfahren voranzutreiben ist, indem das Tempo der Durchführung von Prozeßhandlungen gesteigert wird. Damit wird aber nur formuliert, daß im Prozeß der Beschleunigungsgedanke als Gegensatz zur Verzögerung bestimmend sein soll. Der Beschleunigungsgrundsatz kann aber immer nur relativ unter entsprechender Berücksichtigung von widerstreitenden Interessen (wie z.B. materielle Gerechtigkeit) zur Geltung kommen.

Exkurs: Einschränkungen des Beschleunigungsgrundsatzes durch hinzunehmende Verzögerungsgründe

Anhand der Rechtsprechung zu den Voraussetzungen zum Tatbestandsmerkmal „wichtiger Grund" des § 121 Abs. 1 StPO wird deutlich, welche Gründe eine Verzögerung des Verfahrens rechtfertigen. Diese Kasuistik hilft damit auch, die „Angemessenheit" von Verfahrensdauer zu beurteilen. § 121 Abs. 1 StPO bestimmt:

Solange kein Urteil ergangen ist, das auf Freiheitsstrafe (...) erkennt, darf der Vollzug der Untersuchungshaft wegen derselben Tat über sechs Monate nur aufrechterhalten werden, wenn die besondere Schwierigkeit oder der besondere Umfang der Ermittlungen oder ein anderer wichtiger Grund das Urteil noch nicht zulassen und die Fortdauer der Haft rechtfertigen.

---

[23]BGHSt 26, 288/232.
[24]BVerfGE 57, 250/279; KK-*Pfeiffer*, Einleitung Rn 11; *ders.*, FS Baumann, S. 332f.

Hier ist nicht das Spezialproblem zu untersuchen, wie lange und unter welchen Voraussetzungen die Einschließung einer verhafteten Person andauern darf[25]. Vielmehr soll am Beispiel einer im Rahmen des § 121 Abs. 1 StPO vorzunehmenden Abwägung zwischen den Interessen der verletzten Rechtsgemeinschaft an der Verfahrenssicherung und dem Beschleunigungsanspruch des inhaftierten Beschuldigten aufgezeigt werden, welche Verzögerungsgründe der Bürger hinzunehmen hat.

Die Freiheit der Person gem. Art. 2 Abs. 2 GG kann nur dann über sechs Monate eingeschränkt werden, wenn ein wichtiger Grund vorliegt. Dies ist der Fall, wenn das Verfahren durch Umstände verzögert wird, denen die Strafverfolgungsbehörden durch geeignete Maßnahmen nicht haben entgegenwirken können[26]. Die Strafverfolgungsbehörden und Gerichte müssen alle zumutbaren Maßnahmen getroffen haben, um die Ermittlungen so schnell wie möglich abzuschließen und ein Urteil herbeizuführen[27].

Zur Beschleunigung muß nach der Rechtsprechung des BVerfG jegliche organisatorische Maßnahme ausgeschöpft werden, insbesondere in Haftsachen[28]. Angesichts der Bedeutung und Tragweite des Grundrechts der persönlichen Freiheit (Art. 2 Abs. 2 S. 2 GG) könne sich der Staat „dem Untersuchungsgefangenen gegenüber nicht darauf berufen, daß er seine Gerichte nicht so ausstattet, wie es erforderlich ist, um die anstehenden Verfahren ohne vermeidbare Verzögerung abzuschließen. Es ist seine Aufgabe, im Rahmen des Zumutbaren alle Maßnahmen zu treffen, die geeignet und nötig sind, einer Überlastung der Gerichte vorzubeugen und ihr dort, wo sie eintritt, rechtzeitig abzuhelfen. Er hat die dafür erforderlichen - personellen wie sächlichen - Mittel auf zubringen, bereitzustellen und einzusetzen. Diese Aufgabe folgt aus der staatlichen Pflicht der Justizgewährung, die Bestandteil des in Art. 20 Abs. 3 GG verankerten Rechtsstaatsprinzips ist. Dem Beschuldigten darf es nicht zugemutet werden, eine längere als die verfahrensangemessene Untersuchungshaft nur deshalb in Kauf zu nehmen, weil der Staat es versäumt, dieser Pflicht zu genügen“[29].

Wegen des rechtspolitischen Einschlags der Entscheidungsbegründung mit Forderungen an die Justizverwaltung bzw. den Justizhaushalt als Ergebnis einer verfassungsgemäßen Auslegung des § 121 StPO, haben die dissentierenden Richter dieser Argumentation entgegengesetzt, daß die Notwendigkeit, mehr Mittel zur Verfügung zu stellen und mehr Planstellen zu bewilligen, nur

---

[25] Vgl. dazu *Paeffgen*, Vorüberlegungen zu einer Dogmatik des Untersuchungshaft-Rechts, S. 13ff.
[26] Löwe/Rosenberg-*Wendisch*, § 121 Rn 37; *Kleinknecht/Meyer*, § 121 Rn 21.
[27] *Kleinknecht/Meyer*, § 121 Rn 19 mwN.
[28] BVerfGE 36, 264/272.
[29] BVerfGE 36, 264/275 zu § 121 StPO = JZ 1974, 582 mit Anm. Kleinknecht; *Kleinknecht/Meyer*, § 121 Rn 22; a.A. z.B. OLG Hamm, NJW 1973, 720.

die Folge einer Interpretation des § 121 Abs. 1 StPO sein kann, nicht aber umgekehrt das Ziel oder den Zweck der Auslegung zu bestimmen vermag[30]. Das Sondervotum will als „wichtigen Grund“ für die Aufrechterhaltung der Untersuchungshaft nur solche anerkennen, die jenseits des Einflußbereichs der Strafverfolgungsbehörden und der Gerichte liegen. Jeder eine Verzögerung verursachen der Umstand, der von den genannten Rechtspflegeorganen dagegen beherrscht, d.h. vermieden oder behoben werden kann, rechtfertigt nicht mehr die Aufrechterhaltung der Untersuchungshaft. Damit soll vermieden werden, daß die Justiz für Haushaltsansätze des Gesetzgebers, mangelnde Schaffung weiterer Richterplanstellen und Änderungen der Verfahrensordnungen verantwortlich gemacht werden kann, weil die Rechtspflegeorgane selbst einer Verfahrensverzögerung durch Überlastung nur mittels organisatorischer Maßnahmen, wie z.B. durch außerordentlich angesetzte Verhandlungstage, entgegenwirken können[31]. Von den Rechtspflegeorganen soll durch die StPO nichts Unmögliches verlangt werden.

Dabei wird jedoch nicht dem Umstand Rechnung getragen, daß es sich bei den Strafverfolgungsbehörden und den Gerichten um Organe des Staates handelt, die für ihre Tätigkeit ein Monopol beanspruchen. Soweit der Untersuchungshäftling nicht die Verantwortung für die Verzögerung zu tragen hat, ist nicht einzusehen, warum die staatlich verfaßte Gemeinschaft von jeglicher Verantwortung entbunden werden soll. Für die Frage der unverhältnismäßigen Beeinträchtigung des Art. 2 Abs. 2 kann es keine Rolle spielen, ob das Gericht mit seinen disponiblen Mitteln alles Erforderliche getan hat oder ob der Haushaltsgesetzgeber nicht hinreichende Mittel zur Verfügung gestellt hat. Der Beschleunigungsanspruch des Bürgers bzw. des U-Häftlings würde leerlaufen, wenn man z.B. darauf abstellte, daß das jeweilige Justizministerium („Pech für den Bürger“) oder das Gericht die Verfahrensverzögerung zu verantworten hätte[32]. Wenn der Staat zur Justizgewährleistung verpflichtet ist, dann muß er den Bürger von unzumutbaren Folgen einer durch den Staat verursachten Verfahrensverzögerung freistellen. Nach einhelliger Rechtsprechung erfährt dies jedoch eine Einschränkung dahingehend, daß die Überlastung dann einen „wichtigen Grund“ darstellt, wenn sie vorübergehender Natur ist[33]. Die Folgen einer kurzfristigen, überraschend aufgetretenen Überlastungssituation hat danach der Beschuldigte noch hinzunehmen. Liegt eine Überlastung hingegen langfristig vor und sind keine erfolgversprechenden Maßnahmen zur Behebung ersichtlich, darf die Situation sich nicht zum Nachteil der Freiheitsrechte eines Beschuldigten auswirken.Trotz dieser Einschränkung ist diese Recht-

---

[30]Sondervotum *v. Schlabrendorff, Geiger, Rinck* zu BVerfGE 36, 264, 276f.
[31]Vgl. § 21 e Abs. 3 GVG.
[32]Die staatlichen Funktionen dürfen dem Beschuldigten gegenüber nicht aufgeteilt werden: Vgl. *J. Meyer*, ZStW (1983), 850; *Grünwald*, JZ 1966, 494; *Scheffler*, S. 116.
[33]BVerfG NJW 1991, 689; BVerfG StV 1991, 307f; BVerfG NStZ 1991, 397f; BGH NJW 1991, 3042f; *Kleinknecht/Meyer*, § 121 Rn 22 mwN.

sprechung zu begrüßen, da damit einer „Verfahrensverzögerung aufgrund Überlastung“ keine generelle Absolution mehr erteilt wird. Hinter der Auslegung des § 121 StPO durch die Gerichte verbergen sich zwar nicht immer zufällig justizpolitische Forderungen nach besserer Ausstattung[34], was aber im Interesse der Freiheitsrechte des Beschuldigten vertretbar ist.

II. Rechtsfolgen überlanger Verfahrensdauer

Im Unterschied zu den anderen Gerichtsbarkeiten verfügt das Strafrecht über umfangreiche Möglichkeiten von Rechtsfolgen, die als Konsequenz an eine überlange Verfahrensdauer geknüpft werden können oder müssen.

Die Sanktion überlanger Verfahrensdauer mit Rechtsfolgen ist im Strafprozeß weit entwickelt, was sich aber schon aus der Natur des Strafverfahrens ergibt: Das Strafverfahrensrecht verfügt von allen Eingriffsmöglichkeiten des Staates in die Individualsphäre über die einschneidendsten und kann deshalb mit Roxin als „Seismograph der Staatsverfassung“ bezeichnet werden[35].

Zunächst begrenzt die Verjährung die Eingriffsmöglichkeiten des Staates in zeitlicher Hinsicht. Auf eine weitere Verfolgung des Beschuldigten wird in den Fällen der Verjährung nach §§ 78 Abs. 1 StGB und 206 a StPO verzichtet. Zudem setzt § 78 c Abs. 3 StGB der höchstzulässigen Verfahrensdauer eine absolute Grenze, allerdings nur für den ersten Rechtszug: Ergeht vor Ablauf des Doppelten der gesetzlichen Verjährungsfrist kein erstinstanzliches Urteil, ist das Verfahren einzustellen. Dabei ergibt sich diese Konsequenz schon aufgrund des bloßen Zeitablaufs, ohne daß vorausgegangene, der Justiz zuzurechnende Verfahrensverzögerungen von Bedeutung sind.

[34]OLG Koblenz, B. v. 14.1.1992 - (1) 4420 BL-III-3/92, unveröffentlicht: „Der Senat ist sich bei dieser Entscheidung durchaus bewußt, daß die Aufhebung des Haftbefehls (...) möglicherweise Kritik in der Öffentlichkeit hervorrufen wird.“ Das Min. der Justiz Rh.-P. reagierte mit der Zuweisung von zwei Richterstellen.

[35]*C. Roxin*, Strafverfahrensrecht, § 2 A I (S. 9).

Aus dem Blickwinkel, daß eine überlange Verfahrensdauer selbst strafähnliche Auswirkungen auf den Beschuldigten haben kann, stößt man auf den Gedanken, die Überlänge des Verfahrens auf die Strafe anzurechnen. Dies kommt dann in Betracht[36], wenn objektiv

- zur Prozeßförderung völlig ungeeignete Strafverfolgungsmaßnahmen,
- nicht erforderliche, nicht mehr durch Ermessen gedeckte Maßnahmen (z.B. Untätigkeit) Verzögerungen herbeigeführt haben und
- die Verfahrenslänge die Strafandrohung überschreitet (Disproportionalität). Rechtsfolgen hält das Strafrecht auch dann bereit, wenn in subjektiver Hinsicht
- die Verfahrensdauer dem Betroffenen nicht mehr zumutbar ist, weil die Belastungen des Verfahrens schon für sich gesehen ihn „bestraft" haben.

Diese Auffassung anerkennt die durch die Strafverfolgungsorgane verursachten Verzögerungen als eigenständigen Strafzumessungsgrund, der zusätzlich zu einem verringertem Strafbedürfnis wegen der zwischen der Tat und Aburteilung liegenden Zeit hinzutritt[37]. Auf diese Weise die Belastungen wiedergutzumachen, die der Betroffene durch die Belastungen und durch die rechtswidrige Überlänge erlitten hat, entspricht der mehrheitlichen Auffassung[38]. Soweit eine Kompensation nicht erreicht werden kann - etwa bei Freispruch oder irreparablen Benachteiligungen - kommt eine Entschädigung in analoger Anwendung des StrEG und Art. 50 EMRK in Betracht[39].

Dieser flexible Lösungsansatz hat jedoch Kritik erfahren, weil sich bei den Gründen zur Strafzumessung regelmäßig nur der Satz findet, daß die Strafe

---

[36]Dazu instruktiv: *Scheffler*, Die überlange Dauer von Strafverfahren, S. 111ff, 271.
[37]BGH NJW 1990, 56.
[38]BGHSt 24, 239; 27, 274; 35, 137, 140; NStZ 1982, 291; 1983, 135; 1987, 19; *Kleinknecht/Meyer*, Art. 6 EMRK Rn 9; Löwe/Rosenberg-*Schäfer*, Einl. Kap. 12 Rn 93; Löwe/Rosenberg-*Gollwitzer*, Art. 6 MRK Rn 85.
[39]Dazu ausführlich: *Scheffler*, S. 267ff.

gemildert worden ist. Dabei entsteht der Eindruck, daß es sich bei dieser Wendung um eine leere Floskel handelt und der Verurteilte auch bei kürzerer Verfahrensdauer keine höhere Strafe zu erwarten gehabt hätte, so daß es wünschenswert wäre, das Ausmaß der Berücksichtigung der Verletzung des Beschleunigungsgebots und Rechtsstaatsprinzips näher zu bestimmen[40]. Dieses Problem liegt aber in der Natur der Strafzumessung begründet, die sich solange einer Mathematisierung entzieht, solange der Richter nur Leitgesichtspunkte aufführen muß und eine nachvollziehbare Gestaltung etwa revisionsrechtlich nicht gefordert wird[41].

Um irreparable Schäden wiedergutzumachen, die durch erhebliche, dem Gedanken der Beschleunigung zuwiderlaufende Verzögerungen verursacht worden sind, wird die Annahme eines Verfahrenshindernisses vorgeschlagen. Dies wird vereinzelt in Rechtsprechung[42] und Literatur[43] vertreten und aus dem Aspekt einer Verwirkung des staatlichen Strafanspruchs oder aus Art. 6 Abs. 1 EMRK hergeleitet. Auch das BVerfG schließt es nicht aus, verfahrensrechtlich nicht mehr auf anderem Weg ausgleichbaren, irreparablen Benachteiligungen durch eine von staatlichen Organen zu vertretende schwerwiegende Verfahrensverzögerung mit einem Abbruch des Strafverfahrens durch dessen Einstellung zu begegnen[44]. Im Einzelfall muß ein anerkennenswertes Interesse an einer weiteren Strafverfolgung an rechtsstaatlicher Vertretbarkeit scheitern.

---

[40] BVerfG NJW 1984, 967; EGMR, U. v. 15. 6. 1982, Fall Eckle, EuGRZ 1983, 381f; *Peukert*, EuGRZ 1979, 263; *Ulsamer*, FS Faller, S. 382ff

[41] Vgl. *Dreher/Tröndle*, § 46 Rn 53 b; *Scheffler*, S. 48, 274.

[42] LG Frankfurt, JZ 1971, 234; LG Krefeld, JZ 1971, 733; OLG Koblenz, NJW 1972, 404; LG Flensburg, MDR 1979, 76.

[43] *Hillenkamp*, JR 1975, 133; *Ulsenheimer*, wistra 1983, 12; w.N. bei Löwe/Rosenberg-*Rieß*, § 206 a Rn 56, Fn 155.

[44] BVerfG NJW 1984, 967; vgl. auch BGHSt 35, 137.

Es ist aber angesichts der Unbestimmtheit des Rechtsstaatsprinzips äußerst problematisch, ein Verfahrenshindernis von der Bewertung der Verfahrensdauer bzw. von der Verletzung des Beschleunigungsgebots abhängig zu machen. Damit wird man dem Charakter der Rechtsfigur des Verfahrenshindernisses nicht gerecht, die ihre Konturen gerade durch die Anknüpfung an konkrete Tatsachen gewinnt und nicht durch bloße Wertungsergebnisse[45].

Im übrigen zwingen „extreme“ Verzögerungen nicht zur ultima ratio der Annahme eines Verfahrenshindernisses, sondern geben dem Beschuldigten die Handhabe, mit entsprechenden Rechtmitteln gegen die Verzögerung vorzugehen[46]. Wie jüngst *Scheffler* argumentierte, eröffnen solche deutlichen Verschleppungen die Möglichkeit des Beweismittelverlusts als Folge von Verzögerungen durch die Strafverfolgungsbehörden[47].

[45]Vgl. BGHSt 32, 345/352; Löwe/Rosenberg-*Schäfer*, Einl. Kap. 11 Rn 7 mwN., Kap. 12 Rn 9. Diesem Problem versucht das Schrifttum neuerdings mit einem konkreten Maßstab zu begegnen: Für die eine Einstellung rechtfertigende Prozeßverschleppung soll darauf abgestellt werden, ob die Dauer der dem Staat anzulastenden, unnötigen Verzögerungen den Regelstrafrahmen des Delikts erreicht, wegen dessen ermittelt wird: *Imme Roxin*, Rechtsfolgen, S. 255; zust.: *Schroth*, NJW 1990, 31; *C. Roxin*, § 16 C (S. 89); ablehnend: *Scheffler*, S. 225f.

[46]Z.B. die Beschwerde nach § 305 StPO, siehe dazu unten, § 12 (S.76ff).

[47]*Scheffler*, S. 184ff.

§ 9 Das Postulat auf effektiven Rechtsschutz und auf ein faires Verfahren

I. Das Gebot effektiven Rechtsschutzes

Im Zusammenhang mit Art. 19 Abs. 4 GG und der verfahrensrechtlichen Komponente der Grundrechte taucht in der Rechtsprechung des BVerfG häufig der Topos vom „effektiven Rechtsschutz" auf. Diese Formulierung ist häufig in Verbindung mit angemessener Verfahrensdauer verwendet worden, was schließlich dazu geführt hat, daß von einem „rechtsstaatlichen Gebot effektiven Rechtsschutzes"[1] gesprochen wurde.

Auch in der Literatur wird dieser Begriff gebraucht; der Gedanke des effektiven Rechtsschutzes ist den eigenständigen prozessualen Verfassungsnormen immanent, insbesondere in den Art. 103 Abs. 1, 19 Abs. 4 GG[2]. Die Forderung nach Rechtsschutzeffektivität soll sich durch eine Reihe grundgesetzlicher Vorschriften (Art. 103 Abs. 1, 104 Abs. 2 S. 1, 13 Abs. 2 als spezifische Ausprägungen des in Art. 19 Abs. 4 zentrierten Postulats) auf den gemeinsamen Nenner einer Effektuierung des Rechtsschutzes bringen lassen[3]. Würde es sich bei dem Topos vom „effektiven Rechtsschutz" um ein verfassungsrechtliches Gebot handeln, so müßte man daraus eigenständige Inhalte schließen können, aus denen sich Anhaltspunkte für einen Anspruch auf ein Verfahren in angemessener Zeit ergeben.

Jedoch ergeben sich weder aus der Entstehungsgeschichte dieses Begriffs für die Verwaltungsgerichtsbarkeit noch aus dem Wortsinn für alle Gerichtsbarkeiten weiterführende Anhaltspunkte[4]. „Effektivität" oder „Effizienz" sind nur Relationsbegriffe, aus denen Inhalte nur dann erschlossen werden können,

---

[1] BVerfGE 42, 263/310 mit Hinweis auf 35, 263/274; 382/401; 46, 17/28f; 53, 115/127.

[2] *Lerche*, ZZP 78 (1965), 14f.

[3] Bonner Kommentar-*Schenke*, Art. 19 Abs. 4 Rn 383.

[4] Der Begriff „effektiver Rechtsschutz" wurde ursprünglich von *Bachof*, DRZ 1950, 245 geprägt, als er die Ansiedlung des BVerwG in Berlin und dessen mögliche Zuständigkeit im ersten Rechtszug als Tatsacheninstanz im Jahre 1950 mit der Begründung verhindern wollte, daß die Zumutung einer solchen Reise gegen Art. 19 Abs. 4 GG und den damit garantierten „effektiven Rechtsschutz" verstosse. Zur weiteren Verwendung dieses Begriffs in der Rspr. des BVerfG: *Haag*, Effektiver Rechtsschutz, S. 30ff.

wenn eine Bezugsgröße angibt, was wirksam, tatsächlich und greifbar sein soll. „Effizienz" als Rechtsprinzip kann nur in Normen wirken, verfassungsimmanent und nicht von außen[5]. Der Gedanke des effektiven Schutzes des Rechts, also der wirksamen Verwirklichung materieller Rechte durch staatliches Verfahren, ist für sich gesehen eine Leerformel, weil sie mangels Bezugspunkten nur einen formellen Auftrag umreißt, ohne diesen inhaltlich selbst zu bestimmen. Die substantiellen Gehalte zur Ausfüllung dieses Blanketts müssen dagegen aus vorhandenen inhaltlichen Festlegungen entnommen werden[6], z.B. aus einem zu schützenden Grundrecht.

Im Ergebnis lassen sich nicht alle verfassungsrechtlichen Ausformungen des Rechtsschutzes unter dem Dach des „effektiven Rechtsschutzes" zusammenfassen; diese streben zwar alle im Endeffekt mehr oder weniger einen wirksamen Rechtsschutz an, jedoch in völlig unterschiedlichen Bereichen und in andersartigen Formen: Art. 103 Abs. 1 GG betrifft alle gerichtlichen Verfahren, während Art. 19 Abs. 4 nur den Rechtsschutz gegen die öffentliche Gewalt garantieren soll; der in Verbindung mit Art. 2 Abs. 1 GG und dem Rechtsstaatsprinzip anerkannte Anspruch auf ein faires Verfahren bezieht sich in erster Linie auf den Strafprozeß. Dagegen bestimmt Art. 3 Abs. 1 die Rechtsanwendungsgleichheit in allen Prozeßbereichen[7].

Die Formel vom effektiven Rechtsschutz kann auch als Ausprägung der Rechtsweggarantie gegen die öffentliche Gewalt des Art. 19 Abs. 4 keine Richtschnur dafür sein, wie wirksam der Rechtsschutz zu sein hat. Das Postulat des effektiven Rechtsschutzes kann hier nicht mehr als die Selbstverständlichkeit ausdrücken, daß Art. 19 Abs. 4 tatsächliche Wirksamkeit haben soll. Für die Frage, welche Anforderungen an den Zeitfaktor zu stellen sind, um ihn verfassungsrechtlich vereinbar zu machen, gibt der Begriff nichts her.

---

[5] *Häberle*, AöR 98 (1973), S. 625ff; *Arndt*, Praktikabilität und Effizienz, S. 149, meint, daß es Bequemlichkeit sei, die den Interpreten einer Norm zur pseudo-normativen Leerformel Effektivität greifen läßt.
[6] Vgl. *Lorenz*, AöR 105 (1980), S. 638.
[7] Vgl. *Haag*, S. 162f.

Die Ansiedlung des Prinzips eines „effektiven Rechtsschutzes" als Gebot auf verfassungsrechtlicher Ebene durch das BVerfG hat Mißverständnisse ermöglicht und zu Irritationen geführt. So wurde dieser Begriff als Zauberformel mißdeutet und als „trojanisches Pferd" benutzt, um prozessual Wünschenswertes und beliebige rechtspolitische Forderungen zu Verfassungsgeboten zu erheben[8]. Dies hat zur Folge, daß sich dieses Prinzip verselbständigt, eine Eigendynamik entwickelt und sich von dem ursprünglich verfassungsrechtlich Gebotenem entfernt.

Ein von konkreten materiell zu schützenden Rechten losgelöster Grundsatz vom „effektiven Rechtsschutz" läßt sich somit nicht begründen. Im übrigen wäre dies auch nicht wünschenswert, denn eine verfassungsrechtliche Verortung dieses Prinzips, das mit detaillierten und rechtsschutzfördernden Gedanken befrachtet wäre, würde - einmal festgeschrieben - kaum noch eine dynamische Anpassung an geänderte Umstände erlauben[9]. Flexibilität wäre aber gerade notwendig, um wirksamen Rechtsschutz auch in Zukunft zu gewährleisten.

Das BVerfG bevorzugt nunmehr den Begriff „Wirksamkeit des Rechtsschutzes" und greift nur noch auf konkrete, verfassungsrechtliche Verbürgungen bei der Begründung prozeßrechtlicher Garantien zurück. In einer Entscheidung des 2. Senats des BVerfG vom 27. März 1980 heißt es, daß aus dem substantiellen Anspruch auf eine möglichst wirksame gerichtliche Kontrolle das Erfordernis der Durchführung eines gerichtlichen Verfahrens innerhalb angemessener Zeit folge[10], eine Formulierung, die zwar keine Mißverständnisse mehr auslöst, aber auch keine Anhaltspunkte für die Beantwortung der Frage in sich birgt, welcher verfassungsrechtliche Rahmen für eine angemessene Verfahrensdauer heranzuziehen ist.

---

[8] *Haag*, S. 63; Maunz/Dürig-*Schmidt-Aßmann*, Art. 19 Abs. 4, Rn 5.
[9] Anderer Auffassung: *Karwacki*, Der Anspruch der Parteien auf einen fairen Zivilprozeß, S. 56f.
[10] E 54, 39/41 mit Hinweis auf 40, 272/275.

II. Das Gebot eines fairen Verfahrens

Als weitere mögliche Anspruchsgrundlage für ein Verfahren innerhalb angemessener Zeit gerät das Postulat eines fairen Verfahrens in das Blickfeld, weil dessen Kerngehalt in der Forderung nach einem wirksamen Rechtsschutz besteht.

Der Gedanke eines Anspruchs auf eine faire Verfahrensführung ist von den Strafgerichten in die Rechtsprechung eingeführt worden[11]; der Anwendungsbereich der Fairneßmaxime wurde mittlerweile auch auf die Zwangsvollstrekkung und schließlich auf das zivilprozessuale Erkenntnisverfahren übertragen[12].

Unter dem Gesichtspunkt der dienenden Funktion des Prozeßrechts zugunsten einer materiellen Einzelfallgerechtigkeit stellt die Fairneßklausel einen verfassungsrechtlichen Obersatz allgemeiner Verfahrensgerechtigkeit dar[13], der sich gerade nicht aus den verfahrensrechtlichen Einzelgarantien des GG, namentlich der Art. 19 Abs. 4, 101, 103, ableiten läßt.

Der Inhalt dieses Grundsatzes läßt sich maßgeblich durch einen Rückgriff auf Art. 6 Abs. 1 EMRK ermitteln, der einen Mindeststandard an Rechtsstaatlichkeit gewährleistet, zumal der Grundsatz des „fair-trial“ aus Instituten des englischen und amerikanischen Rechts - Vorbilder für Art. 6 EMRK - entstammt[14]. Hierzu zählt auch der Anspruch auf ein Verfahren innerhalb angemessener Zeit. Im Grundgesetz findet sich die Grundlage des Anspruchs auf ein faires Verfahren und damit auf ein Verfahren in angemessener Frist im Rechtsstaatsprinzip[15]. Eine Verletzung des Fairneßprinzips durch überlange Verfahrensdauer wird gerügt in dem die Verletzung des „fair-trial“ mit dem Eingriff in das betroffene Grundrecht verbunden wird, also im Strafprozeß

---

[11]BGHSt 24, 125 ff „fair-trial“; 25, 325/330f; BVerfGE 57, 250 274f.
[12]BVerfGE 78, 123/126; vgl. *Leibholz/Rinck/Hesselberger*, Art. 20 Rn 1361.
[13]*Stürner*, NJW 1979, 2336f; im Strafprozeßrecht der oberste Grundsatz: *Roxin*, Strafverfahrensrecht, § 11 V (S. 60f).
[14]*Dörr*, Faires Verfahren, S. 104, 177 (Zusammenfassung).
[15]BVerfGE 57, 275; *Leibholz/Rinck/Hesselberger*, Art. 20 Rn 1231.

über eine Verletzung des Art. 2 Abs. 1 bzw. Abs. 2 S. 2[16], im Zivilprozeß z.B. über eine Verletzung des Art. 14. Im Verwaltungsprozeß ist bei überlangen Verfahrensverzögerungen Art. 19 Abs. 4 lex specialis[17]. Dadurch wird jeder Verfahrensbeteiligte Träger eines allgemeinen Prozeßgrundrechts auf faire Verfahrensweise, dessen Verletzung mit der Verfassungsbeschwerde gerügt werden kann[18]. Das Fairneßgebot ist also im Unterschied zum Gedanken der Grundrechtseffektuierung durch Verfahrensgarantien nicht nur auf das Grundrecht selbst beschränkt, dem ein „status activus processualis" innewohnt, sondern es besteht aus der Summe aus Grundrecht plus verfassungsfester Fairneßmaxime, die im Ergebnis gleichermaßen auf eine rechtsschutzfreundliche Verfahrensgestaltung abzielt.

Damit ist lediglich gesagt, daß sich im Anspruch auf ein faires Verfahren ebenfalls der Anspruch auf ein Verfahren innerhalb angemessener Zeit wiederfindet. Eigenständige Inhalte lassen sich daraus jedoch nicht erschließen. Vielmehr verbergen sich hinter dem Anspruch auf ein faires Verfahren die bereits erarbeiteten Grundlagen für die Verpflichtung des Gerichts, wirksamen Rechtsschutz, d.h. innerhalb angemessener Zeit herbeizuführen.

Nicht unberücksichtigt bleiben dürfen die Auswirkungen des Fairneßgrundsatzes, um die Bedeutung für den Anspruch auf angemessene Verfahrensdauer zu bewerten. In erster Linie richtet er sich an den Gesetzgeber. Der Richter darf auf ihn erst dann zurückgreifen, wenn das Gesetz dem verfassungsrechtlichen Anspruch nicht genügt[19]. Das „fair-trial"-Prinzip darf nicht etwa an die Stelle von Vorschriften der jeweiligen Prozeßordnung oder von Verfahrensgrundsätzen gesetzt werden, die sich aus ihr ergeben, sondern er kann als lückenfüllende Auslegungsrichtlinie ausschlaggebend für die konkrete Gestal-

[16]Für den Strafprozeß anerkennt das BVerfG in ständiger Rspr. Art. 20 Abs. 3 iVm. Art. 2 Abs. 1 GG als Grundlage des „fair-trial"-Grundsatzes: Z.B. BVerfGE 26, 66/71; 38, 105/111; 46, 206/209; 57, 250/274; 63, 45; 380/390; 66, 313/318; 70, 297.

[17]*Bethge*, NJW 1982, 6f; *Dörr*, S. 176.

[18]*Vollkommer*, Gedächtnisschrift Bruns, S. 214; vgl. auch *Karwacki*, Der Anspruch der Parteien auf einen fairen Zivilprozeß, S. 44; *Dörr*, S. 143.

[19]*Heubel*, Der „fair-trial", S. 136; *Meyer*, JR 1984, 174.

tung des Verfahrensablaufs sein. Im Interesse einer rechtsschutzfreundlichen Normauslegung und Verfahrensgestaltung muß dann wieder - nach dem BVerfG - bei mehreren Auslegungsmöglichkeiten diejenige gewählt werden, die es dem Gericht ermöglicht, die Grundrechte der Verfahrensbeteiligten durchzusetzen und zu verwirklichen[20].

Diesem Verständnis wird entgegengehalten, daß dem Fairneßgrundsatz wie dem Effektivitätsprinzip nur eine allgemeine Appellfunktion zugewiesen werden kann, nämlich Grundrechte im prozeßrechtlichen Bereich zu effektuieren[21]. Andererseits seien Verfahrensfairneß wie Effektivitätsklausel auch im Zivilrecht als richtungsgebende Prinzipien anzuerkennen, weil sich § 242 BGB im Zivilrecht ebenso wie Art. 19 Abs. 4 GG im öffentlichen Recht als tauglich und ausfüllungsfähig erwiesen hätten. Das Fairneß- und Effektivitätsprinzip schrieben elementare Maximen angemessenen Verfahrensschutzes im Zivilprozeß vor; diese selbständigen Maßstäbe seien ein verfassungsrechtliches Leitbild des deutschen Zivilprozesses[22].

Selbst wenn man dem Fairneßgedanken auch im Zivilrecht für ein eigenes und durchsetzbares Prinzip hält: Für die Frage nach einem Anspruch auf ein Verfahren in angemessener Zeit entstehen die gleichen Probleme wie bei dem oben angesprochenen „Effektivitätsprinzip“. Auch § 242 BGB wird immer nur subsidiär herangezogen und kommt nur dann zur Geltung, wenn evidente Verstöße gegen Treu und Glauben vorliegen[23].

Maßstäbe für die Zulässigkeit von Verfahrensverzögerungen jenseits offenkundig überlanger Dauer kann der Anspruch auf ein faires Verfahren jedoch nicht liefern.

---

[20]BVerfGE 49, 252/257.
[21]*Lorenz*, AöR 105, 623ff.
[22]*Karwacki*, S. 56f.
[23]Vgl. *Palandt*, BGB, § 242, Anm. 1 a bb.

3. Kapitel: Der Anspruch auf ein Verfahren innerhalb angemessener Zeit in der Europäischen Menschenrechtskonvention (EMRK)

§ 10 Art. 6 Abs. 1 EMRK[1]

Angesichts der Schwierigkeiten, aus den Grundgesetzvorschriften einen Anspruch auf Justizgewährleistung und Verfahren in angemessener Zeit herzuleiten, ist es nicht verwunderlich, wenn das Schrifttum versucht, andere Rechtssätze dafür heranzuziehen.

So trifft Art. 6 Abs. 1 Satz 1 der Konvention zum Schutze der Menschenrechte und Grundfreiheiten[2] vom 4. November 1950 eine Aussage zur Verfahrensdauer:

> Jedermann hat Anspruch darauf, daß seine Sache in billiger Weise öffentlich und innerhalb einer angemessenen Frist gehört wird, und zwar von einem unabhängigen und unparteiischen, auf Gesetz beruhenden Gericht, das über zivilrechtliche Ansprüche und Verpflichtungen oder über die Stichhaltigkeit der gegen ihn erhobenen strafrechtlichen Anklage zu entscheiden hat.

Der Anspruch auf „Gehör innerhalb einer angemessenen Frist" umfaßt den Anspruch auf Entscheidung, und zwar nicht nur bis zur Hauptverhandlung der 1. Instanz, sondern bis zur Rechtskraft[3]. Aus diesem Anspruch wird weiterhin eine Garantie des Beschleunigungsgrundsatzes abgeleitet[4]. Er verbietet mithin die überlange Dauer eines Prozesses.

Art. 6 Abs. 1 S. 1 enthält - nach der ständigen Rechtsprechung des Europäischen Gerichtshofs für Menschenrechte (EGMR) - den Anspruch auf Justizge-

---

[1] Artikel ohne Gesetzesbezeichnung sind solche der EMRK.

[2] Die Konvention ist gemäß Bekanntmachung vom 15.12.1953 (BGBl. 1954 II S. 14) am 3.9.1953 in Kraft getreten; die Ratifizierung durch die Bundesrepublik Deutschland erfolgte am 5.12.1952 (BGBl. II 686, 953). Die Bezeichnung „Europäische" ist kein offizieller Bestandteil des Konventionstitels, jedoch geläufig und zur Unterscheidung etwa von der Amerikanischen Menschenrechtskonvention zweckmäßig.

[3] Vgl. *Vogler*, ZStW 89 (1977), 762; EGMR, Urteil vom 16.6.1968, Fall Wemhoff, Ser. A Nr. 7 = YB 11/1968/796 = JR 1968, 466.

[4] *Rosenberg/Schwab*, § 1 VII (S. 7); *Schumann*, FS Schwab, S.451f.

währleistung[5] für den zivilrechtlichen und strafrechtlichen Bereich. Bei der Auslegung von zivilrechtlichen Ansprüchen und Verpflichtungen ist der EGMR sehr großzügig, in dem er sogar verwaltungsgerichtliche Verfahren unter Art. 6 Abs. 1 S. 1 subsumiert hat[6].

I. Die Besonderheit der EMRK

Die EMRK ist ein mehrseitiger völkerrechtlicher Vertrag[7], der nach dem innerstaatlichen Anwendungsbefehl nicht nur Rechte und Pflichten der beteiligten Staaten begründet. Seine Besonderheit besteht darin, daß mit der Ratifizierung durch einen Mitgliedsstaat den seiner Staatsgewalt unterworfenen einzelnen Personen subjektive Rechte gegenüber dem Staat verliehen werden[8]. Durch die EMRK wurde mit der Individualbeschwerde nach Art. 26 ein Rechtsschutzverfahren eingerichtet, mit dem diese Rechte vor dem EGMR geltend gemacht werden können.

Daneben enthält die Konvention auch eine objektive Wertordnung. Die EMRK ist Bestandteil eines europäischen „ordre public", den die Mitgliedsstaaten zu beachten haben[9]. Diese Bedeutung wird von der Kommission und dem Gerichtshof immer wieder unterstrichen: Die Konvention erzeugt zusätzlich und oberhalb des Systems gegenseitiger Verpflichtungen objektive Pflichten, die, wie es die Präambel zeigt, von einer kollektiven Durchsetzung gekennzeichnet sind[10]. Der Konvention sind mithin verfassungsrechtliche Merkmale[11] eigen, so daß Art. 6 Abs. 1 Satz 1 und seine Auslegung durch die

[5] *Rosenberg/Schwab*, § 3 I (S. 17); Stein/Jonas-*Schumann*, Einl. Rn 206; EGMR, U. v. 21.2.1975, Ser. A Nr. 18, Fall Golder = EuGRZ 1975, 97; *Schumann*, FS Schwab, S. 452 mwN. in Fn 17.

[6] So im Fall Zimmermann und Steiner, EGMR, U. v. 13.7.1983, Ser. A Nr. 66 = EuGRZ 1983, 482; anerkannt wurden auch Ansprüche aus der gesetzlichen Sozialversicherung, Fall Deumeland, U. v. 29.5.1986, Ser. A Nr. 100 = EuGRZ 1988, 26f und Entzug der ärztl. Approbation und Rücknahme der Erlaubnis zum Betrieb einer Klinik, EGMR, U. v. 28.6.1978, Fall König, Ser. A Nr. 27 = EuGRZ 1978, 415f.

[7] *Frowein/Peukert*, Einf. Rn 4; *Guradze*, Europäische Menschenrechtskonvention, Einl. § 4 Anm. I.

[8] Int. Kommentar-*Rogge*, Art. 25, Rn 83.

[9] *Frowein*, FS Zeidler, S. 1779.

[10] Z.B. EKMR, E. v. 11.1.1961, Nr. 788/60, YB 4 (1961)116 (138-142); EGMR, U. v. 18.1.1978, Fall Irland ./. Großbritannien, Ser. A Nr.25, S. 90 Ziff. 239 = EuGRZ 1979, 159.

[11] *Frowein/Peukert*, Art. 25 Rn 2.

Straßburger Rechtsprechung auf die nationale Ebene einen wie auch immer gearteten Einfluß nehmen könnte. Dies hängt davon ab, auf welche Weise die EMRK auf das deutsche Recht einwirkt und dies wiederum davon, welchen Rang die EMRK in der Normenhierarchie der Bundesrepublik Deutschland einnimmt.

II. Rang der EMRK in der Bundesrepublik Deutschland

In der Bundesrepublik Deutschland hat die EMRK ganz überwiegend den Rang eines einfachen Gesetzes[12,13]. Die EMRK ist gem. Art. 59 Abs. 2 GG durch Gesetz zu innerstaatlichem Recht transformiert worden, und transformierte Normen können keinen höheren Rang als die transformierende beanspruchen[14]. Versuche, der EMRK einen Verfassungs-[15] oder Übergesetzesrang zuzuerkennen, haben sich de lege lata nicht durchsetzen können[16].

Der neuerdings erhobenen Forderung *Frohns*, lediglich Art. 6 Abs. 1 nach Art. 25 GG zu inkorporieren[17], ist entgegenzuhalten, daß die EMRK als völkerrechtlicher Vertrag der Unterzeichnerstaaten allenfalls auch nur partikuläres Völkergewohnheitsrecht der westeuropäischen Staaten enthält, und deshalb

[12] Etwa BVerfGE 74, 358/370; BVerwGE 52, 313/334; *v.Münch*, Vorbem. zu Art. 1 - 19 Rn 80; Löwe/Rosenberg-*Gollwitzer*, MRK Einl. Rn 19; *Bleckmann*, Allgemeine Grundrechtslehren, S. 24; *Hesse*, Grundzüge des Verfassungsrechts, Rn 278 (S. 117).

[13] Nur in Österreich hat die Konvention eindeutig Verfassungsrang: Bundesverfassungsnovelle vom 4. 3.1964. Übergesetzesrang, also eine Position zwischen einfachem Gesetz und Verfassung, kommt der Konvention in Belgien, Luxemburg, den Niederlanden, Griechenland, Frankreich, Portugal Spanien und Malta zu. Theoretisch gilt die EMRK auch in Zypern und der Türkei übergesetzlich; sie läßt sich aber mangels gerichtlicher Kontrolle nicht durchsetzen. Den Rang eines einfachen Gesetzes nimmt die EMRK in Italien, Liechtenstein, Dänemark und der Schweiz (aber staatsrechtl. Beschwerde an das Bundesgericht wegen des spezifischen Rechtscharakters der Konvention möglich). Nicht innerstaatlich anwendbar ist die Konvention in Großbritannien, Island, Irland, Norwegen und Schweden; dort kann die EMRK aber bei lückenhaftem nationalen Recht als Auslegungshilfe herangezogen werden. Vgl. *Ress*, Kolloquium 1982, S. 260ff; *Frowein*, HdBdStR VII, S. 735 Rn 5; *Bleckmann*, EuGRZ 1994, 149/150ff mwN.

[14] *Rudolf*, FS Verdross, S. 446 mwN. Für diese Auffassung spricht auch, daß die EMRK „mit Gesetzeskraft" verkündet worden ist; Vgl. Gesetz vom 7.8.52; BGBl. II, 685, 983.

[15] *Echterhölter*, JZ 1955, 689ff, 691f. Unter Heranziehung des Art. 25 GG z.B. *Guradze*, S. 13ff.

[16] *Bleckmann*, Allgemeine Grundrechtslehren, S. 24; *ders.*, Grundgesetz und Völkerrecht, S. 378; *Frowein*, HdBdStR VII, S. 733 Rn 3.

[17] *Frohn*, Rechtliches Gehör und richterliche Entscheidung, S.53ff.

nicht von Art. 25 GG erfaßt werden kann[18]. Das Argument, der in Art. 6 Abs. 1 ausgesprochene Gedanke sei ein Bestandteil zeitgenössischer europäischer Rechtskultur, ein von allen Kulturvölkern anerkannter allgemeiner Rechtsgrundsatz (Art. 38 Abs. 1c IGH Statut)[19], verfängt nicht: „Allgemeine Regeln" iSd. Art. 25 meinen universelles mundiales Recht und können nicht auf regional anerkannte Grundsätze ausgedehnt werden, da es sonst in das Belieben des einzelnen gestellt wäre, wie groß er den Kreis der beteiligten Völkerrechtssubjekte ziehen will, um von einer allgemeinen Regel zu sprechen[20]. Die in Art. 6 Abs. 1 enthaltene Wendung „innerhalb angemessener Frist" ist im übrigen im Vergleich zu Art. 10 der Allgemeinen Erklärung über Menschenrechte oder Art. 14 des Internationalen Paktes über bürgerliche und politische Rechte[21], die ebenfalls ein Gerichtsverfahren in billiger Weise zum Gegenstand haben, neu, so daß es näher liegt, der zeitlichen Komponente des Gerichtsschutzes keine „allgemeine" Geltung beizumessen.

III. Einwirkung der EMRK auf deutsches Recht

Die Diskussion um die Erhöhung des Rangs der EMRK über einfaches Bundesrecht hinaus wurde vor allem geführt, der EMRK größtmögliche Bestandskraft zu verleihen und um Konflikten mit innerstaatlichem Recht vorzubeugen: Vorschriften, die nach Inkrafttreten der EMRK beschlossen werden, könnten in Widerspruch zur EMRK gesetzt oder ausgelegt werden. Ein Richter könnte bei einer konventionswidrigen Norm gezwungen sein, sehenden Auges diese Vorschrift anzuwenden, weil aufgrund des Ranges der EMRK Gesetze, die nach dem Inkrafttreten der Konvention beschlossen worden sind, nach der lex-posterior-Regel vorgehen. Jedoch hat mittlerweile das BVerfG in einer bemerkenswerten Entscheidung zur Frage Stellung genommen, ob die

[18] *Rudolf*, Völkerrecht und deutsches Recht, S. 250ff.

[19] *Frohn*, S. 56; *Echterhölter*, JZ 1955, 689ff; *Partsch*, Die Rechte und Freiheiten der EMRK, S. 48; a.A. OVG Münster, NJW 1956, 1374.

[20] *Rudolf*, FS Verdross, S. 437ff.

[21] BGBl. 1973 II, S. 1534.

EMRK nur „vorkonventionelles" Recht, nicht aber „nachkonventionelles" Recht derogieren kann[22]: „Auch Gesetze (...) sind im Einklang mit den völkerrechtlichen Verpflichtungen der Bundesrepublik Deutschland auszulegen und anzuwenden, selbst wenn sie zeitlich später erlassen worden sind als ein völkerrechtlicher Vertrag; denn es ist nicht anzunehmen, daß der Gesetzgeber, sofern er es nicht klar bekundet hat, von völkerrechtlichen Verpflichtungen der Bundesrepublik abweichen oder die Verletzungen solcher Verpflichtungen ermöglichen will[23].

Damit kann hier späteres Gesetzesrecht nicht früheres Vertragsrecht verdrängen, so daß ein Richter bei theoretisch denkbaren Kollisionen nationalen Rechts mit der Konvention zu einer völkerrechtsfreundlichen Interpretation angehalten ist.

So wie das Grundgesetz die Gerichte zwingt, im Prozeßrecht für eine verfassungskonforme Auslegung der entsprechenden Normen zu sorgen, besteht auch eine entsprechende Verpflichtung des Richters zur menschenrechtskonformen oder konventionsrechtskonformen Interpretation der Prozeßrechtssätze[24].

Der Grund für eine solche Verpflichtung läßt sich zum einen aus dem genannten Gebot völkerrechtsfreundlicher Auslegung[25] ableiten, das zwar kein selbständiges Verfassungsprinzip darstellt[26], aber als verfassungsrechtliche Leitlinie aus dem Verfassungsgrundsatz der grundgesetzlichen Entscheidung für die internationale Zusammenarbeit hergeleitet werden kann (Präambel, Art. 9 Abs. 2, 24-26, 59 Abs. 2 GG)[27]. Die EMRK verpflichtet jeden Interpreten, die Prozeßordnungen im Einklang mit völkerrechtlichen Verträgen auszulegen, weil nicht anzunehmen ist, daß sich deutsche staatliche Organe den

---

[22] *Schumann*, FS Schwab, S. 459.
[23] BVerfGE 74, 358/370.
[24] *Schumann*, FS Schwab, S. 455 für den Zivilprozeß.
[25] Allgemein zur völkerrechtsfreundlichen Auslegung: *Geiger*, Grundgesetz und Völkerrecht, S. 210, § 41 II; *Stern*, Staatsrecht I, S. 476; *Bleckmann*, DöV 1979, 312.
[26] Vgl. *Sommermann*, AöR 114 (1989), 415.
[27] Zur Völkerrechtsfreundlichkeit des GG vgl.: BVerfGE 18, 121; 31, 58/75f; 75, 1/17.

Verpflichtungen aus einer völkerrechtlichen Konvention entziehen wollen[28]. Zum anderen kann sich die Verpflichtung einer konventionsfreundlichen Auslegung auf Art. 1 Abs. 2 GG stützen. Diese Vorschrift enthält ein Bekenntnis zu den internationalen Menschenrechten als Grundlage jeder menschlichen Gemeinschaft und inkorporiert zwar nicht die Menschenrechte in das Verfassungsrecht, sondern erhebt sie zu verbindlichen Auslegungskriterien der materiellen Verfassungsbestimmungen[29]. Die Menschenrechtsfreundlichkeit des Grundgesetzes zeigt sich insbesondere in den Grundrechten, die als praktische Vollzugsnormen der allgemeinen Menschenrechte aufgefaßt werden können[30].

Der einfache Gesetzesrang der EMRK hat weiter zur Konsequenz, daß die Konvention nicht selbst Prüfungsmaßstab für die Überprüfung von Gesetzen vor dem Bundesverfassungsgericht sein kann. Damit ist jedoch noch nicht gesagt, daß die Gewährleistungen der EMRK nicht vor dem höchsten deutschen Gericht relevant werden könnten.

Das BVerfG unterstreicht zwar nach wie vor, daß die Konventionsrechte als unmittelbarer Prüfungsmaßstab im Verfassungsbeschwerdeverfahren außer Betracht bleiben, weil ihnen kein Verfassungsrang zukommt[31]. Aber die Konventionsrechte finden mittelbar bei den verfassungsrechtlichen Erwägungen Berücksichtigung[32]. Während das BVerfG zunächst nur völkerrechtliche Rechtsquellen zur Unterstützung seines gefundenen Ergebnisses heranzog[33], prüft das Gericht mittlerweile die fehlerhafte Anwendung der die Bundesre-

---

[28]Vgl. *Schumann*, FS Schwab, S. 455; *Sommermann*, AöR 114 (1989), 416.

[29]*Sommermann*, AöR 114 (1989), 419ff, der aber über die EMRK hinaus grundsätzlich alle Menschenrechsabkommen als Auslegungsmaßstab heranziehen will.

[30]Vgl. *Marx*, Eine menschenrechtsfreundliche Begründung des Asylrechts, S. 140.

[31]Vgl. schon die enumerative Aufzählung in § 90 BVerfGG; BVerfGE 10, 271/274; 12, 271/274; 34, 384/ 395; 41, 88/105, 126/149; 74, 102/128; so auch BVerfGE 74, 358/370 bzgl. Art. 6 Abs. 2 EMRK; ausführlich: *Dörr*, Faires Verfahren, S. 92f; *Sommermann*, AöR 114, 404ff.

[32]Das Schlagwort der sog. „mittelbaren Konstitutionalisierung" wurde durch BVerfGE 74, 102/128 aktuell; vgl. *Frowein*, FS Zeidler, S. 1766f; *Steinberger*, HRLJ 6 (1985), 405; *ders.*, ZaöRV 48 (1988), 8; *Sommermann*, AöR 114 (1989) 410f.

[33]Vgl. BVerfGE 19, 342/347; 35, 311/320 zur Unschuldsvermutung.

publik bindenden völkerrechtlichen Normen anhand des Willkürverbots[34]. Damit will das BVerfG Verletzungen des Völkerrechts verhindern oder beseitigen. Seinen vorläufigen Höhepunkt in der menschenrechtsfreundlichen Rechtsprechung hat das BVerfG damit erreicht, daß es offen den Grundsatz einer menschenrechtskonformen Verfassungsinterpretation formuliert hat: „Bei der Auslegung des Grundgesetzes sind auch Inhalt und Entwicklungsstand der Europäischen Menschenrechtskonvention in Betracht zu ziehen, sofern dies nicht zu einer Einschränkung oder Minderung des Grundrechtsschutzes nach dem Grundgesetz führt, eine Wirkung, die die Konvention indes selbst ausgeschlossen wissen will (Art. 60 EMRK). Deshalb dient insoweit auch die Rechtsprechung des Europäischen Gerichtshofs für Menschenrechte als Auslegungshilfe für die Bestimmung von Inhalt und Reichweite von Grundrechten und rechtsstaatlichen Grundsätzen des Grundgesetzes“[35].

Damit wird deutlich, daß dem durch dogmatische Grundfragen möglichen Konflikt zwischen EMRK und nationalem Recht keine vorrangige Bedeutung zukommt, weil in der Praxis pragmatisch eine Konkordanz zwischen den verschiedenen Normbereichen gesucht und hergestellt wird[36].

Schließlich ist noch zu klären, ob Art. 6 Abs. 1 Verbürgungen enthält, die über das GG hinausgehen. Dies ist für die Frage von Bedeutung, ob zur Erschöpfung des Rechtsweges vor Einlegung der Individualbeschwerde nach Art. 25 eine Entscheidung des höchsten deutschen Gerichts eingeholt werden muß.

Eine selbständige Bedeutung könnte zwar bei dem in Art. 6 Abs. 1 formulierten Anspruch auf angemessene Prozeßdauer und dem daraus abgeleiteten Beschleunigungsgrundsatz bejaht werden[37]. Durch die Hervorhebung des tem-

---

[34] BVerfGE 64, 135/157; 74, 102/128.
[35] BVerfGE 74, 358/370; vgl. *Sommermann*, AöR 114 (1988) 413.
[36] So *Frowein*, HdBdStR VII, § 180 Rn 29.
[37] Vgl. *Schumann*, FS Schwab, S. 449/451f; *Rosenberg/Schwab*, § 1 VII (S. 7); *Kühl*, ZStW 100 (1988), 414.

porären Aspekts des Gerichtsschutzes braucht dieser Anspruch nicht erst hergeleitet zu werden, sondern er ist mit Art. 6 Abs. 1 „zitierfähig“[38]. Darin liegt aber nicht etwa eine über die Garantien des Grundgesetzes hinausgehende Gewährleistung, sondern lediglich eine Konkretisierung des grundgesetzlich bestehenden Anspruchs auf ein rechtsstaatliches Gerichtsverfahren. Allerdings muß eingeräumt werden, daß dieser Vorsprung an ausdrücklicher Benennung und Präzisierung[39] in Form eines eigenständigen Tatbestandsmerkmals eine Judikatur auf europäischer Ebene bewirkt hat. Bei einer Rüge wegen unangemessener Verfahrensdauer ist somit vor Anrufung des EGMR zunächt die Entscheidung des BVerfG einzuholen[40], das, um den bösen Schein zu vermeiden, Gewährleistungen des GG erfüllten nicht die Mindestanforderungen der EMRK, den Inhalt und Entwicklungsstand der EMRK als Interpretationshilfe öfter verwenden sollte[41].

IV. Auswirkungen der Konventionsrechtsprechung

Die meisten Vertragsstaaten waren über 30 Jahre lang seit Inkrafttreten der EMRK überzeugt, daß ihre nationalen Rechtsordnungen menschenrechtskonform sind. Erst mit den ersten Verurteilungen wurden die Vertragsstaaten Ende der 70er Jahre aus ihrem „Dornröschenschlaf“[42] geweckt und hinsichtlich angemessener Verfahrensdauer eines besseren belehrt. Die Zahl der zulässigen Beschwerden wegen überlanger Verfahrensdauer bei zivilrechtlichen

---

[38] *Gollwitzer*, FS Kleinknecht, S. 157.

[39] Vgl. *Kühl*, ZStW 100 (1988), 414f mit strafprozessualen Beispielen des Einflusses „nur“ präziser formulierter Garantien der EMRK auf den Gesetzgeber und die Gerichte.

[40] *Frowein/Peukert*, Art. 26 Rn 18ff mit Hinweis auf die Rechtsprechung der EKMR in E 8499/ 74, DR 21, 176; E 8769/79; E 7801/77; *Peukert*, EuGRZ 1979, 261/265. Nach BVerfG NJW 1992, 1497f ist vor Anrufung des BVerfG nach § 90 Abs II BVerfGG die Rüge der Verfassungswidrigkeit der Verfahrensdauer zunächst im Verfahren vor den Fachgerichten zu erheben und höchstrichterlich klären zu lassen.

[41] Die „Kommunikation“ des BVerfG mit dem EGMR findet bisher nur vereinzelt statt, so etwa in BVerfGE 74, 358/370 zur Unschuldsvermutung.

[42] *Blum*, Art. 9 EMRK, S. 34.

Ansprüchen und Verpflichtungen ist enorm angestiegen: Sie verachtfachte sich von 11 im Jahr 1989 auf 88 im darauffolgenden Jahr[43].

1. Konkrete Wirkungen der Urteile des EGMR

Nach einem justizförmigen Verfahren stellt der Gerichtshof endgültig durch Urteil fest, ob eine Verletzung der Konvention durch den beteiligten Staat vorgelegen hat, Art. 52. Diese Feststellung - nur sie erwächst in Rechtskraft - bindet die beteiligten Parteien, gilt also „inter partes"[44]. Wird eine Konventionsverletzung festgestellt, ist der Mitgliedstaat verpflichtet, „sich nach der Entscheidung zu richten", Art. 53. Den Urteilen des EGMR kommt eine kassatorische Wirkung nicht zu, der Gerichtshof hat keine Möglichkeit, nationale Hoheitsakte aufzuheben. Lediglich nach Art. 50 kann der Gerichtshof ein Leistungsurteil aussprechen, dem dann der verurteilte Staat nachkommen muß: Bei einer Konventionsverletzung ist dem Beschwerdeführer gegebenenfalls eine gerechte Entschädigung für kausal erlittene materielle oder inmaterielle Schäden zuzubilligen[45].

Ob die Vertragsstaaten den konventionswidrigen Zustand beseitigen, wird durch das Ministerkomitee „überwacht" (Art. 54). Die EMRK sieht keine „Vollstreckung" der Urteile vor. Eine derartige Durchsetzung der Urteile des Gerichtshofs würde dem „guten Willen und der rechtlichen Gesinnung der Vertragsstaaten" widersprechen, die den „Geist der Konvention" ausmachen[46]. Vielmehr geht die EMRK davon aus, daß die Staaten freiwillig ihren auf völkerrechtlicher Ebene bestehenden Verpflichtungen nachkommen.

---

[43] Vgl. *Strasser*, EuGRZ 1991, 194.
[44] EKMR, E. v. 8.7.1980, Nr. 8778/79, DR 20, 247ff.
[45] Vgl. *Frowein/Peukert*, Art. 50 Rn 5ff; Beispiele zur Entschädigung aaO., Rn 24; zuletzt EGMR, U. v. 24. Mai 1991, Fall Vocaturo, HRLJ 1991, 254: 12 Jahre, 10,005 Mio Lire (14.500 DM).
[46] Vgl. Präambel der Konvention; *Ress*, Kolloquium 1982, S. 253mwN.

So werden die Akte, die die Konventionsverletzung ausgelöst haben, regelmäßig durch die betroffenen Staaten aufgehoben[47]. Ist eine noch andauernde Konventionsverletzung durch die Ausgestaltung eines Gesetzes verursacht, folgt aus Art. 53 die Verpflichtung, eine entsprechende Gesetzesänderung herbeizuführen[48].

Mit der fehlenden Vollstreckbarkeit der Urteile des EGMR kommt der subsidiäre Charakter des konventionsrechtlichen Rechtsschutzsystems zum Ausdruck, dessen Aufgabe nicht darin liegt, als Superrevision den nationalen Instanzen eine weitere hinzuzufügen, sondern in einem konkreten Einzelfall lediglich Lücken und Mängel im staatlichen Rechtsschutzsystem aufzuzeigen[49]. Der Schutz der Menschenrechte und Grundfreiheiten obliegt in erster Linie den innerstaatlichen Rechtsordnungen[50].

2. Allgemeine Wirkungen

Obwohl das Rechtsschutzsystem der EMRK nur auf die Prüfung des Einzelfalls angelegt ist, zeigt sich in der Praxis, daß dem Verfahren insbesondere der Charakter einer allgemeinen Normenkontrolle zukommt. Dies ist auch dadurch bedingt, daß dem Individualbeschwerdeführer im Verfahren eine sehr schwache Stellung eingeräumt wird. „Im Grunde ringt man vor dem EGMR

[47] Dabei können jedoch Probleme auftreten, weil z.B. im deutschen Recht nach ganz h.M. keine Wiederaufnahme eines rechtskräftig abgeschlossenen Strafverfahrens zulässig ist; BVerfG, B. v. 11.10. 1985, EuGRZ 1985, 654f = StV 1987, 185 mit krit. Anm. *Trechsel*; OLG Koblenz GA 1987, 367; OLG Stuttgart MDR 1985, 605; Löwe/Rosenberg-*Gössel*, Vor § 359 Rn 132; *Schumann*, NJW 1964, 753; zur Möglichkeit einer Begnadigung: BVerfGE 46, 214/222f; *Frowein/Peukert*, Art. 53 Rn 5; *Ress*, Kolloquium 1982, S. 240f, 277.

[48] Vgl. *Frowein*, HdBdStR VII, S. 740 Rn 15; aA *Kilian*, Die Bindungswirkungen der Entscheidungen des EGMR, S. 200ff.

[49] Vgl. EGMR, U. v. 23.7.1968, Fall Belgische Sprachen, Ser. A Nr. 6, S. 35, Ziff. 10 a.E. = EuGRZ 1975, 301; EGMR, U. v. 7.12.1976, Fall Handyside, Ser. A Nr. 24, S. 22 Ziff. 48 = EuGRZ 1977, 41; EGMR, U. v. 15.7.1982, Fall Eckle, Ser. A Nr. 51, S. 30 Ziff. 66 = EuGRZ 1983, 378.

[50] Dies ergibt sich insbesondere aus Art. 13 (bei Verletzung der Konventionsrechte wird dem Verletzten das Recht eingeräumt, eine wirksame Beschwerde bei einer nationalen Instanz einzulegen), Art. 26 (Zuständigkeit der Konventionsorgane erst nach Erschöpfung des nationalen Rechtsweges) und Art. 60 (Ausschluß der Beschränkung eventuell weitergehender innerstaatlicher Rechte oder Grundfreiheiten durch die Konvention).

anhand konkreter Einzelfälle um die Konventionskonformität und Revisionsbedürftigkeit staatlicher Gesetze ganz allgemein"[51].

Diese Auswirkungen lassen sich an folgenden Beispielen belegen:

- Beteiligte Vertragsstaaten versuchen, wenn sich eine Verurteilung durch die Konventionsorgane abzeichnet, durch eilige Gesetzesänderung, dieser zu entgehen[52];
- die Urteile des Gerichtshofs haben über den Einzelfall hinaus Anlaß zu umfassenden legislativen Reformen gegeben[53];
- Staaten, die in dem konkreten Fall nicht beteiligt gewesen waren, haben ihre Gesetzgebung an die Rechtsprechung des EGMR angepaßt[54].

Die nationalen Gerichte ziehen zunehmend die Rechtsprechung als Entscheidungshilfe bei ähnlichen oder gleichen Sachverhalten heran. Dies geht freilich nicht soweit, daß die innerstaatlichen Gerichte die Urteile des Gerichtshofs als Präzedenz- oder gar Präjudizfälle ansehen[55].

Vielmehr messen die innerstaatlichen Gerichte ihre Entscheidungen nur an der Straßburger Jurisdiktion, wenn sie von deren Auffassung überzeugt worden sind. Dieser Umstand stellt einen hohen Anspruch an die Argumentation des Gerichtshofs, die entsprechend sorgfältig vorgenommen werden muß. Die Praxis hat gezeigt, daß der EGMR diesen Anforderungen weitgehend gerecht werden konnte, so daß von einer Orientierungswirkung[56] seiner Urteile gesprochen werden kann. Die Ausrichtung der innerstaatlichen Rechtsprechung auf die der Konventionsorgane läßt sich auch damit erklären, daß die nationa-

---

[51] *Wildhaber*, ZSR 98 (1979), 316.

[52] Beispiele bei *Eissen*, DRiZ 1986, Sonderdruck, S. 26, und *Ress*, Kolloquium 1982, S. 259ff, S. 274, mit dem Beispiel der Einfügung des § 350 Abs. 3 StPO 1965 (Erweiterung des Anspruchs auf einen Pflichtverteidiger zugunsten eines fairen Verfahrens iSd. Art. 6 Abs. 1 EMRK).

[53] Beispiele bei *Eissen*, DRiZ 1986, Sonderdruck, S. 26, und *Ress*, Kolloquium 1982, S. 259ff, S. 274, mit dem Beispiel der Einfügung des § 350 Abs. 3 StPO 1965 (Erweiterung des Anspruchs auf einen Pflichtverteidiger zugunsten eines fairen Verfahrens iSd. Art. 6 Abs. 1 EMRK).

[54] Z.B. Schweiz: *Wildhaber*, ZSR 98 (1979), 358ff; weitere Beispiele bei *Ress*, Kolloqium 1982, S. 236.

[55] Vgl. *Ress*, FS Mosler, S. 730.

[56] Vgl. *Mosler*, Schlußbericht, Kolloquium 1982, S. 366 und BVerfGE 74, 358/270.

len Gerichte versucht sind, weiteren Verurteilungen durch eine konventionskonforme Entscheidungspraxis vorzubeugen[57].

Auch der Umstand, daß sich bisher kein Staat geweigert hat, einer Verurteilung nachzukommen, spricht für die hohe Autorität, die dem EGMR zugebilligt wird. Die Akzeptanz der Straßburger Juridiktion in Verbindung mit deren juristischem und moralischem Prestige ist deshalb darüber hinaus Ausdruck, daß sich hier eine auf den Menschenrechtsschutz beschränkte europäische Verfassungsgerichtsbarkeit entwickelt[58].

---

[57] *Ress*, Kolloquium 1982, S. 258.
[58] Vgl. *Weidmann*, S. 294ff.

Teil B Die Durchsetzung angemessener Verfahrensdauer

1. Kapitel: Durchsetzung auf nationaler Ebene

§ 11 Der Grundsatz der Verfahrensbeschleunigung im Prozeßrecht (Präklusion/Kostenfolgen)

Es ist in allen Verfahrensordnungen ausgesprochen, daß der Richter die Pflicht hat, eine Sache möglichst rasch zu entscheiden. Einigen Vorschriften kommt programmatischer Charakter zu, wie etwa nach § 9 Abs. 1 S. 1 ArbGG das Verfahren generell in allen Verfahrenszügen zu beschleunigen ist. Auch in gesetzlichen Regelungen zu konkreten Prozeßhandlungen findet der Gedanke eines zügigen Verfahrens Ausdruck; so soll z.B. der Rechtsstreit in möglichst einer mündlichen Verhandlung erledigt werden[1]. Es ist somit keine Übertreibung, wenn gesagt wird, daß der Grundsatz der Verfahrensbeschleunigung das Prozeßrecht beherrscht[2].

Dieser Grundsatz kann jedoch nur dann wirksam werden, wenn auf der einen Seite der Richter sich in seiner Prozeßleitung daran hält und auf der anderen Seite die beteiligten Parteien „mitspielen".

Wenn diese Vorgaben des Gesetzgebers praktisch wirksam sein sollen, muß es gegen den Richter und gegen die Parteien Sanktionsmöglichkeiten geben, mit denen Verfahrensverzögerungen vorgebeugt werden können oder mit denen bereits eingetretenen Verzögerungen entgegengetreten werden kann. Dies kann auf folgenden Ebenen erfolgen:

- prozeßrechtlich durch entsprechende Prozeßleitung und Verhalten der Beteiligten sowie durch den Einsatz prozessualer Mittel,
- gerichtsverfassungsrechtlich,
- verfassungsrechtlich und
- menschenrechtlich.

---

[1] Vgl. §§ 272 ZPO, 57 Abs. 1 ArbGG, 106 Abs. 2 SGG, 79 FGO.
[2] *Rosenberg/Schwab*, § 84 II.

Tritt eine Verfahrensverzögerung ein, so ist es naheliegend, gegen sie unmittelbar dort vorzugehen, wo sie entstanden ist. Deshalb muß zunächst gefragt werden, ob und inwieweit das Prozeßrecht die Verletzung der Prozeßförderungspflicht ahndet.

I. Der Ausschluß verspäteten Vorbringens im Zivilprozeß: §§ 296, 528 ZPO

Im Zivilprozeß sind die Parteien zu einer sorgfältigen und förderungsbewußten Mitwirkung (§§ 277, 273 ZPO) und zur Einhaltung der ihnen hierfür vom Gericht gesetzten Fristen (§§ 273, 275, 276, 277 ZPO) verpflichtet. Bei Verstößen ist der Richter nach § 296 ZPO ermächtigt, nach fruchtlosem Ablauf einer hierfür gesetzten Frist das Parteivorbringen von Angriffs- und Verteidigungsmitteln zurückzuweisen[3].

Verspäteter Sachvortrag kann deshalb nicht unbeschränkt zugelassen werden, weil die dadurch hervorgerufenen Verzögerungen zu Lasten der zügigen Rechtspflege und der schutzwürdigen Interessen der rechtssuchenden Partei gehen. Es kann nicht hingenommen werden, daß nachlässige oder gar böswillige Parteien mit immer neuen beliebigen Behauptungen den Rechtsstreit unangemessen in die Länge ziehen[4].

Gegen die Zurückweisungsvorschriften, die zum 1.7.1977 nach der Vereinfachungsnovelle[5] in die ZPO Eingang gefunden haben, wurden im Hinblick auf Art. 103 Abs. 1 GG Bedenken erhoben[6]. Das Recht auf Gehör nach Art. 103 Abs. 1 GG wird jedoch deshalb nicht verletzt, weil ein Vorbringen bei der Sachentscheidung nur dann unberücksichtigt bleiben darf, wenn die Partei vorwerfbar ihre Gelegenheit zu ihrem Sachvortrag verstreichen ließ[7]. Auch

---

[3] Die Präklusion von Vorbringen nach § 528 im Berufungsverfahren meint im Unterschied zu § 296 neue Angriffs- und Verteidigungsmittel.

[4] Vgl. Zöller-*Schneider*, § 528 Rn 2.

[5] Gesetz zur Vereinfachung und Bescheunigung gerichtlicher Verfahren (Vereinfachungsnovelle) vom 3.12.1976, BGBl. 1976, 3281.

[6] Z.B. *Leiphold*, ZZP 93 (1980), 253.

[7] Vgl. Zöller-*Stephan*, § 296 Rn 2; *Weth*, S. 16ff.

wird der Richter durch diese Vorschriften nicht genötigt, „sehenden Auges Unrecht zu sprechen“, weil nur bei Ungewißheit über den Prozeßausgang eine Zurückweisung erfolgen darf[8]. Sofern dennoch eine Gefährdung der materiellen Gerechtigkeit nicht auszuschließen ist, hat das der Gesetzgeber zugunsten von Rechtssicherheit und wirksamem Rechtsschutz bewußt in Kauf genommen. Dies ist gerechtfertigt, weil die beiden letztgenannten Gebote selbst Ausdruck materieller Gerechtigkeit sind[9].

Liegen die Voraussetzungen der Präklusion vor, so bleibt das zurückgewiesene Vorbringen bei der Entscheidung unberücksichtigt[10]. Eine neue Klage mit dem gleichen Anspruch kann nicht erhoben werden, weil das zurückgewiesene Vorbringen von der negativen Wirkung der materiellen Rechtskraft erfaßt wird[11]. Die Präklusionsvorschriften bewirken bei einer konsequenten Anwendung eine Beschleunigung, indem der Prozeß bei verspätetem Vorbringen beendet werden kann. Von den Präklusionsvorschriften geht auch eine generalpräventive Wirkung aus, da mit dieser Sanktionsmöglichkeit die Parteien angehalten werden, nicht erst nach und nach den Streitstoff in den Prozeß einzuführen, sondern diesen rechtzeitig vorzutragen.

II. Kostennachteile des § 95 ZPO und des § 34 GKG

Neben den Präklusionsvorschriften stellen direkte Kostennachteile ein weiteres Mittel dar, Prozeßverzögerungen entgegenzuwirken.

§ 95 ZPO bestimmt:

> Die Partei, die einen Termin oder eine Frist versäumt oder die Verlegung eines Termins, die Vertagung einer Verhandlung, die Anberaumung eines Termins zur Fortsetzung der Verhandlung oder die Verlängerung einer Frist durch ihr Verschulden veranlaßt, hat die dadurch verursachten Kosten zu tragen.

---

[8] Vgl. Zöller-*Stephan*, § 296 Rn 2; *Weth*, S. 51.
[9] Vgl. BVerfGE 60, 253/268f.
[10] Zur Frage, ob eine Zurückweisung erfolgen muß: *Weth*, S. 289 (bejahend).
[11] Stein/Jonas-*Leiphold*, § 296 Rn 125.

Eine weitere Sanktion für die Verletzung der Prozeßförderungspflicht durch die Parteien sieht § 34 GKG vor, der es dem Gericht ermöglicht, der Partei, die die Verzögerung des Rechtsstreits verursacht, eine besondere Gebühr aufzuerlegen. Diese Vorschrift ist anwendbar, wenn eine Partei eine Vertagung oder eine erneute Anberaumung der mündlichen Verhandlung schuldhaft verursacht. Ebenfalls kann der Kläger oder der Beklagte mit einer Gebühr belegt werden, wenn er durch nachträgliches Vorbringen von Angriffs- oder Verteidigungsmitteln eine Verzögerung (vgl. § 296 ZPO) herbeigeführt hat, die einen neuen Termin erforderlich macht[12].

Beide Regeln sind darauf gerichtet, einer Prozeßverschleppung durch die Parteien zu begegnen. Die Vorschriften kommen nicht zur Anwendung, wenn das Gericht die Verzögerung hätte abwenden können oder wenn keine Verzögerung entstanden ist, weil das Gericht das Vorbringen gemäß §§ 282, 296, 528 ZPO zurückgewiesen hat[13]. Hätte das Gericht ein verspätetes Vorbringen zurückweisen können, dann soll dennoch die Partei mit den Kostennachteilen belegt werden können[14].

Verstößt eine Partei gegen die ihr obliegende Prozeßförderungspflicht, muß sie mit entsprechenden Rechts- oder Kostennachteilen rechnen, die die Rechtsordnung zu Lasten der schleppend prozessierenden Partei bereithält. Erwähnt sei hier etwa die Möglichkeit eines Versäumnisurteils, wenn eine Partei in einem zur mündlichen Verhandlung anberaumten Termin nicht verhandelt oder nicht erscheint, §§ 330ff ZPO.

Welche Sanktionsmöglichkeiten die Rechtsordnung bereithält, wenn die Ursache der Prozeßverschleppung dagegen bei dem Gericht liegt, ist Gegenstand der folgenden Ausführungen.

---

[12]LG Koblenz, AnwBl. 1978, 103.
[13]Zöller-*Schneider*, § 95 Rn 5; a.A. *Hartmann*, Kostengesetze, § 34 GKG Anm. C b.
[14]Zöller-*Schneider*, § 95 Rn 5.

§ 12 Rechtsmittel

I. Berufung und Revision

Sieht man sich nach Druckmitteln gegen die Verletzung der richterlichen Prozeßförderungspflicht um, z.B. wenn der Richter eine Frist nicht setzt oder einen Termin gar nicht oder nur sehr weit hinausgeschoben anberaumt, kommen zunächst die Rechtsmittel in Betracht, die sich gegen Entscheidungen eines Gerichts richten. Mit den auf Kassation angelegten Rechtsmitteln Berufung und Revision können Urteile überprüft werden, also Entscheidungen, mit denen eine Verfahrensinstanz im ganzen oder mindestens zu einzelnen Fragen abgeschlossen wird (vgl. §§ 511, 545 ZPO, 312, 333 StPO, 124, 132 VwGO, 64, 72 ArbGG).

Das Unterbleiben eines Urteils ist aber gerade das Wesensmerkmal der temporären Justizverweigerung. Liegt bereits ein Urteil vor, sind Berufung und Revision sinnlos, weil das Stadium der Prozeßverschleppung dann schon überschritten ist und Beschleunigungsmaßnahmen überholt sind. Selbst für die nachträgliche Feststellung einer mangelnden Beschleunigung ist die Revision ungeeignet, da damit z.B. eine im Zivilprozeß unterbliebene Zurückweisung verspäteten Vorbringens nicht gerügt werden kann[1]. Ein Verfahrensfehler der überlangen Dauer ist z.B. im finanzgerichtlichen Verfahren nicht revisibel, weil die Entscheidung des Finanzgerichts nicht auf diesem angenommenen Verfahrensfehler „beruht“[2].

Verstöße gegen die richterliche Prozeßförderungspflicht liegen außerdem nicht in der Form einer Entscheidung vor, sondern in einer nicht rechtsmittelfähigen prozeßleitenden Verfügung bzw. in einer richterlichen Untätigkeit[3]. Zwar wäre eine Klage auf Vornahme der unterlassenen Handlung denkbar,

[1] BGH NJW 1808, 1808; NJW 1985, 743f.
[2] BFH NJW 1992, 1526.
[3] Vgl. *Baur*, FS Schwab, S. 55f.

aber von deren Regelung hat der Gesetzgeber bisher nicht unbewußt abgesehen. Vielmehr hat er sich dafür entschieden, dem Richter weitgehend zu vertrauen, indem er auf einen Schutz gegen den Richter verzichtet, und sich darauf beschränkt, den richterlichen Entscheidungsfindungsprozeß gegen Einflüsse von außen durch verfassungsrechtliche Gewährleistungen abzusichern. Das deutsche Rechtsschutzsystem scheint offensichtlich nur darauf ausgerichtet zu sein, gerichtliche Entscheidungen zu überprüfen, aber nicht zu erzwingen.

II. Beschwerden gegen richterliche Terminsbestimmung

1. Zivilprozeß

Nach § 216 Abs. 2 ZPO muß der Vorsitzende den Termin zur mündlichen Verhandlung unverzüglich bestimmen. Hat er den Termin anberaumt, so fragt es sich, ob der rechtssuchende Bürger gegen einen zeitlich weit hinaus angesetzten Termin, also gegen die Terminswahl vorgehen kann. Zuvor soll jedoch die Frage geprüft werden, ob gegen die Verweigerung eines Termins schlechthin angegangen werden kann.

a) Die Verweigerung eines Termins

Nach § 216 Abs. 2 ZPO hat der Vorsitzende den Termin unverzüglich, also ohne schuldhaftes Zögern (§ 121 Abs. 1 S. 1 BGB) zu bestimmen. Die Verweigerung eines Termins kann dadurch zum Ausdruck kommen, daß die neu eingegangene Sache zunächst auf eine Warteliste gesetzt wird, weil wegen Arbeitsüberlastung eine unverzügliche Terminsanberaumung nicht möglich ist, oder der zuständige Richter bleibt zunächst völlig untätig.

Die Terminsanberaumung nach § 216 Abs. 2 ZPO gehört zu den wichtigsten Aufgaben des Vorsitzenden und ist eine Amtspflicht iSd. § 839 BGB. Mit der Terminierungspflicht des Richters korrespondiert ein Terminierungsanspruch des Rechtsschutzsuchenden, weil § 216 Abs. 2 ZPO zumindest auch dessen

Interessen zu dienen bestimmt ist[4]. Der Terminierungsanspruch entspringt zudem der aus dem Rechtsstaatsprinzip entspringenden Pflicht, wirksamen Rechtsschutz in zivilrechtlichen Streitigkeiten zu gewähren. Ausdrücklich sieht die ZPO gegen Verletzungen der Terminierungspflicht zwar keine Rechtsmittel vor, aber nach heute herrschender Auffassung ist anerkannt, daß der durch die unterbliebene Terminsanberaumung eingetretene Verfahrensstillstand jedenfalls gerügt werden kann[5]. In Betracht kommt die Beschwerde, sei es in entsprechender Anwendung der §§ 251, 252 ZPO[6] oder nach der überwiegenden Auffassung analog § 567 ZPO[7]. Eine direkte Anwendung scheidet aus, da die Beschwerde nach der letztgenannten Vorschrift nur in ausdrücklich normierten Fällen oder gegen eine mündliche Verhandlung nicht erfordernde Entscheidung stattfindet, weshalb sie auch als außerordentliche Beschwerde bezeichnet wird. Diese Analogie wird der entsprechenden Anwendung der Vorschriften bei Aussetzung bzw. Anordnung des Ruhens des Verfahrens vorgezogen. Begründet wird dies zu Recht mit der Erwägung, daß das tatsächliche Stillstehen des Verfahrens die Parteien nicht daran hindert, dennoch wirksame Prozeßhandlungen vorzunehmen[8]. Der tatsächliche Stillstand des Verfahrens wirkt sich nicht auf den Fristablauf aus, und das Gericht ist nicht gehindert, fällige Entscheidungen zu treffen. Dagegen sind bei der Aussetzung oder der gerichtlichen Anordnung des Ruhens des Verfahrens (vgl. §§ 249, 251 Abs. 1 S. 2 ZPO) dem Fortgang des Verfahrens förmliche Grenzen gezogen. Die praktische Konsequenz dieser überwiegenden Auffassung liegt darin, daß bei der außerordentlichen Beschwerde analog § 567 ZPO höhere Anforderungen an den (die Zulässigkeit der Beschwerde rechtfertigenden)

---

[4] BayVGH BayVBl 1978, 212f.

[5] So bereits RGZ 65, 420. Gegen eine Beschwerdefähigkeit richterlicher Untätigkeit: OLG Celle, OLGZ 75, 357; OVG Bremen NJW 1984, 992.

[6] OLG Bremen, NJW 1969, 1908; OLG Schleswig, NJW 1981, 691 und NJW 1982, 246; OLG Frankfurt, FamRZ 1982, 316; KG, FamRZ 1982, 320; *Wieczorek*, § 216 Anm. C IV.

[7] OLG Karsruhe, NJW 1973, 1510; OLG Frankfurt, NJW 1974, 1715; OLG Koblenz, JurBüro 1975, 1645; OLG Frankfurt, FamRZ 1978, 919, KG, FamRZ 1983, 821; OLG Karlsruhe, NJW 1984, 985; Zöller-*Stephan*, § 216 Rn 16, 22; *Baumbach/Lauterbach*, § 216 Anm. 2 A b bb und E; *Thomas/Putzo*, § 216 Anm. 3 d, 4 a; unentschieden: OLG Hamburg, NJW-RR 1989, 1022.

Vortrag zu stellen sind. Dies ergibt sich aus dem Ausnahmecharakter des Rechtsbehelfs.

Die außerordentliche Beschwerde hat nur Erfolg, wenn eine „greifbare Gesetzesverletzung" gerügt werden kann[9]. Hat der Beschwerdeführer tatsächlich, substantiiert und inhaltlich plausibel dargelegt, daß ein grober Gesetzesverstoß vorliegt, nämlich die Versagung des Rechtsschutzes, ist für die Begründetheit entscheidend, ob die Untätigkeit des Richters auf sachlichen Erwägungen beruht oder nicht.

Nach der Rechtsprechung ist eine unvermeidbare dienstliche Überlastung des zuständigen Richters ein sachlicher Verzögerungsgrund. Sind größere Rückstände nur deshalb aufgelaufen, weil vorhandene Richterplanstellen zeitweilig nicht besetzt waren, ist dies dann nicht anzuerkennen, wenn die Mehrbelastung im Wege der Geschäftsverteilung hätte ausgeglichen werden können[10]. Ist ein solcher Grund schlechterdings nicht erkennbar, dann ist die Untätigkeit des Richters (z.B. über ein Jahr) objektiv willkürlich (Verstoß gegen Art. 3 GG) und damit als eine Versagung des Justizgewährleistungsanspruchs zu werten[11].

b) Die unangemessene späte Terminswahl

Von der richterlichen *Terminsbestimmung* (§ 216 Abs. 2 ZPO) ist die mit der Terminsanberaumung verbundene Terminswahl (Terminierung) zu unterscheiden. Bei der zivilrichterlichen Terminierung liegt neben der Berücksichtigung der Ladungs- und Einlassungsfristen eine Ermessensentscheidung des Vorsitzenden vor[12]. Diese Ermessensentscheidung ist aber nach § 272 Abs. 3

---

[8] Vgl. dazu OLG Karlsruhe, NJW 1984, 985.

[9] Zum eigenen Zulassungsgrund „greifbare Gesetzesverletzung": BGHZ 28, 350f; *Baumbach/Lauterbach*, § 567 Anm. 1 C; kritisch: Zöller-*Schneider*, § 567 Rn 41.

[10] Zöller-*Stephan*, § 216 Rn 16; a.A. OLG Karlsruhe, NJW 1984, 985 und NJW 1973, 1510. Eine Warteliste ist zulässig, sofern Sachen, die besonderer Beschleunigung bedürfen, davon ausgenommen sind; OLG Schleswig, NJW 1981, 691f.

[11] So OLG Karlsruhe NJW 1984, 985; OLG Hamburg, NJW RR 1989, 1022f.

[12] Zöller-*Stephan*, § 216 Rn 18.

ZPO bestimmt, wonach die mündliche Verhandlung so bald wie möglich stattfinden soll.

Gegen solche Ermessensentscheidungen des Richters läßt die Rechtsprechung grundsätzlich keine Beschwerde zu[13]. Dies ergibt sich zum einen aus der Prozeßförderungspflicht des Gerichts und der Parteien[14]; zum anderen ist es schwierig, das richterliche Ermessen überhaupt zu überprüfen. Nur der Vorsitzende hat die für einen ordnungsgemäßen Verfahrensgang erforderliche Übersicht über die im Spruchkörper anfallenden Sachen. Nur er kann den jeweiligen Sach- und Streitstand abschließend beurteilen, so daß das Beschwerdegericht die Ermessensentscheidung des Richters jedenfalls nicht durch eine eigene ersetzen darf[15]. Anderenfalls würde es in unerträglicher Weise in die „Terminshoheit" des Vorsitzenden eingreifen.

Eine Ausnahme von dem Grundsatz dieser Unanfechtbarkeit könnte jedoch, ähnlich wie beim Unterlassen der Terminsbestimmung, dann geboten sein, wenn eine Terminswahl auf ein so weit hinausgeschobenes Datum vorgenommen worden ist, daß dadurch der Rechtsschutz einer Partei durch den Zeitablauf geschmälert oder ganz in Frage gestellt wird.

Angesichts der Pflicht des Gerichts, den Parteien umfassenden und unverzögerten Rechtsschutz zu gewähren[16], kann sich in solchen Fällen die Terminsanberaumung als fehlerhafte Ausübung des richterlichen Ermessens darstellen[17]. Die Wahl eines zeitigen Termins für die mündliche Verhandlung stellt einen zentralen Punkt in der Justizgewährleistungspflicht des Staates und seiner Gerichte dar. Der Justizgewährleistungsanspruch ist zwar im Verhältnis des Staatsbürgers zur Staatsgewalt begründet, kann aber in das Prozeßverhältnis eingegliedert werden, wenn dieser Anspruch durch die Erhebung der

---

[13]Zum Grundsatz: vgl. *Baumbach/Lauterbach* § 216 Anm. 2 E; *ders.*, § 227 Anm. 3 B; OLG Stuttgart, ZZP 78, 234; OLG Frankfurt, NJW 1974, 1715.
[14]Vgl. die erheblichen Gründe zur Terminsänderung iSd. § 227 ZPO.
[15]OLG Celle NJW 1975, 1230.
[16]Statt vieler: BGHZ 37, 113/120 = NJW 1962, 1291.
[17]Z.B. OLG Frankfurt, NJW 1974, 1715.

Klage ausgelöst wird[18]. Wenn somit das Gericht den Termin unangemessen weit hinausschiebt, so daß dies einer Justizverweigerung gleichkommt, muß die Überprüfung dieser Ermessensentscheidung möglich sein. Für solche greifbaren Gesetzesverletzungen ist anerkannt, daß dann ausnahmsweise die Beschwerde nach § 567 ZPO zur Verfügung steht[19].

Wann eine Terminswahl unangemessen ist und somit die Beschwerde begründet, läßt sich nach der Rechtsprechung nur für jeden Einzelfall feststellen. Auf Wieczorek, der für den von einem Tatsachengericht über drei Monate hinaus angesetzten Termin eine Aussetzung des Verfahrens annimmt[20], wird noch in Teil C zurückzukommen sein. Jedenfalls ist für die Rechtsprechung entscheidend, ob die vorgenommene Terminierung als Rechtsverweigerung angesehen werden kann. Dies ist beispielsweise dann der Fall, wenn aufgrund der Überlastung des Gerichts eine Sache unabhängig von ihrer Dringlichkeit Monate bis zu einem Jahr später anberaumt wird. Bei der Terminswahl allein auf den Eingang der Akten bei der Reihenfolge der Terminierung abzustellen[21], birgt die Gefahr einer Rechtsverweigerung. Wenn die Arbeitslast durch die Eingabe des Bürgers nicht zusätzlich bewältigt werden kann, dann ist zu prüfen, ob nicht eine andere schon terminierte, aber nicht ganz so eilige Sache zurückstehen muß, damit der Rechtsschutz des Bürgers nicht in unzulässiger Weise beschränkt wird[22].

Im übrigen gelten für die Begründetheit der Beschwerde die gleichen Grundsätze wie bei der Beschwerde gegen ein Unterbleiben jeglicher Terminsbestimmung: Stellt sich eine Überlastungssituation als unvermeidbar dar, bleibt diesem Rechtsmittel der Erfolg versagt. Beruht die Verzögerung hingegen auf

---

[18] *Nakano*, ZZP 79 (1966), 110.

[19] OLG Bremen, NJW 1969, 1908; OLG Frankfurt, NJW 1974, 1715; OLG Schleswig, NJW 1981, 691; OLG Köln, NJW 1981, 2263; OLG Hamburg, NJW-RR 1989, 1022; Zöller-*Stephan*, § 216 Rn 22; *Baumbach/Lauterbach*, § 216 Anm. E b.

[20] Zivilprozeßordnung[1], § 216 Anm. C IV.

[21] So aber OLG Celle, NJW 1975, 1230f.

[22] OLG Frankfurt, NJW 1974, 1715f mit Anm. Walchshöfer, NJW 1974, 2291f; OLG Karlsruhe, NJW 1973, 1510.

Willkür oder wird sie von anderen, nicht sachgemäßen Gründen getragen, greift die Beschwerde. Eine Terminsfestsetzung des Beschwerdegerichts anstelle des zuständigen Unterrichters ist dann allerdings unzulässig, weil damit in die ehedem nur eingeschränkt überprüfbare Ermessensentscheidung des Unterrichters eingegriffen werden würde[23]. Vielmehr spricht das Beschwerdegericht aus, daß dem Rechtsstreit Fortgang zu geben ist. Dabei handelt es sich um eine prozessuale Anordnung, die nicht mit der richterlichen Unabhängigkeit des Art. 97 GG kollidiert. Der Grundsatz der sachlichen Unabhängigkeit des Richters betrifft schwerpunktmäßig nur das Verhältnis zu den Trägern nichtrichterlicher Gewalt[24].

2. Strafprozeß

Auch im Strafrecht liegt die Terminsbestimmung grundsätzlich im Ermessen des Vorsitzenden. Sie hat, falls keine besonderen Gründe entgegenstehen, alsbald nach Eröffnung des Hauptverfahrens stattzufinden, im Berufungsverfahren nach Vorlage der Akten, § 321 S. 2 StPO[25]. Bei der Wahl des Zeitpunktes muß der Vorsitzende einerseits den Termin möglichst bald durchführen, um mit dem Gebot der Verfahrensbeschleunigung im Einklang zu liegen. Dies gilt verstärkt für Haftsachen. Auf der anderen Seite muß der Termin so weit hinaus festgelegt werden, daß allen Beteiligten genügend Zeit zur Vorbereitung bleibt[26]. Dies bedeutet nicht, daß den Prozeßbeteiligten etwa rechtliches Gehör gewährt werden muß[27] oder sogar etwaige Verhinderungsgründe ermittelt werden müssen, sondern lediglich, daß berechtigte Wünsche der Beteiligten in die Ermessensausübung mit einfließen[28]. Darüber hinaus kann in dieser Abwägung die Zweckmäßigkeit der Anberaumung auf bestimmte

---

[23]OLG Karlsruhe, NJW 1984, 985; OLG Hamburg, NJW RR 1989, 1022f.
[24]BVerfGE 12, 67/71; 38, 1/21.
[25]Löwe/Rosenberg-*Gollwitzer*, § 213 Rn 9; *Kleinknecht/Meyer*, § 213 Rn 6 jeweils mwN.
[26]Löwe/Rosenberg-*Gollwitzer*, § 213 Rn 12.
[27]Löwe/Rosenberg-*Gollwitzer*, § 213 Rn 11.
[28]BGH MDR 1980, 815.

Sitzungstage berücksichtigt werden[29] und insbesondere auch die Belastung des Gerichts neben der Reihenfolge des Eintritts der Rechtshängigkeit[30].

Ob gegen die Terminsbestimmung im Strafprozeß eine Beschwerde zulässig ist, ist umstritten. Grundsätzlich wird sie mit Hinweis auf § 305 Satz 1 StPO für ausgeschlossen gehalten[31]. Nach dieser Vorschrift unterliegen Entscheidungen der erkennenden Gerichte, die der Urteilsfällung vorausgehen, nicht der Beschwerde. Diese Norm zielt auf die Verhinderung von Verfahrensverzögerungen, die eintreten würden, wenn Entscheidungen sowohl auf eine Beschwerde, als auch auf das Rechtsmittel gegen das Urteil überprüft werden müßten[32]. Der Ausschluß der Beschwerde gilt entsprechend diesem Gesetzeszweck nur, wenn die Entscheidungen im inneren Zusammenhang mit der Urteilsfällung stehen und ausschließlich ihrer Vorbereitung dienen, bei der Urteilsfällung selbst der nochmaligen Prüfung des Gerichts unterliegen und keine weiteren Verfahrenswirkungen entfalten[33].

Im Strafrecht ist das Problem eines zeitigen Termins nicht so prekär wie im Zivilrecht. Die geringe praktische Bedeutung ist darauf zurückzuführen, daß das Interesse des Angeklagten bzw. dessen Verteidigers auf baldige Terminierung auf die seltenen Fälle beschränkt ist, bei denen die Belastungen durch das nicht abgeschlossene Strafverfahren sehr hoch sind. In solchen Fällen kann man die Beschwerde gegen die Terminsbestimmung ausnahmsweise als zulässig erachten, wenn die Ermessensentscheidung des Richters fehlerhaft und damit rechtswidrig ist[34]. Die Beschwerde nach § 304 StPO ist danach bei einer zeitlich zu weit hinausgeschobenen Terminierung dann zulässig, wenn der

---

[29]BGHSt 15, 390/392.

[30]BGH MDR 1980, 815 (H).

[31]*Kleinknecht/Meyer*, § 213 Rn 8; OLG Celle NStZ 84, 282 L; OLG Düsseldorf JMBlNRW 1966, 153; OLG Stuttgart NJW 1976, 1647; MDR 1980, 954; OLG Karlsruhe StV 82, 560.

[32]Löwe/Rosenberg-*Gollwitzer*, § 305 Rn 2; *Kleinknecht/Meyer*, § 305 Rn 1.

[33]*Kleinknecht/Meyer*, § 305 Rn 1 mwN. zur Rechtsprechung.

[34]OLG Hamm MDR 1975, 245; OLG Stuttgart Justiz 1973, 357; LG Hamburg StV 1988, 195; Löwe/Rosenberg-*Gollwitzer*, § 213 Rn 16; *Kleinknecht/Meyer*, § 213 Rn 8.

Angeklagte durch eine willkürliche Verzögerung beschwert ist oder der Vorsitzende den Termin so weit hinausschiebt, daß es der Aussetzung des Verfahrens gleichkommt[35]. Wann dies im einzelnen der Fall ist, bleibt freilich unklar. Jedenfalls lehnen die Beschwerdegerichte eine reine Untätigkeitsbeschwerde ab, so daß aus dem Zeitablauf allein keine stillschweigende Entscheidung hergeleitet werden kann; hinzukommen müssen weitere Indizien, etwa die der „andauernden Untätigkeit oder bewußt verzögernde Maßnahmen auch nach Mahnungen und Sachstandsanfragen seitens des Antragstellers"[36].

3. Verwaltungsgerichtlicher Prozeß

Auch für das verwaltungsgerichtliche Verfahren gelten ähnliche Grundsätze wie für den Straf- und Zivilprozeß. Gegen ein Schreiben des Vorsitzenden, in dem die Bestimmung eines alsbaldigen Termins zur mündlichen Verhandlung abgelehnt wird, ist die Beschwerde nicht statthaft[37]. Die Geschäftsüberlastung wird ohne weiteres als Grund akzeptiert, um die Angreifbarkeit der Nichtterminierung auszuschließen: „Solche Schreiben stellen keine beschwerdefähige Entscheidungen iSd. § 146 VwGO dar. Anders als etwa die ZPO in § 216, wonach der Vorsitzende unverzüglich Termin zu bestimmen hat, schweigt sich die VwGO darüber aus. Dies ist kein Zufall, sondern systembedingt. Im Zivilprozeß korrespondiert die Terminierungspflicht des Richters mit dem Terminierungsanspruch des Rechtsschutzsuchenden, so daß § 216 ZPO zumindest auch den Interessen des letzteren zu dienen bestimmt ist. In der VwGO herrscht der Amtsermittlungsgrundsatz des § 86 VwGO; nicht die Verhandlungsmaxime, sondern die Untersuchungsmaxime bestimmt den Verwaltungsprozeß, so daß es primär der Verantwortung des Gerichts obliegt, die Entscheidungsgrundlagen beizubringen. Daher kann die Versagung oder die

[35] BayObLG DJZ 1917, Sp. 248; LG Hildesheim NStZ 1988, 569; Löwe-Rosenberg-*Gollwitzer*, § 305 Rn 16; KK-*Engelhardt*, § 305 Rn 6.
[36] LG Stuttgart, NStZ 1991, 204.
[37] VGH Mannheim NJW 1984, 993; BayVGH BayVBl 1978, 212.

Unterlassung einer Terminsbestimmung nicht den Betroffenen in einem gesetzlichen Recht verletzen. Sie ist deshalb nicht mit der Beschwerde angreifbar, und es besteht auch kein Raum zu einer Analogie zum Zivilprozeßrecht gem. § 173 VwGO“[38]. Die gesetzgeberische Entscheidungsfreiheit, dem Rechtsschutzsuchenden einen zeitlich bestimmten Terminierungsanspruch einzuräumen oder nicht, findet indessen ihre Grenze an dem höherrangigen Verfassungsgrundsatz des Art. 19 Abs. 4 GG, der Verfahrensverzögerungen verbietet, die praktisch einer Rechtsschutzverweigerung gleichkommen.

Wenn eine Rechtsschutzverweigerung droht, verdichtet sich der allgemeine öffentlich-rechtliche Justizgewährungsanspruch des Art. 19 Abs. 4 S. 1 GG zu einem konkretem Terminierungsanspruch, und hier beginnt konsequenterweise auch die Befugnis des Betroffenen, gegen die drohende Verletzung des Terminierungsanspruchs im Beschwerdeweg vorzugehen. Für diesen Fall läßt die Rechtsprechung analog zu § 146 VwGO die Beschwerde zu, sieht aber eine drohende Justizverweigerung nur unter strengen Voraussetzungen als gegeben an. Die Verbalrüge, es drohe eine Justizverweigerung, reicht nicht aus, vielmehr muß der Betroffene substantiiert darlegen, warum ihm eine Justizverweigerung droht, oder sie muß objektiv erkennbar sein.

Dagegen können sich die Gerichte mit Hinweis auf ihre Geschäftsbelastung ihrer Verantwortung entziehen. Sie müssen dies nicht näher begründen, denn es sei „allgemein bekannt, daß in Hauptsacheverfahren zwischen Eingang und Terminierung einer Streitsache vielfach ein Jahr vergeht“[39]. Wegen der Möglichkeit des vorläufigen Rechtsschutzes hält die Rechtsprechung eine solche Verfahrensdauer für hinnehmbar und generell keinen Verstoß gegen Art. 19 Abs. 4 GG für gegeben[40].

---

[38] BayVGH, BayVBl 1978, 213.
[39] BayVGH, BayVBl 1978, 213.
[40] BayVGH, BayVBl 1978, 213.

Letztlich könnte noch eine Beschwerde unter dem Aspekt in Betracht kommen, daß die strittige Nichtterminierung einer Anordnung der Aussetzung (§ 94 VwGO) oder des Ruhens des Verfahrens (§§ 173 VwGO, 271 Abs. 1 S. 1 ZPO) gleichzuachten wäre. Anordnungen der letzten Art sind beschwerdefähig. Bei einer hinausgezögerten Terminierung kann also wie im Zivilrecht ausnahmsweise eine Beschwerdebefugnis gegeben sein, wenn es sich um eine „Aussetzung auf kaltem Wege" handelt. Es ist anerkannt, daß die Gerichte die Beschwerdemöglichkeit des Rechtsschutzsuchenden nicht verfahrensmißbräuchlich unterlaufen dürfen. Allerdings sind an das Vorliegen einer faktischen Aussetzung auch Anforderungen gestellt, die der Bürger nicht umgehen darf.

4. Würdigung

Im Straf- , Zivil- und im verwaltungsgerichtlichem Prozeß werden trotz der grundsätzlichen Unzulässigkeit der Anfechtung der richterlichen Terminierung Ausnahmen eingeräumt. Maßgeblich ist, daß die Anberaumung einer mündlichen Verhandlung ein wichtiger und entscheidender Punkt rechtsstaatlicher Justizgewährung durch die Gerichte ist. Wird dieser Moment durch eine verzögerte oder gar unterlassene Terminierung in Frage gestellt, durchbrechen rechtsstaatliche Erwägungen das Prinzip der Unanfechtbarkeit solcher Ermessensentscheidungen des Richters, um eine unrichtige Entscheidung zu vermeiden[41].

Während bloße Verfahrensverstöße hierzu nicht ausreichen, nimmt es die Rechtsprechung erst bei ganz offensichtlichen Verfahrensverletzungen hin, daß durch die Zulässigkeit der außerordentlichen Beschwerde ein gesetzlich nicht vorgesehener Instanzenzug eröffnet wird. Wann nun eine „handgreifliche Gesetzeswidrigkeit"[42] vorliegt, ist von reinen Wertungen abhängig, die

[41] Diese Problematik taucht auch im Zusammenhang mit der Durchbrechung der Rechtskraft nach § 826 BGB auf: vgl. Zöller-*Schneider*, § 567 Rn 41; Zöller-*Vollkommer*, Vor § 322 Rn 72ff.
[42] OLG Frankfurt, FamRZ 1985, 193.

„mangels definitorischer Abgrenzung letzlich nur eine Einzelfallregelung darstellen“[43]. Dabei spielt auch das Moment des Selbstschutzes der Gerichte eine Rolle, das zu Lasten des einzelnen Bürgers geht.

Die Versuche der Beschwerdeinstanz, eine unangemessen lange Terminierung anzuprangern, sei es mit Hilfe des Willkürverbots oder der groben Verfahrensverletzung, sind Ausdruck der Verlegenheit und nicht hinreichend, Rechtssicherheit und Vorhersehbarkeit zu schaffen. Mit der „Notbremse“[44] der außerordentlichen Beschwerde läßt sich die Frage, ob eine Terminsbestimmung gegen den verfassungsrechtlichen Anspruch auf Justizgewähr verstößt, zwar nur unbefriedigend lösen, aber sie bietet dem Rechtsschutzsuchenden eine Behelfsmöglichkeit, die wichtige prozessuale Anordnung zu erreichen, daß dem Verfahren Fortgang zu geben ist. Die Beschwerde kann sich nur dann als geeignetes Rechtsmittel zur Durchsetzung des Anspruchs auf angemessene Verfahrensdauer erweisen, wenn es der Rechtsprechung gelänge, den „offensichtlichen Verfahrensverstoß“ zu standardisieren. Zusätzlich wäre es erforderlich, daß sie der Bedeutung der auf dem Spiel stehenden Grundrechte des Rechtsschutzsuchenden durch eine weniger rechtsprechungsfreundliche Auslegung des Verfahrensfehlers Rechnung trägt.

[43] Zöller-*Schneider*, § 567 Rn 41.
[44] Ausdruck von Zöller-*Schneider*, § 567 Rn 41.

§ 13 Justizaufsicht und Verfahrensförderung

I. Die Dienstaufsichtsbeschwerde

Neben der Überprüfung von Verfahrensverzögerungen durch die Rechtsprechung selbst kann der rechtsschutzsuchende Bürger ein Einschreiten gegen den säumigen Richter möglicherweise durch eine Eingabe an dessen Dienstaufsicht erreichen. Mit einer Dienstaufsichtsbeschwerde kann der Bürger nach Art. 17 GG zwar erzwingen, daß die Eingabe geprüft und auch beschieden wird (sog. Erledigungspflicht[1]); ob sich aber diese formlose Beschwerde auch auf den säumigen Richter auswirkt, ist allein davon abhängig, daß der Dienstaufsichtsberechtigte diese Anregung in seinen allein entscheidenden Willen aufnimmt und in entsprechende Aktionen umsetzt. Damit offenbart sich schon die entscheidende Schwäche der Dienstaufsichtsbeschwerde. Geht man aber davon aus, daß der zuständige Dienstaufsichtsberechtigte aktiv werden will, sei es auf Anregung durch eine Dienstaufsichtsbeschwerde oder von sich aus in Wahrnehmung seiner Beobachtungs- und Berichtigungsfunktion, fragt es sich, inwieweit ein verfahrensverzögerndes Verhalten des Richters der Dienstaufsicht zugänglich ist.

II. Justizaufsicht und richterliche Unabhängigkeit

Die Frage der Aufsicht über die Richter ist sehr umstritten. Dies liegt daran, daß in der Dienstaufsicht die vollziehende mit der rechtsprechenden Gewalt kollidieren kann. Es können Schwierigkeiten zwischen Justizaufsicht[2] als Teil der weisungsabhängigen Exekutive und der unabhängigen Rechtsprechung auftreten. Eine grundsätzliche Abgrenzung der Überprüfungsmöglichkeiten

---

[1] Vgl. Maunz/Dürig-*Dürig*, Art. 17 Rn 5ff.

[2] Im Anschluß an die Definition des Aufsichtsbegriffs durch *Triepel*, Die Reichsaufsicht, S. 111, fallen unter Justizaufsicht alle Maßnahmen, die - außerhalb der in den Verfahrensgesetzen geregelten Nachprüfbarkeit gerichtlicher Entscheidungen - der Beobachtung der Rechtspflege dienen und zu einer Einwirkung auf diese führen; vgl. *Baur*, Justizaufsicht, S. 4.

der richterlichen Tätigkeit zu deren grundgesetzlich garantierten Unabhängigkeit hat der Gesetzgeber nicht vorgenommen, sondern in § 26 DRiG den Richter der Dienstaufsicht nur unterstellt, „soweit nicht seine Unabhängigkeit beeinträchtigt wird". Damit erweist sich die richterliche Unabhängigkeit als prägendes Prinzip des gesamten Dienstverhältnisses und damit auch der Dienstaufsicht[3].

1. Die Entwicklung der Dienstaufsicht und der richterlichen Unabhängigkeit aus dem Konflikt zwischen Macht und Recht

Die Probleme der Justizkontrolle sind erst seit der Verwirklichung der richterlichen Unabhängigkeit in den Verfassungen der Deutschen Länder in der ersten Hälfte des 19. Jahrhunderts markant geworden.

Ursache ist der klassische Konflikt zwischen Macht und Recht. Solange Herrschaft und Rechtsprechung vereinigt waren (z.B. in der Person des Kaisers im Mittelalter), konnten keine Probleme entstehen.

Erst im 18. Jahrhundert wurde die Bedeutung einer unabhängigen und raschen Rechtspflege als Säule des Staates insbesondere in Preußen erkannt, und es wurde begonnen, das Suppliken-(un)wesen, also Versuche, mit einer Eingabe an den Herrscher einen Machtspruch in einem anhängigen oder abgeschlossenen Rechtsstreit zu erreichen, zu beseitigen[4]. Allerdings scheiterten zunächst die Versuche, das Verbot von Machtsprüchen festzuschreiben[5]. Friedrich der Große hatte zwar die Einsicht, sich jeglicher Einmischung in laufende Prozesse zu enthalten[6]. Aber der König konnte, wie der Fall des Wassermüllers Arnold zeigt, doch die Beherrschung verlieren, um einen

---

[3] Vgl. BGHZ 51, 363/367ff.
[4] Vgl. *Kern*, Der gesetzliche Richter, S. 56ff.
[5] Vgl. z.B. der Aufhebung von § 6 der Einleitung des ALR, der folgenden Inhalt hatte: „Machtansprüche oder solche Verfügungen der oberen Gewalt, welche in streitigen Fällen ohne rechtliches Erkenntnis erteilt worden sind, bewirken weder Rechte noch Verbindlichkeiten"; zitiert nach *Baur*, Justizaufsicht, S. 9.
[6] Vgl. *Volz*, S. 1f; *Kern*, S. 66ff.

Rechtsstreit 1780 selbst „gerecht" zu entscheiden[7]. Erst der zu seiner vollen Stärke entwickelte Liberalismus vermochte eine unabhängige Rechtspflege auch in den Verfassungen festzuschreiben und jede Art von Kabinettsjustiz zu untersagen. Es hatte sich die Erkenntnis durchgesetzt, daß nur eine an Recht und Gesetz gebundene, im übrigen aber weisungsfreie Entscheidung des Richters einsachgerechtes Judizieren gewährleisten kann. Zum Wesen der richterlichen Tätigkeit gehört heute die Ausübung durch einen nichtbeteiligten Dritten[8], die richterliche Unabhängigkeit durch Distanz und Neutralität[9]. Dem rechtsschutzsuchenden Bürger steht zudem ein Richter gegenüber, von dessen Unabhängigkeit er auch überzeugt sein muß. Deshalb wird bei Besorgnis der Befangenheit eine Ablehnung des Richters ermöglicht (vgl. §§ 42 ZPO; 24 StPO).

2. Rechtskontrolle richterlicher Tätigkeit durch die Rechtsprechung selbst

Die richterliche Unparteilichkeit ist unbeschadet dessen kein wertfreies Prinzip, sondern an den Grundwerten der Verfassung orientiert. Das objektive Willkürverbot enthält vielmehr für den Richter das Gebot sachgerechter Entscheidung im Rahmen der Gesetze unter dem Blickpunkt materieller, wertorientierter Gerechtigkeit[10]. Dies zu kontrollieren obliegt der Rechtsprechung

---

[7] Oberhalb der Mühle hatte der Landrat von Gersdorf einen Karpfenteich angelegt; der Müller weigerte sich, die Pacht an den Besitzer der Mühle, den Grafen von Schmettau, weiter zu bezahlen, weil er zu wenig Wasser bekam. Es kommt zum Prozeß: der Müller unterliegt, und die Mühle wird schließlich zwangsversteigert. Trotz Befehls des Königs weigern sich die Instanzen, dem Müller die Mühle wiederzubeschaffen. Der König sieht seinen Verdacht bestätigt, daß hier auf Kosten des kleinen Mannes Recht im Sinne der Herrschenden gesprochen wird und statuiert ein Exempel: „Wenn sie nicht sprechen wollen, so tue ich es, und ich spreche das Urteil folgendermaßen: Diese Scheißkerle, die Justizbeamten werden hiermit kassiert und zu Festungshaft verurteilt. Sie sollen den Wert der Arnoldschen Mühle sowohl als allen Schaden des Müllers ersetzen...". Erst ein dreiviertel Jahr nach diesem Vorfall erkannte Friedrich, daß Arnold tatsächlich im Unrecht gewesen war, beließ es aber aus Gründen der Staatsräson bei den Urteilen. Vgl. *Kern* S. 76, 80ff; *Haft*, S. 47ff; *Dönhoff*, S. 37; *Haffner/Venohr*, S. 55f.

[8] BVerfGE 3, 377/381; 4, 331/346; 14, 56/69; 18, 241/225; 21, 139/145f; 27, 312/322; 42, 64/78; 60, 175/214; BVerwG, DVBl 1988, 352.

[9] BVerfGE 42, 64/78 unter Hinweis auf E 21, 145f.

[10] BVerfGE 42, 64/78.

selbst, die durch den Antrag des Beteiligten dazu verpflichtet ist. Werden dabei Verfahrensverzögerungen des Erstrichters hinsichtlich Willkürverbot und Sachgerechtigkeit einer Überprüfung unterzogen, dann wird dabei Art. 97 GG nicht verletzt, der die rechtsprechende Gewalt vor Eingriffen durch die Legislative und Exekutive[11] schützt. Dabei betrifft Art. 97 nur das Verhältnis der Richter zu den Trägern nichtrichterlicher Gewalt[12]; die Bindung des Richters an eine Entscheidung eines anderen Gerichts[13] stellt keinen Eingriff in die von Art. 97 GG gewährleistete Unabhängigkeit dar[14].

3. Aufsicht der Richter durch die Justizverwaltung

Das Grundgesetz verpflichtet zum einen die Judikative, Recht wirksam, d.h. auch in angemessener Zeit zu sprechen. Die anderen Gewalten sind zum anderen zur Einrichtung und Unterhaltung einer funktionsfähigen Rechtsprechung verpflichtet. Um dies zu sichern, muß die Exekutive insbesondere das verzögerungsfreie Tätigwerden des Richters überprüfen können. Die Rechtfertigung der Dienstaufsicht liegt also in der Erfüllung der Justizgewährleistungspflicht[15]. Die Einhaltung dieser Pflicht durch die Justizaufsicht kann der Bürger indes nicht erzwingen, da ihm kein allgemeiner Gesetzesvollziehungsanspruch gegenüber der Gerichtsverwaltung zusteht. Mit der Dienstaufsichtsbeschwerde kann er jedoch eine Anregung zu Maßnahmen der Justizaufsicht geben.

---

[11]BVerfGE 12, 67/71; 26, 186/198.
[12]BVerfGE 12, 67/71; 31, 137/140; a.A. *Jarass/Pieroth*, Art. 97 Rn 5 und Maunz/Dürig-*Herzog*, Art. 97 Rn 34.
[13]Vgl. z.B. §§ 468 AO, 565 Abs. 2 ZPO, 358 Abs. 1 StPO, 17 GVG, 41 Abs. 2 VwGO.
[14]BVerfGE 12, 67/71.
[15]Die Justizgewährleisungspflicht ist die eigentliche und einzige Rechtfertigung der Justizaufsicht, so *Baur*, DRiZ 1973, 6.

III. Judikatur zur Zulässigkeit von einzelnen Dienstaufsichtsmaßnahmen aufgrund von Verfahrensverzögerungen

Die Möglichkeit, mit der Dienstaufsichtsbeschwerde gegen ein verfahrensverzögerndes Verhalten vorgehen zu können, wird durch § 26 Abs. 2 DRiG eröffnet. Diese Vorschrift bestimmt:

Die Dienstaufsicht umfaßt vorbehaltlich des Absatzes 1 auch die Befugnis, die ordnungswidrige Art der Ausführung eines Amtsgeschäfts vorzuhalten und zu ordnungsgsgemäßer, unverzögerter Erledigung der Amtsgeschäfte zu ermahnen.

Nach Absatz 1 des § 26 DRiG untersteht der Richter *einer Dienstaufsicht nur, soweit nicht seine Unabhängigkeit beeinträchtigt wird.*

Die richterliche Unabhängigkeit, das Regulativ der Dienstaufsicht, wird von der Rechtsprechung der obersten Dienstgerichte im Zweifel höher bewertet, als die Notwendigkeit einer Aufsichtsmaßnahme[16]. Dies ist angesichts der erhöhten Bedeutung von Art. 97 GG nach den Erfahrungen der NS-Zeit[17] auch nicht verwunderlich.

Konnten früher im Rahmen der Dienstaufsicht noch Zwangsstrafen für den Fall verhängt werden, daß der Richter der Aufforderung nicht nachkam, „das Amtsgeschäft zu erledigen"[18], so ist heute der Dienstaufsichtsberechtigte zwar befugt, zu ordnungsgemäßer, unverzögerter Erledigung der Amtsgeschäfte zu ermahnen; weigert sich aber der Richter, demgemäß zu verfahren, dann sind allein die unabhängigen Dienstgerichte zur Entscheidung über die Zulässigkeit der Dienstaufsichtsmaßnahme berufen[19].

Nicht betroffen wird dabei der Richter im Rahmen seiner organisatorischen Eingliederung in die Gerichtsbehörde, wo er weisungsgebunden ist[20], also bei-

[16] Vgl. BGHZ 67, 184/188; BGHZ 76, 288/291.
[17] Vgl. BVerfGE 2, 320.
[18] Vgl. z.B. Art. 73 bay. AGGVG und 36 hess. AGGVG.
[19] BGHZ 42, 163/170.
[20] Vgl. § 3 Abs. 2 S. 2 BBG.

spielsweise durch Maßnahmen der Gerichtsverwaltung, die ihm Sachmittel (wie ein bestimmtes Arbeitszimmer oder technisches Gerät) zur Verfügung stellt. Die Frage der zeitlichen Dauer der Erledigung unterfällt dagegen dem weisungsfreien Bereich der „Rechtsprechung", zu dem nicht nur die Entscheidung selbst gezählt wird, sondern alle der Rechtsprechung funktional zugeordneten Tätigkeiten, die sich auf den Ablauf und Inhalt der Rechtsfindung im Einzelfall auswirken können[21], sei es, daß sie die Entscheidung vorbereiten, begleiten oder ihr nachfolgen[22] (also z.B. Terminsbestimmung, Ladung, Prozeßleitung, Beweisaufnahme). Hier darf die Dienstaufsicht zwar keine Weisungen erteilen, aber sie kann die Maßnahmen „Vorhalt" und „Ermahnung" gemäß § 26 Abs. 2 DRiG ergreifen. Diese weniger einschneidenden Instrumente stehen der Dienstaufsicht im Rahmen der ihr obliegenden sogenannten Beobachtungs- und Berichtigungsfunktion zur Verfügung, um die Einhaltung der *richterlichen Dienstpflichten* zu überprüfen[23,24].

Für die Beantwortung der Frage, wann der Vorhalt oder die Ermahnung zwecks Einhaltung der unverzüglichen Erledigung der Amtsgeschäfte die sachliche Unabhängigkeit verletzt, unterscheiden die Dienstgerichte zwischen unantastbarem Kernbereich einerseits und der der Dienstaufsicht zugänglichen äußeren Form der Erledigung richterlicher Geschäfte andererseits.

---

[21] *Wolf*, Gerichtsverfassungsrecht aller Verfahrenszweige, § 19, (S. 190f); *Schmidt-Räntsch*, DRiG, § 26 Rn 20.

[22] BGHZ 42, 163/169; 93, 238.

[23] *Schmidt-Räntsch*, DRiG, § 26 Rn 26 mwN.

[24] Der Staatsanwalt kann nach § 146 GVG zur beschleunigten Durchführung des Ermittlungsverfahrens angewiesen oder nach § 145 GVG sogar abgelöst werden, wenn er seiner Pflicht nicht nachgekommen ist, das Verfahren unverzögert durchzuführen, vgl. BGH NStZ 1982, 292; OLG Koblenz, NJW 1972, 1908; BGHZ 20, 178/181; BGH StV 1988, 441; *Blomeyer*, NJW 1977, 558 Fn 9; *Scheffler*, S. 87.

Weder die *Kernbereichstheorie* der Rechtsprechung noch Ansätze in der Literatur[25] können jedoch die der Dienstaufsicht noch zugängliche richterliche Tätigkeit von der ihr verschlossenen Zone sicher trennen; die Abgrenzung hängt von Wertungen und Sachargumenten im Einzelfall ab, wobei die der Entscheidung zugrundeliegende Theorie allenfalls eine untergeordnete Rolle spielt[26].

Mit der Formulierung in § 26 Abs. 2 DRiG - *zu unverzögerter Erledigung des Amtsgeschäfts zu ermahnen* - unterliegt im Grundsatz die Laufzeit der Prozesse der Dienstaufsicht, sofern es dabei um die äußere Form der Erledigung der Amtsgeschäfte oder um solche Fragen geht, die dem Kernbereich der eigentlichen Rechtsprechung soweit entrückt sind, daß sie nur noch als zur äußeren Ordnung gehörend anzusehen sind[27].

Zulässigerweise kann der Umstand, daß bei einem Richter im Vergleich zu anderen geringere Erledigungszahlen zu verzeichnen sind, zum Gegenstand der Dienstaufsicht gemacht werden[28]. Wird der Richter damit zu vermehrter Erledigung angehalten, ist dies mit der sachlichen Unabhängigkeit vereinbar, weil ihm dadurch nicht nahegelegt wird, sein Amt in einer bestimmten Richtung auszuüben. Gleiches gilt für die dienstaufsichtlichen Hinweis, daß es möglich sein muß, die Termine früher durchzuführen[29]. Unzulässig ist hingegen der Versuch eines Dienstvorgesetzten, den Richter zu veranlassen, vermehrt oder verstärkt eine bestimmte Form der Prozeßerledigung anzustreben[30]. Nicht mehr hinnehmbar ist z.B. die Aufforderung der Dienstaufsicht, einen zweiten Sitzungstag pro Woche abzuhalten. Dies fällt nach der Recht-

---

[25]Vgl. *R. Schmidt-Räntsch*, Dienstaufsicht über Richter, S. 61ff und 111ff, wonach der sachliche Inhalt einer jeden richterlichen Entscheidung das entscheidende Kriterium für die Zulässigkeit der Dienstaufsicht darstellen soll; vgl. auch *Schmidt-Räntsch*, DRiG, § 26 Rn 25; *Achterberg*, NJW 1985, 3045.

[26]Vgl. *Wolf*, § 19 (S. 197).

[27]BGH DRiZ 1971, 317; 1978, 185; BGHZ 90, 41/45; BGH NJW 1987, 1198; DRiZ 1991, 21; *R. Schmidt-Räntsch*, S. 123; *Häsemeyer*, FS Michaelis, S. 141f; *Scheffler*, S. 88 mwN. in Fn 287.

[28]BGHZ 69, 309/313f; BGHZ 90, 41/44, 46; BGH NJW 1988, 421ff.

[29]BGHZ 93, 238/244.

[30]BGHZ 69, 309/313.

sprechung der Dienstgerichte in die Dispositionsfreiheit des Richters, die die eigentliche Rechtsfindung unzulässig berührt[31].

Solange z.B. die Beanstandung der Terminsfestsetzung mit der Rechtsfindung in einzelnen Sachen in keinem Zusammenhang steht, besteht unter dem Gesichtspunkt der richterlichen Unabhängigkeit kein Anlaß, der dienstaufsichtsführenden Stelle jede Einflußmöglichkeit zu versagen. Eine Zuordnung zum der Dienstaufsicht versperrten Kernbereich wird aber angenommen, wenn der Dienstaufsichtsführende in einem Einzelfall auf eine im Geschäftsgang vorgenommene Terminfestsetzung Einfluß nehmen will[32].

Zwar darf somit ein Einzelfall zum Anlaß genommen werden, dem Richter allgemein die Unzuträglichkeit der Laufzeit seiner Prozesse vorzuhalten. Aber eine Ermahnung, in einem konkreten Verfahren mit der gebotenen Beschleunigung zu Werke zu gehen, läuft nach der Rechtsprechung auf eine direkte oder indirekte Weisung hinaus, wie der Richter entscheiden oder verfahren soll; insoweit muß sich die Dienstaufsicht auch jeder psychologischen Einflußnahme enthalten[33]. Im Interesse eines wirksamen Schutzes der richterlichen Unabhängigkeit wird eine großzügige Grenzziehung vorgenommen und deshalb alle der Rechtsfindung auch nur mittelbar dienenden Sach- und Verfahrensentscheidungen in diesen dienstaufsichtsfreien Raum einbezogen[34].

Hingegen hat der BGH es der Dienstaufsicht nicht verwehrt, einen Amtsrichter zu ermahnen, zwei namentlich genannte Strafverfahren mit der gebotenen Beschleunigung zum Abschluß zu bringen[35]. Hierin soll keine Einflußnahme auf den Inhalt der Entscheidung oder eine bestimmte Art der Erledigung liegen; vielmehr ginge es allein um die zeitliche Abwicklung. Dem betroffenen Richter werde aus gegebenem Anlaß nahegebracht, die bei ihm anfallenden

---

[31] BGH NJW 1988, 421f.
[32] BGHZ 85, 145/162; 90, 41/45; BGH NJW 1987, 1198; *Papier*, NJW 1990, S. 12.
[33] BGHZ 90, 41/43f.
[34] BGHZ 93, 238/243.
[35] BGH NJW 1988, 421f.

Rechtssachen in angemessener Zeit einer sachgerechten Erledigung zuzuführen; es sei dabei auch nicht von vorneherein unzulässig, daß die Dienstaufsicht aus noch anhängigen Verfahren ihre Schlüsse ziehe[36]. Freilich dürfe der Richter seitens der Dienstaufsicht nicht gedrängt werden, einzelne Verfahren anderen, gleich bearbeitungsbedürftigen vorzuziehen. Diese Wirkung ginge aber von der Erwähnung zweier Verfahren nicht aus[37].

Somit ist die Schwelle der Zugänglichkeit der Dienstaufsicht dann erreicht, wenn mindestens zwei Verfahren Anlaß zur Kritik geben. Dann fragt es sich allerdings, warum es der Dienstaufsicht verwehrt sein soll, die verzögerte Amtsführung *im Einzelfall* zu monieren. Wenn sie schon allgemein den Richter zu unverzögerter Bearbeitung anhalten darf, müßte sie auch in einem einzelnen Fall auf unverzögerte Bearbeitung drängen können, weil der Richter mit einer Beurteilung seiner gesamten Amtsführung als zu langsam erheblicher diskreditiert wird, als bei einer Ermahnung in einem (Ausnahme-) Fall[38].

Hier aber ziehen die obersten Dienstgerichte eine Grenze: Erst wenn ein gewisser Grad von Abstraktion erreicht ist, sind Vorhalt und Ermahnung zulässig. Anhand dieser Judikatur wird deutlich, wie schnell die Grenzen von Maßnahmen der Dienstaufsicht erreicht sind. Kritik an langer Verfahrensdauer ist zwar grundsätzlich möglich und kann mit Blick auf die dienende Funktion der richterlichen Tätigkeit nicht als Eingriff in die richterliche Unabhängigkeit empfunden werden[39].

Aber bei der Überprüfung der Verfahrensdauer in einem *Einzelfall* müßte die Dienstaufsicht prüfen, ob die Verfahrensdauer unzuträglich ist und ob sachgerechte Erwägungen für die Verzögerung vorliegen. Damit würde die Dienstaufsicht aber eine Untersuchung des Prozesses unternehmen, die über das Ziel

---

[36] Vgl. BGHZ 51, 280, 286.
[37] BGH NJW 1988, 421f.
[38] Vgl. *Rudolph*, DRiZ 1985, 351 ff. (Anm. zu BGH NJW 1985, 1471).
[39] Vgl. *Baur*, Justizaufsicht, S. 18.

der Kontrolle der richterlichen Amtsführung hinausschießt. Im übrigen würde durch die Dienstaufsicht mit dem Vorhalt einer überlangen Prozeßdauer in einem konkreten Fall zwar nur die zeitliche Abwicklung des Verfahrens angesprochen, aber darin läge bereits eine unzulässige mittelbare Auswirkung auf die Sachentscheidung. Indirekt würde dabei der Richter zumindest psychologisch dahingehend beeinflußt, daß er bei seinen Abwägungen einseitig von dem Wunsch der Dienstaufsicht nach Beschleunigung geleitet werde.

Überprüfungen eines *Einzelfalls* können nur der Rechtsprechung gestattet sein, die auf einen entsprechenden Antrag des betroffenen Beteiligten tätig wird. Dabei übt die übergeordnete Instanz ohnehin schon Zurückhaltung, was die Entscheidungen über außerordentliche Beschwerden wegen verzögerter Terminsbestimmung zeigen. Dort werden die verzögernden richterlichen Akte auf ihre Vereinbarkeit mit dem Willkürverbot überprüft und bei einem Verstoß wird nur ausgesprochen, daß dem Rechtsstreit Fortgang zu geben ist. Wenn also im Einzelfall Verfahrensverzögerungen auf dem Prüfstand stehen, dann kann eine Untersuchung allenfalls durch die Rechtsprechung stattfinden, nicht aber durch die Dienstaufsicht. Zwar werden die Dienstaufsichtsmaßnahmen wiederum durch Dienstgerichte kontrolliert. Diesen kommt jedoch nur die Aufgabe zu, den Konflikt zwischen Richter und Dienstaufsicht zu entscheiden. Die Dienstgerichte können nicht als Instanz fungieren, die außerhalb der Verfahrensordnungen die Prozeßdauer abschließend beurteilen.

Die Dienstaufsichtsbeschwerde gibt dem Antragssteller schließlich kein subjektives Recht auf ein Eingreifen der Dienstaufsichtsorgane, sondern nur einen Anspruch auf eine formlose Mitteilung, auf welche Weise die Beschwerde behandelt worden ist. Das Ergebnis des Verfahrens wirkt sich nur auf die persönliche Stellung des belangten Richters aus und nur mittelbar für das Verfahren, das den Anlaß für die Beschwerde gegeben hat[40].

Im konkreten Einzelfall ist somit die Einwirkung der Dienstaufsicht auf die verzögerte Amtsführung nicht zulässig. Selbst wenn die Dienstaufsicht eine über den Einzelfall hinausgehende allgemeine verzögerte Amtsführung moniert, kann eine Beschleunigung nicht erreicht werden, wenn der Richter erst das Dienstgericht anruft[41]. Mithin ist das Dienstrecht ein „untauglicher Versuch" zur Beschleunigung des Verfahrens[42], so daß sich auch die Dienstaufsichtsbeschwerde als nicht wirksamer Behelf gegen Verfahrensverzögerungen erweist.

[40]Vgl. EKMR, EuGRZ 1979, 348: Die Dienstaufsichtsbeschwerde ist nicht effektiv und unterfällt daher nicht dem Anwendungsbereich des Art. 26 EMRK, der für die Einlegung der Menschenrechtsbeschwerde die Erschöpfung des innerstaatlichen Rechtsweges fordert; *Schaupp-Haag*, S. 176ff.

[41]Vgl. *Häsemeyer*, FS Michaelis, S. 144f.

[42]*Weber-Grellet*, NJW 1990, 1778.

§ 15 Die Richteranklage

Nach dem Wortlaut von Art. 98 Abs. 2 und 5 GG ist die Richteranklage ein Instrument, mit dem Verstöße des Richters gegen Grundsätze des Grundgesetzes oder die verfassungsmäßige Ordnung durch das allein zuständige BVerfG[1] durch Versetzung in ein anderes Amt oder in den Ruhestand sanktioniert werden können.

Es fragt sich, ob die Richteranklage auch für die Fälle anwendbar ist, in denen ein Richter den verfassungsfesten Anspruch auf ein Verfahren in angemessener Zeit verletzt.

Mit der Richteranklage soll die freiheitlich demokratische Grundordnung[2] im Bund und in den Ländern vor verfassungsfeindlich gesinnten Richtern geschützt werden. Die Einführung dieser Vorschrift hatte die Erfahrungen der Weimarer Republik zum Hintergrund. Mangels einer „ethisch-staatspolitischen Verantwortlichkeit" waren höchste Verfassungsorgane nicht vor „republikfeindlichen" Richtern geschützt, was bei Hochverratsprozessen und bei Verfahren wegen Beleidigung des Staates und seiner Organe zutage trat[3]. Mit der Richteranklage kann nunmehr ein Verstoß des Richters gegen seine Verpflichtung zur Verfassungstreue, die sich nach den gleichen Grundsätzen wie die des öffentlichen Dienstes iSd. Art. 33 Abs. 5 GG bestimmt[4], geahndet werden. Damit wird das Prinzip der Unabsetzbarkeit des Richters durchbrochen, indem das BVerfG bei vorsätzlichen Verstößen sogar auf Entlassung erkennen kann (Art. 98 Abs. 2 S. 2 GG).

---

[1] *Leibholz/Rupprecht*, BVerfGG, Vor § 58 Rn 2.

[2] Jene Grundsätze des Art. 98 Abs. 2 GG sind mit der freiheitlich demokratischen Grundordnung der Art. 91 Abs. 1; 18; 21 GG identisch; vgl. *H.H. Klein*, JZ 1963, 591 mwN; Maunz/Dürig-*Herzog*, Art. 98 Rn 25.

[3] *Baur*, Justizaufsicht, S. 42 mwN. in Fn 129.

[4] BVerfGE 39, 334/350f; Maunz/Dürig-*Herzog*, Art. 98 Rn 26.

Das besondere Verfahren der Richteranklage entspricht dabei der herausgehobenen Bedeutung des Richters im Grundgesetz, dem insoweit der gleiche Rang wie dem eines verfassungsrechtlichen Organs eingeräumt worden ist[5].

Angesichts dieses Hintergrundes und der Ausgestaltung dieser besonderen Klage - bei Bundesrichtern alleiniges Antragsrecht des Bundestages - wird deutlich, daß die Richteranklage den Schutz der objektiv-rechtlichen Ordnung bezweckt und nicht den Rechtsschutz des einzelnen. Der von einer Justizverzögerung Betroffene hat kein Antragsrecht. Darüber hinaus ist der Anspruch auf zeitige Justizgewähr zwar eine verfassungsrechtlich garantierte Amtspflicht, aber kein Bestandteil der verfassungsmäßigen Ordnung des Grundgesetzes, so daß eine ungebührliche Verfahrensverzögerung durch den Richter nicht als Verstoß gegen die freiheitlich demokratische Grundordnung gewertet werden kann[6]. Dadurch, daß ein Richter seinen Amtspflichten nicht zeitgerecht nachkommt, zeigt sich noch keine verfassungsfeindliche Gesinnung. Die Richteranklage kann somit allenfalls dann ein geeignetes Instrument gegen Verfahrensverzögerungen sein, wenn der Richter seine verzögerte Amtsführung politisch aggressiv einsetzt, um die freiheitlich demokratische Grundordnung zu bekämpfen[7]. Eine solche Konstellation wird jedoch - wie die Anwendung der Richteranklage überhaupt - praktisch kaum relevant werden.

[5] *Zinn*, DÖV 1949, 281.

[6] *H.H. Klein*, JZ 1963, 591; *Joachim*, DRiZ 1965, 186.

[7] *Häsemeyer*, FS Michaelis, S. 138; zustimmend *Scheffler*, S. 99.

§ 15 Strafanzeige wegen unangemessener Verfahrensverzögerung als Rechtsbeugung

In der älteren Kommentarliteratur findet sich der Hinweis, daß durch Justizverweigerung und Justizverzögerung eine Rechtsbeugungshandlung begründet werden kann[1]. Wann eine - strafbare - Justizverzögerung vorliegt, wird dabei nicht geklärt. Der von einem überlangen Verfahren betroffene rechtsschutzsuchende Bürger könnte demzufolge mit einer Strafanzeige wegen Rechtsbeugung gegen den entsprechenden Richter vorgehen. Bei hinreichendem Verdacht einer Straftat des Richters kann freilich auch von Amts wegen ermittelt werden. Die Bedeutung der Rechtsbeugung wird weitläufig nur deshalb als gering eingeschätzt, weil sie nur sehr selten strafrechtlich verfolgt und noch seltener verurteilt wird[2].

Der Verbrechenstatbestand des § 336 StGB ermöglicht eine Verurteilung des Richters zu einer Freiheitsstrafe und die Verhängung von Nebenfolgen wie Verlust der Amtsfähigkeit und Wählbarkeit (§ 45 Abs. 1 StGB). Das Opfer der Rechtsbeugung ist die durch die vorsätzlich rechtswidrige Entscheidung oder Maßnahme benachteiligte Partei. Eine durch sie vorgenommene Strafanzeige zeitigt zunächst keine Auswirkungen auf das laufende Verfahren[3]. Es ist unbestritten, daß mit einer konkreten Strafanzeige das laufende Verfahren nicht beschleunigt werden kann[4]. Aber sowohl für den Bürger als auch für den Richter ist es wichtig zu wissen, daß die Möglichkeit einer strafrechtlichen Sank-

[1] *Binding*, Lehrbuch II/2, S. 561; *Frank*, § 336 Anm. A; Leipziger Kommentar-*Werner* (^{8}1958), § 336 Anm. IV; *Wacker*, Rechtsbeugung, S. 22; *Schwartz*, § 336 Anm. 2; Olshausens Kommentar-*Freiesleben*, § 336 Anm. 2 c.

[2] Leipziger Kommentar-*Spendel*, § 336 Rn 3 mwN in Fn 3.

[3] Zur Möglichkeit der Befangenheit des erkennenden Richters bei einer vom Beschuldigten gestellten Strafanzeige instruktiv: *Scheffler*, Die überlange Dauer von Strafverfahren, S. 90.

[4] Das wird entgegen *Scheffler*, S. 89, auch nicht von *Häsemeyer*, FS Michaelis, S. 138f; Stein/Jonas-*Schumann*, Einl. Rn 213; *Dütz*, Rechtsstaatlicher Gerichtsschutz, S. 291 behauptet.

tion richterlicher Verfahrensverstöße besteht[5]. Das Vertrauen des einzelnen in eine funktionierende Rechtspflege wird auch davon getragen, daß unangemessene Verfahrensverzögerungen, die die staatliche Justizgewährleistungspflicht unterlaufen, mit den Mitteln des Strafrechts belangt werden können.

Konkret wirkt sich die Strafanzeige aber insofern aus, als die Vollstreckung einer im Wege der Rechtsbeugung gewonnenen Entscheidung rechtswidrig ist, so daß z.B. die Vollstreckung einer verhängten Freiheitsstrafe eine vorsätzliche Freiheitsberaubung oder die Zwangsvollstreckung eines Titels ein Betrug sein kann. Dies zu dulden ist der Betroffene nicht verpflichtet[6].

Mit der strafrechtlichen Verantwortlichkeit des Richters nach § 336 StGB wird die Rechtspflege und die Geltung der Rechtsordnung bei der Leitung und Entscheidung von Rechtssachen vor Angriffen von innen geschützt[7].

I. Objektiver Tatbestand des § 336 StGB

Die Tathandlung der Rechtsbeugung ist erfüllt, wenn der Richter objektiv eindeutig das Recht falsch angewendet hat[8], sei es durch Tun oder Unterlassen[9]. Eine fehlerhafte Rechtsanwendung ist aber nur dann objektiv eine Rechtsbeugung, wenn die Auffassung des Richters schlechthin unvertretbar erscheint[10]; die Wahl einer von mehreren Interpretationsmöglichkeiten ist unabhängig von Motivation und Überzeugung rechtlich zulässig und kann schon deshalb keine Rechtsbeugungshandlung begründen[11]. Rechtsbeugung

---

[5] Zur grotesk anmutenden Möglichkeit, im Strafverfahren den Amtsträger bei Verzögerungen wegen versuchter Strafvereitelung auf Zeit anzuzeigen: *Samson* JA 1982, 181f (gegen die Strafbarkeit der Strafjustizvereitelung schlechthin); *Scheffler*, S. 93ff mwN.

[6] Vgl. Leipziger Kommentar-*Spendel*, § 336 Rn 120.

[7] Leipziger Kommentar-*Spendel*, § 336 Rn 7f. *Lackner*, § 336 Rn 1; Systematischer Kommentar-*Rudolphi*, § 336 Rn 2.

[8] So die herrschende objektive Rechtsbeugungstheorie; zum Theorienstreit: Leipziger Kommentar-*Spendel*, § 336 Rn 36ff mwN.

[9] *Schaffstein*, FS Dreher, S.155.

[10] *Bemmann*, JZ 1973, 549; *Spendel*, FS Heinitz, S. 452; a.A. Systematischer Kommentar-*Rudolphi*, § 336 Rn 13 (Pflichtverletzungstheorie).

[11] So schon *Ebermayer*, DRiZ 1927, 62.

bedeutet hingegen Rechtsbruch[12], d.h. die „Verkehrung" des Rechts zum Unrecht[13]. Mit „Rechtsanwendung" werden zunächst alle im Einzelfall anzuwendenden Rechtsnormen erfaßt, also nicht nur das positive Gesetzesrecht, sondern auch ungeschriebene Rechtsprinzipien[14]. Allerdings lassen sich die in der Literatur genannten Beispiele wie Gleichheitsgrundsatz, Verhältnismäßigkeitsprinzip und „venire contra factum proprium"[15] in der Regel auch aus dem Grundgesetz oder aus § 242 BGB ableiten.

Auch bei der Verletzung prozessualer Normen kann die Rechtsstellung einer Partei verbessert oder verschlechtert werden, so daß eindeutige Verfahrensverstöße objektiv eine Rechtsbeugung darstellen können. Ermessensmißbrauch kann ebenfalls diesen Tatbestand erfüllen[16]. Die einer Justizverweigerung gleichkommende Justizverzögerung muß deshalb aus konkreten Gesetzesverstößen hergeleitet werden. Das verzögernde Moment äußert sich vor allem im Verfahren, so daß insbesondere bei der Leitung einer Rechtssache eine strafbare Justizverzögerung gegeben sein kann. Überall dort, wo sich der Anspruch des Rechtsschutzsuchenden auf ein Verfahren innerhalb angemessener Zeit konkretisiert - bei der Anwendung prozessualer Vorschriften oder z.B. bei der Anwendung des Verhältnismäßigkeitsgrundsatzes - kann der objektive Tatbestand der Rechtsbeugung verwirklicht werden. Verstößt der Richter objektiv gegen den Beschleunigungsgrundsatz, indem er bei der Leitung des Verfahrens die Sache verschleppt oder den Erlaß einer Entscheidung hinauszögert, wird objektiv das Recht gebeugt. Weitere objektive Tatbestandsvoraussetzung ist der Erfolg, nämlich eine durch die falsche Rechtsanwendung verursachte Besser- oder Schlechterstellung einer Partei, so daß der objektive Tatbestand

---

[12] Vgl. BGHSt 34, 149; 32, 363; *Fezer*, NStZ 1986, 29 (Anm. zu BGHSt 32, 359); *Spendel*, JR 1985, 485.

[13] Leipziger Kommentar-*Spendel*, § 336 Rn 9.

[14] So die vorherrschende Lehre; Leipziger Kommentar-*Spendel*, § 336 Rn 49ff mwN.

[15] Vgl. Leipziger Kommentar-*Spendel*, § 336 Rn 49.

[16] BGHSt 10, 300; GA 58, 241.

erst dann vollendet ist, wenn der für den Kläger oder den Beklagten günstige oder nachteilige Zustand erreicht ist.

II. Subjektiver Tatbestand des § 336 StGB

Hinzukommen muß, und dies ist entscheidend, das Bewußtsein des Richters, das Recht zugunsten oder zuungunsten einer Partei zu verletzen. Eine entsprechende Verzögerung des Verfahrens aufgrund grob fahrlässiger, falscher Rechtsanwendung ist nicht strafbar.

Bedingter Vorsatz hingegen reicht aus[17]; der Richter darf es nicht billigend in Kauf nehmen, daß eine Verfahrensvorschrift verletzt wird.

Vertraut der Richter darauf, daß seine Leitung oder Entscheidung der Rechtssache rechtmäßig ist, liegt kein bedingter Vorsatz vor. Nimmt er hingegen die Unrichtigkeit der Rechtsanwendung und die dadurch bewirkte Begünstigung oder Benachteiligung einer Partei in Kauf, z.B. durch den verspäteten Erlaß eines zwar zusprechenden, aber dann wertlosen Urteils, liegt Eventualvorsatz vor.

Bis zum 1.1.1975 war § 336 StGB praktisch bedeutungslos, weil nur bei nachgewiesenem Direktvorsatz der Richter wegen Rechtsbeugung strafbar war[18]. Nach der Strafrechtsreform wurde die Wendung „vorsätzlich" in § 336 StGB gestrichen, so daß § 15 StGB nunmehr für alle Delikte des Besonderen Teils gilt. Darunter fällt nunmehr auch der Eventualvorsatz[19].

Teilweise wird versucht, die damalige Sonderbegrenzung auf Direktvorsatz aufrechtzuerhalten, um die Richter auch im Interesse ihrer richterlichen Unabhängigkeit vor einer „Dauerpression" des § 336 StGB zu bewahren[20]. Die

---

[17]So die h.M., vgl. Leipziger Kommentar-*Spendel*, § 336 Rn 77ff mwN; *Behrendt*, Jus 1989, 949f.

[18]Das Reichsgericht hatte zwischen 1879 und 1945 nur einen einzigen Fall, RGSt 57, 31 wegen Rechtsbeugung zu entscheiden; die Auseinandersetzung mit der nationalsozialistischen Justiz nach 1945 hat vorwiegend in der Literatur stattgefunden; Verurteilungen wegen Rechtsbeugung gab es vor dem BGH, idR. nur, wenn Sonder-„Gerichte" tätig wurden; vgl. BGHSt 10, 294: Verzicht auf den Tatnachweis; *Schönke/Schröder*[17](1974), § 336 Rn 7 mwN.

[19]Vgl. die Befürwortung des Rechtsausschusses des Bundestages, BT-Drs. 7/1261, S. 22 zu Art. 18 Nr. 172.

[20]Z.B. *Krause*, NJW 1977, 285f; *Dreher/Tröndle*, § 336 Rn 6.

hierfür vorgebrachten Argumente halten einer Überprüfung jedoch nicht stand[21]: § 336 StGB dient nicht der Sicherung der richterlichen Unabhängigkeit[22], sondern der Wahrung der Verantwortlichkeit des Richtenden mit der eine Einschränkung seiner Entscheidungsfreiheit notwendig verbunden ist[23].

Die Befürchtung, zu leicht straffällig zu werden, weil die richterliche Tätigkeit in besonderem Maße Irrtümern ausgesetzt ist, kann nicht geteilt werden. Ist die Rechtslage zweifelhaft, entfällt schon der objektive Tatbestand, wenn die richterliche Maßnahme nicht gänzlich unvertretbar erscheint. Solange der Richter im Vertrauen darauf entscheidet, nicht rechtsverletzend zu handeln, kann ihn die Möglichkeit, daß die höhere Instanz anders entscheidet, nicht in die Nähe des § 336 StGB bringen.

Mithin ist kein sachlicher Grund ersichtlich, den Richter praktisch völlig von dem Risiko eigenverantwortlicher Entscheidung freizustellen[24]

III. Bedeutung des § 336 StGB für die temporäre Justizverweigerung

Erstreckt sich nunmehr die Strafbarkeit falscher Rechtsanwendung auch auf bedingten Vorsatz, heißt das nicht zwangsläufig, daß nun auch mit einem Anstieg der Verurteilungen von Richtern zu rechnen ist. Auch nach der Strafrechtsreform wird eine entsprechende Sanktion falscher Rechtsanwendung spätestens am subjektiven Tatbestand scheitern, wenn nicht schon der objektive Tatbestand aufgund der objektiven Vertretbarkeit der Maßnahme entfallen ist. Nur in außergewöhnlichen Fällen wird ein Richter überführt werden können, nicht in der Vorstellung und im Vertrauen auf die Richtigkeit seiner Maßnahmen gehandelt zu haben.

---

[21] Zum folgenden: vgl. Leipziger Kommentar-*Spendel*, § 336 Rn 79ff.
[22] So noch BGHSt 10, 294/298.
[23] Leipziger Kommentar-*Spendel*, § 336; *ders.*, FS Heinitz, S.448f.
[24] Vgl. die Formulierungen der Literatur, zit. nach Leipziger Kommentar-*Spendel*, § 336 Rn 82: „angemaßtes Standesvorrecht“; „befremdliches Justizprivileg“; „Versuch der Manipulierung des Gesetzes“.

Wie die mit viel Pathos geführte Auseinandersetzung um die für § 336 erforderliche Vorsatzform gezeigt hat, geht es bei der Pönalisierung der Rechtsbeugung um das Prinzip, den Richter schlechthin mit der Möglichkeit einer strafrechtlichen Verfolgung zu konfrontieren. Und gerade diese Möglichkeit bleibt nicht ohne Auswirkung auf das Pflichtbewußtsein des Richters. Er muß vor Augen haben, daß er als Organ der Justizgewährung, die innerhalb angemessener Zeit zu erfolgen hat, auch ein besonders sensibles Gut des Staatsbürgers handhabt. Darauf, daß der Anspruch auf Gerichtsschutz von gewissenhaften Richtern in einem justizförmigen Verfahren gehandhabt wird, muß sich der Bürger verlassen können. Deshalb muß dieses justizförmige Verfahren, das mittels der Prozeßordnungen in angemessener Zeit durchzuführen ist, auch gegen vorsätzliche Angriffe von innen strafrechtlich geschützt werden. Dem Rechtsschutzsuchenden ist damit freilich nicht geholfen. Indem er mit einer Strafanzeige vorsätzliche Verfahrensverstöße anprangern kann, bleibt dem um die angemessene Verfahrensdauer geprellten Bürger - sofern seine Rechtsbehelfe versagt haben - nur der Trost, daß letztlich die Rechtsgemeinschaft nachlässige Richter zur Rechenschaft zieht.

§ 15 Staatshaftung bei überlanger Verfahrensdauer

I. Haftung bei Amtspflichtverletzung (§ 839 BGB, Art. 34 GG)

Als weitere Möglichkeit, dem Anspruch auf eine angemessene Verfahrensdauer Geltung zu verschaffen, kommt die Amtshaftung in Betracht. Da feststeht, daß der „Anspruch" auf angemessene Verfahrensdauer über eine objektiv-rechtliche Verpflichtung des Staates hinausgeht, muß die Rechtsordnung mindestens das Interesse des Begünstigten bei Nichterfüllung des Anspruchs mit einer Schadensersatzsanktion bewehren. Diesem Aspekt wird im Schrifttum teilweise besondere Aufmerksamkeit gewidmet, weil mit der Geltendmachung der Amtshaftung - im Unterschied zu den übrigen Rechtsbehelfen zur Durchsetzung des Anspruchs auf angemessene Verfahrensdauer - die Einheit des Prozeßrechts nicht gefährdet wird[1].

1. Der Tatbestand des § 839 Abs. 2 BGB

Mit § 839 Abs. 2 hat der Gesetzgeber der Verpflichtung des Staates zu unverzögerter Justizgewährung Ausdruck verliehen, indem der Staat für die richterliche Amtsführung beim Vorliegen der Amtshaftungsvoraussetzungen grundsätzlich verantwortlich ist[2]; § 839 Abs. 2 S. 1 bestimmt:

> Verletzt ein Beamter bei einem Urteil in einer Rechtssache seine Amtspflicht, so ist er für den daraus entstehenden Schaden nur dann verantwortlich, wenn die Pflichtverletzung in einer Straftat besteht.

§ 839 Abs. 2 S. 1 beschränkt die Haftung für den Richter bei culpa in judicando auf Fälle einer Straftat; damit reduziert sich die Rolle der Amtshaftung praktisch auf die Fälle der Rechtsbeugung und Richterbestechung[3], die fast immer am fehlenden Vorsatz des Richters scheitern. § 839 Abs. 2 S. 2 nimmt

---

[1] So z.B. *A. Blomeyer*, FS Bötticher S. 64ff.

[2] Rechtsvergleichend: *Merten*, FS Wengler, S. 521, 527 mwN: § 2 Abs. 3 des österr. Amtshaftungsgesetz privilegiert nur Entscheidungen der obersten Gerichte; im griechischem EGZGB wird ganz auf ein Richterprivileg verzichtet.

[3] BGHZ 64, 347.

die pflichtwidrige Verweigerung oder Verzögerung der Amtsausübung von dieser Haftungsbeschränkung aus:

Auf eine pflichtwidrige Verweigerung oder Verzögerung der Ausübung des Amtes findet diese Vorschrift keine Anwendung.

1. Sinn und Zweck des Richterprivilegs

Die Frage, ob ein richterliches Verhalten, z.B. die weit hinausgeschobene Terminsbestimmung oder eine verspätete Absetzung eines Urteils, von der Amtshaftung nach § 839 Abs. 2 S. 2 erfaßt werden kann oder nicht, hängt vom Inhalt und den Grenzen des Haftungsprivilegs ab. Hierbei spielt der Sinn und Zweck dieses Haftungsausschlusses die entscheidende Rolle.

Naheliegend für Sinn und Zweck des Richterprivilegs ist die richterliche Unabhängigkeit[4]. Gegen diese Zweckbestimmung spricht aber, daß die verfassungsrechtlich garantierte richterliche Unabhängigkeit einen größeren Bereich richterlicher Tätigkeit schützt, als der Haftungsausschluß des § 839 Abs. 2 S. 1[5]. § 839 Abs. 2 S. 1 zeichnet lediglich die „spruchrichterliche Tätigkeit" von der Haftung frei[6]. Die richterliche Tätigkeit bei Beschlüssen im Arrest- und einstweiligen Verfügungsverfahren[7] oder im Rahmen der Freiwilligen Gerichtsbarkeit[8] unterliegen nicht dem Schutzbereich des § 839 Abs. 2 S. 1.

Darüber hinaus steht die richterliche Unabhängigkeit einer Gesetzmäßigkeitskontrolle durch ein weiteres Gericht nicht entgegen. Sähe man den Zweck des Haftungsausschlusses in der richterlichen Unabhängigkeit, so wäre kein Grund anzuerkennen, warum der Richterspruch dann nicht einer weiteren Ge-

---

[4] *Grunsky*, FS Raiser, S. 151; BVerfGE 22, 387/424 lediglich in einem obiter dictum; BGHZ 50, 14/19f = JZ 1968, 463 (mit krit. Anmerkung *Leiphold*) für Schutz zumindest auch der richterlichen Unabhängigkeit.

[5] *Merten*, FS Wengler, S. 523f; *Bender*, Staatshaftung, Rn 630; MK-*Papier*, § 839 Rn 277.

[6] Vgl. BGHZ 10, 55 = NJW 1953, 1298; BGH LM Nr. 10 (G) zu § 839 = NJW 1966, 246; auch schon RGZ 116, 91.

[7] BGH 10, 55/60

[8] soweit Fürsorgecharakter, BGH NJW 56, 1716.

richtskontrolle unterliegen soll. Da das Richterprivileg aber gerade darauf abzielt, den Richterspruch einer amtsrechtlichen Haftung zu entziehen, kann der Schutz richterlicher Unabhängigkeit nicht der tragende Grund der Haftungsfreistellung des § 839 Abs. 2 sein[9].

Aus der beschränkten Zulassung der Amtshaftungsklage gegen den Richterspruch läßt sich vielmehr schließen, daß damit mittelbar die Absicherung der materiellen Rechtskraft bezweckt wird. Dies belegen die strengen Voraussetzungen der richterlichen Amtshaftung, die verhindern sollen, die nur sehr eingeschränkt zulässige Wiederaufnahme des Verfahrens zu unterlaufen[10]. Wie die Entstehungsgeschichte zeigt, sind die Wiederaufnahmegründe mit dem Richterprivileg verwandt[11].

Mit der Schutzrichtung Rechtskraft wird unterbunden, daß eine Partei oder ein Beteiligter über den Umweg der Amtshaftungsklage das Urteil und das Verhalten des Richters „bei dem Urteil" jenseits der Prozeßordnungen erneut aufrollen kann. Der Haftungsausschluß steht damit im Dienst des Rechtsfriedens und der Rechtssicherheit[12] und nicht im Interesse des persönlichen Schutzes des Richters und der Privilegierung dessen Standes. Somit trifft die Bezeichnung „Richterspruchprivileg" den Zweck dieses Instituts und ist daher der Benennung „Spruchrichterprivileg" vorzuziehen[13].

---

[9] Vgl. MK-*Papier*, § 839 Rn 277; *Merten*, FS Wengler, S. 522, *Bettermann*, Die Grundrechte III/2, S. 578, 838f; RGRK-*Kreft*, Rn 514; Staudinger-*Schäfer*, § 839 Rn 424 rechtfertigt deshalb das Richterschutzprivileg wie BGHZ 50, 14/20 nicht primär, aber zumindest auch mit dem Motiv der richterlichen Unabhängigkeit, weil dies am ehesten der gesetzgeberischen Intention entspreche.

[10] Staudinger-*Schäfer*, § 839 Rn 408.

[11] *Mugdan*, Materialien zum BGB, 2 Bd. S. 1389/90; *Steffen*, DRiZ 1968, 237ff; vgl. §§ 359 Nr. 3, 362 Nr. 3 StPO und 580 Nr. 5 ZPO; ferner §§ 97 Abs. 2 Nr. 4 BDO, 123 Abs. 2 Nr. 4 WDO, 63 Abs. 1 DRiG, 79 ArbGG, 153 Abs. 1 VwGO.

[12] BGHZ 51, 326ff; 57, 33/45; 64, 347/349 = NJW 1975, 1829; für das Schrifttum statt vieler: *Merten*, FS Wengler, S. 525ff; *Steffen*, DRiZ 1968, 273; *Leiphold*, JZ 1968, 465; *J. Blomeyer*, NJW 1977, 561; *Köndgen*, JZ 1979, 248.

[13] MK-*Papier*, § 839 Rn 278; Soergel-*Glaser*, § 839 Rn 217; Staudinger-*Schäfer*, § 839 Rn 424; *Merten*, FS Wengler, S. 525.

Will somit das Richterspruchprivileg eine „Superanfechtung“[14] rechtskräftiger Urteile ausschließen, steht einer Amtshaftungsklage nichts mehr im Wege, wenn ein Schaden nicht auf eine „Unrichtigkeit“ des Urteils zurückgeführt wird, sondern auf ein sonstiges richterliches Fehlverhalten, das von der materiellen „Richtigkeit“ des Urteils unabhängig ist. Demzufolge ist die Prüfung, ob ein richterliches Verhalten außerhalb des Haftungsprivilegs anzusiedeln ist, darauf abzustellen, ob es sich auf die Sachentscheidung auswirkt.

Dies ist nach § 839 Abs. 2 S. 1 BGB bei allen Amtspflichtverstößen der Fall, die *bei einem Urteil* erfolgen. Darunter sind aber nicht nur Urteile zu subsumieren, sondern gemäß der vielfältigen gesetzgeberischen Entwicklung des Prozeßrechts können auch urteilsvertretende Erkenntnisse (wie z.B. ein Beschluß) darunter fallen. Voraussetzung für ein „Urteil“ ist, daß z.B. der Beschluß unter den für ein Urteil wesentlichen Voraussetzungen ergangen ist, durch den ein Prozeßverhältnis für die Instanz ganz oder teilweise beendet wird[15].

Maßnahmen *bei einem Urteil*, die darauf gerichtet sind, Grundlagen für die Sachentscheidung zu gewinnen, sind gleichermaßen privilegiert[16], so daß die gesamte richterliche Tätigkeit, die auf eine Entscheidung durch „Urteil“ abzielt, von der Haftungsbeschränkung erfaßt wird[17]. Obwohl die Rechtsprechung die Gefahr der Überdehnung des Begriffs „bei einem Urteil“ hervorgehoben hat[18] läßt sich eine restriktive Interpretation dieses Bereichs nicht ausmachen[19].

---

[14] Ausdruck von *J. Blomeyer*, NJW 1977, 560.

[15] BGH LM § 838 (G) Nr. 10 = NJW 1966, 248; RGRK-*Kreft*, § 839, Rn 520; Staudinger-*Schäfer*, § 839, Rn 437ff; MK-*Papier*, § 839, Rn 280; *Merten*, FS Wengler, S. 528 mwN.

[16] BGHZ 50, 14/17 = JZ 1968, 463 mit krit. Anmerkung *Leiphold*.

[17] BGH LM § 839 (G) Nr. 5; BGH LM § 839 (G) Nr. 10.

[18] BGHZ 46, 106.

[19] Zu Einzelfällen: statt vieler die Nachweise bei Soergel-*Glaser*, § 839 Rn 219f; RGRK-*Kreft*, § 839 Rn 521ff.

Zur genaueren Umgrenzung haftungsbegründender Amtspflichten ist in der Literatur deshalb das Augenmerk auf den verursachten Schaden gerichtet worden[20]. Als Konsequenz aus dem Zweck Rechtskraftschutz ist eine Haftung dann durch das Richterschutzprivileg ausgeschlossen, wenn der Schaden im Instanzenzug geltend gemacht werden kann. Nicht alle auf einer richterlichen Amtspflichtverletzung beruhenden Amtshaftungsansprüche sind durch § 839 Abs. 2 S. 1 BGB ausgeschlossen, sondern nur die, bei denen die rechtskräftige Entscheidung wieder aufgerollt werden müßte. Werden dagegen Schäden geltend gemacht, die nicht aus der Unrichtigkeit der richterlichen Entscheidung herrühren, kann das Richterprivileg nicht neutralisierend wirken.

Beim Vorliegen des Tatbestandsmerkmals *Schaden* jenseits des Bereichs *bei einem Urteil* kann auf eine haftungsbegründende richterliche Tätigkeit geschlossen werden, und dies sogar ohne daß Friktionen mit dem nur schwer abgrenzbaren und äußerst empfindlichen Judikat auftreten.

Erhebliche Abgrenzungsschwierigkeiten treten etwa bei der Reichweite der Dienstaufsicht im Verhältnis zur richterlichen Unabhängigkeit auf. Diese Probleme entstehen nicht bei dem vom Rechtskraftschutz bestimmten Richterprivileg.

Werden Schäden nur dann einer Haftung zugeführt, wenn sie aus einer nicht rechtskraftrelevanten richterlichen Tätigkeit resultieren, zeichnet sich dabei ein Kernbereich richterlicher Tätigkeit ab. In der Definition der Grenzen eines jeweils unantastbaren Kernbereichs unterscheiden sich Rechtskraft und richterliche Unabhängigkeit.

Zwar können richterliche Maßnahmen sowohl durch die richterliche Unabhängigkeit als auch durch das rechtskraftbezweckende Richterprivileg unangreifbar werden, wenn eine bestimmte Maßnahme gleichermaßen in die sich dann deckenden Schutzbereiche fällt[21]; insgesamt aber umfaßt die richterliche

---

[20] *Merten*, FS Wengler, S. 536ff; *J. Blomeyer*, NJW 1977, 560; *Hagen*, NJW 1970, 1022.

[21] Die richterliche Unabhängigkeit ist dann eine Nebenwirkung des Richterschutzprivilegs, vgl. Staudinger-*Schäfer*, § 839 Rn 424.

Unabhängigkeit einen größeren Ausschnitt der richterlichen Tätigkeit. Dies liegt auch daran, daß die sehr sensible richterliche Unabhängigkeit die Rechtsprechung veranlaßt, einen großzügigen Bannkreis um den Kernbereich richterlicher Tätigkeit zu ziehen. Für das vom Rechtskraftschutz bestimmte Richterprivileg ist dies hingegen nicht erforderlich, da mit dem Korrektiv „Schaden abseits eines Urteils" iSd. § 839 Abs. 2 BGB eine verhältnismäßig präzise Abgrenzung zur entsprechend immunen richterlichen Tätigkeit getroffen werden kann.

Ist ein Einfluß des rechtsschutzsuchenden Bürgers auf das laufende Verfahren nach den Prozeßordnungen nicht gegeben oder wegen einer Kollision mit der richterlichen Unabhängigkeit nicht zulässig, dann müssen zumindest im nachhinein durch richterliche Akte verursachte Schäden dann zu liquidieren sein, wenn sie unabhängig von der Richtigkeit der Entscheidung eingetreten sind. Diese Haftung für Nichterfüllungsschäden ergibt sich aus der Pflicht des Staates, dem Bürger Gerichtsschutz zu gewähren, dem ein entsprechender Anspruch des Staatsbürgers entspricht. Vermag die Rechtsordnung dem Interesse des Staatsbürgers an zeitiger Justizgewähr nicht mit Rechtsmitteln zu verhelfen, muß sie, will sie nicht den Justizgewährleistungs*anspruch* entwerten, für den Schuldner einen Nachteil vorsehen, wenn er seine Schuld nicht erfüllt[22]. Kommt der Staat seiner Justizgewährleistungspflicht nicht nach, dann muß die Rechtsordnung den Anspruch des Bürgers auf Erfüllung dieser Pflicht zumindest mit einer Schadensersatzsanktion schützen.

2. Das teleologisch interpretierte Richterspruchprivileg und § 839 Abs. 2 S. 2 BGB

Unter der Zweckrichtung des Schutzes der Rechtskraft wird damit auch die Haftung für die pflichtwidrig verzögerte oder verweigerte Amtsführung nach § 839 Abs. 2 S. 2 verständlich. Der Richter bzw. der Staat (Art. 34 GG) soll

[22] *A. Blomeyer*, FS Bötticher, S. 64f.

bei Schäden einstehen, die durch Verzögerungen unabhängig von einem „Urteil“ (iSd. § 839 Abs. 2 S. 1) hervorgerufen worden sind[23]. Damit wird klargestellt, daß die Pflicht des Organwalters zu unverzögerter Amtsführung über eine interne Dienstpflicht[24] hinausgeht und gegenüber dem Bürger als echte Amtspflicht eine „Verzugshaftung“ begründen kann.

Hierfür muß das verzögernde Verhalten des Richters folgende Voraussetzungen erfüllen:

- die verzögernde richterliche Maßnahme darf sich nicht auf die Sachentscheidung auswirken, d.h. es darf keine Maßnahme „bei einem Urteil“ iSd. § 839 Abs. 2 S. 1 vorliegen;
- ein schuldhafter Verstoß gegen eine Amtspflicht, die dem Gericht in erster Linie nicht im Interesse der Allgemeinheit obliegt, sondern im Interesse der Prozeßbeteiligten;
- der Schaden darf nicht im Instanzenzug reparabel sein.

Im folgenden werden die Auswirkungen des teleologisch interpretierten Richterspruchprivilegs anhand von fünf Beispielen aus dem Zivilprozeß veranschaulicht:

- Für den Kläger ergeht zwar ein zusprechendes Urteil, aber zu spät, etwa weil der Schuldner inzwischen in Konkurs geraten ist.

Hier scheidet eine Haftung nicht etwa deshalb aus, weil die Sperrwirkung des Richterspruchprivilegs greift. Mit einer Amtshaftungsklage soll nicht das Urteil revidiert, sondern der Schaden aus dessen Verspätung geltend gemacht werden. Der Inhaber des wertlosen Titels kann den Verzugsschaden nicht mit Rechtsmitteln gegen das verspätete Urteil geltend machen, sondern nur mit der Amtshaftungsklage. Der Inhalt des Urteils bleibt dabei unberührt; vielmehr beruft sich der Kläger gerade darauf[25].

---

[23]Zur entsprechenden subjektiven Motivation des Gesetzgebers: Prot. II, zit. bei *Hagen*, NJW 1970, 1022.
[24]So noch RGZ 155, 219/223 (1937).
[25]*J. Blomeyer*, NJW 1977, 560.

Die Haftung scheitert aus einem anderen Grund. Es besteht nicht nur das Gebot eines zügigen Verfahrens, sondern auch ein verfassungsfester Anspruch auf angemessene Verfahrensdauer. Solange aber keine Grenzwerte gelten, ab wann eine Prozeßdauer eine Verzugshaftung auszulösen vermag, kann im verspäteten Prozeßergebnis allein keine haftungsbegründende Amtspflichtverletzung festgemacht werden. Vielmehr muß an eine konkrete Maßnahme des Gerichts angeknüpft werden, die auf eine Amtspflichtverletzung hin zu überprüfen ist.

- Das Gericht erhebt Beweis, obwohl alle Tatsachen bereits unstreitig sind. Dadurch tritt eine erhebliche Verzögerung des Verfahrens ein, so daß dem Kläger durch das verspätete Urteil ein Schaden entsteht.

In einer überflüssigen Beweiserhebung könnte man im Blick auf den Grundsatz der Verfahrensökonomie eine Amtspflichtverletzung annehmen[26], weil es dem Gericht obliegt, nicht gebotene Beweiserhebungen zu vermeiden[27].

Unabhängig von dem Problem, daß im Amtshaftungsprozeß mit der Frage, ob die Beweiserhebung entbehrlich war, der Rechtsfindungsprozeß entgegen dem Immunitätsprivileg aufgerollt werden müßte[28], scheitert eine Schadensersatzpflicht schon deutlich an einem anderen Tatbestandsmerkmal: Die Pflicht, überflüssige Beweiserhebungen zu vermeiden, besteht lediglich im Interesse einer geordneten Rechtspflege und nicht gegenüber den Beteiligten[29]. Ein Beweisverbot existiert nur nach §§ 356 ZPO, 244 StPO für *verhinderte* und *unzulässige*, nicht aber für unökonomische Beweise.

- Das Gericht erläßt trotz Entscheidungsreife des Prozesses kein Urteil.

Hierin könnte ein Verstoß gegen § 300 Abs. 1 ZPO liegen, der bestimmt:

---

[26]*Schneider*, MDR 1969, 580; *J. Blomeyer*, NJW 1977, 559 mit § 300 ZPO als Rechtsgrundlage; *Grunsky*, Grundlagen des Verfahrensrechts, § 40 II 2.

[27]Vgl. Zöller-*Stephan*, Vor § 284 Rn 8: „Kardinalfehler" des Gerichts, nutzlose Beweise zu erheben.

[28]Vgl. BGH LM § 839 (G) Nr. 5; Soergel-*Glaser*, § 839 Rn 217, 219.

[29]Staudinger-*Schäfer*, Anhang zu § 839 Rn 556; vgl. RGZ 155, 218/223.

Ist der Rechtsstreit zur Endentscheidung reif, so hat das Gericht sie durch Endentscheidung zu erlassen. Entscheidungsreife liegt vor, wenn auf der Basis der materiellen und prozessualen Rechtslage der Sachverhalt völlig geklärt ist, die angebotenen Beweise erschöpft sind oder das noch ungeklärte Vorbringen einer Partei zulässigerweise präkludiert wird[30].

Für eine Amtspflichtverletzung müßte geprüft werden, ob die Voraussetzungen der Entscheidungsreife vorgelegen haben. Diese Untersuchung bleibt dem Amtshaftungsprozeß aber gerade versagt, weil die Feststellung der Entscheidungsreife für das Urteil eine Relevanz entfaltet, die vom Richterspruchprivileg geschützt wird. Die Feststellung, ob die einzelnen Voraussetzungen der Entscheidungsreife gegeben sind, ist ein typischer Bereich des Richterspruchs, der an der Rechtskraft teilnimmt. Hier wird deutlich, daß die Amtsführung von der privilegierten Entscheidungsfindung getrennt werden muß, um eine Amtshaftung zu ermöglichen. Somit kann eine Amtspflichtverletzung allenfalls in Betracht kommen, wenn das Gericht seinen Entscheidungsfindungsprozeß insoweit abgeschlossen hat, daß die Entscheidungsreife als festgestellt gilt. Erst ab diesem Moment kann ein haftungsbegründendes Unterlassen einer Amtspflicht überhaupt entstehen.

Die Entscheidungsreife gilt als gegeben, wenn keine weitere Verfügung des Gerichts vor Erlaß des Urteils erfolgt, so daß der Bürger nur aufgrund längerer Dauer der Untätigkeit unterstellen könnte, daß das Gericht wohl keine weiteren Erkenntnismaßnahmen zu unternehmen beabsichtigt. Solange aber der Zeitraum der zulässigen Untätigkeit nicht näher definiert ist, kann ohne weiteres nicht davon ausgegangen werden, daß die Voraussetzungen zum Entstehen der Amtspflicht nach § 300 ZPO gegeben sind. Da also Amtsführung und richterliche Entscheidungsfindung hier miteinander verflochten sind, kann der Rechtsschutzsuchende mit § 839 Abs. 2 S. 2 keinen Schadensersatz verlangen.

---

[30]Statt vieler: Zöller-*Vollkommer*, § 300 Rn 2.

Etwas anderes gilt somit für den Fall, wenn die Entscheidungsreife feststeht und das Gericht den Urteilserlaß etwa im Hinblick auf die starke Arbeitsbelastung verzögert bzw. verweigert. In solchen Fällen kann eine Amtspflicht von der richterlichen Tätigkeit isoliert und zunächst grundsätzlich der Haftung zugänglich gemacht werden.

- Dem Kläger ist ein Schaden entstanden, weil der Richter die Terminsanberaumung nicht unverzüglich vorgenommen oder der Richter die Entscheidungsgründe nach § 315 Abs. 2 ZPO nicht fristgemäß abgesetzt hat.

Die Festsetzung eines Termins hat gemäß § 216 Abs. 2 ZPO unverzüglich zu erfolgen. Diese Maßnahme der Prozeßleitung ist in ihrem zeitlichen Moment für die Gewinnung von Grundlagen hinsichtlich der Sachentscheidung irrelevant. Die Terminsbestimmung läßt sich somit als Amtspflicht qualifizieren[31]. Ist eine Terminswahl zwar erfolgt, aber zu einem sehr späten Zeitpunkt, gilt hingegen folgendes: Selbst wenn hier ein Ermessensfehlgebrauch des Richters vorläge, kann eine Amtspflicht nicht von Erwägungen richterlicher Entscheidungsfindung getrennt werden. Dieser Bereich wird vom Richterspruchprivileg abgeschirmt und erlaubt kein Geltendmachen von Verzögerungsschäden.

Dagegen ist der Verstoß gegen die Obliegenheit zur fristgemäßen Absetzung der Entscheidungsgründe eine Amtspflichtverletzung, die, bei erfolglos eingelegter Beschwerde (§ 839 Abs. 3 BGB) eine Schadensersatzpflicht begründen kann[32]. Schäden, die durch Verzögerungen nach dem Ergehen des Urteils entstehen, lassen besonders deutlich erkennen, daß dann das zeitliche Moment und nicht der Inhalt des Richterspruchs den Schaden verursacht. Solche Schäden sind nur mit der Amtshaftungsklage reparabel und nicht im Instanzenzug.

---

[31]Erman-*Küchenhoff*, § 839 Rn 86; Steffen, DRiZ 1968, 234; Soergel-*Glaser*, § 839 Rn 219; zur Terminsanberaumung: vgl. *Arndt*, DRiZ 1979, 143.

[32]Vgl. OLG Frankfurt, VersR 1967, 461f zur Geltung der Amtspflicht gegenüber am Prozeß Beteiligter. Verzögerungen bis zu anderthalb Jahren kommen vor; vgl. die Nachweise bei *Schneider*, MDR 1988, 640.

- Es liegt eine Amtspflichtverletzung vor, die vom Richter mit Überlastung gerechtfertigt wird.

In der Praxis ist der Richter oft wegen starker Arbeitsbelastung an der zügigen Erledigung seiner Amtspflichten gehindert. Dieser Umstand darf jedoch keinesfalls dazu führen, in sie eine „Aufweichungsklausel" hineinzulesen, so daß z.B. § 300 ZPO den Erlaß einer Endentscheidung nur dann vorschriebe, sobald Entscheidungsreife vorliegt, „sofern der Richter nicht gerade einen anderen Prozeß bearbeitet oder generell überlastet ist"[33]. Trifft den Richter eine Amtspflicht außerhalb des Richterspruchprivilegs, so kann für ihn nichts anders gelten, als für jeden anderen Amtsträger. Ihm obliegt die Amtspflicht, Anträge mit der gebotenen Beschleunigung zu bearbeiten und unverzüglich zu entscheiden, sobald die Prüfung abgeschlossen ist[34].

Fraglich ist jedoch, ob sich das Gericht zur Rechtfertigung der Arbeitsüberlastung mit unzureichender Ausstattung mit Richterplanstellen exkulpieren kann. Zwar können normierte Amts- und Beschleunigungspflichten je nach Haushaltslage nicht unterschiedlich ausgelegt werden, weil sie unabhängig von den Vorgaben des Haushaltsgesetzgebers bestehen[35]. Aber das Verschulden des Richters für die Pflichtverletzung ist dann auszuschließen, wenn allein der Gesetzgeber die Verantwortung für die Arbeitsüberlastung trägt. Eine andere Frage ist es, ob dann eine Haftung wegen legislativen Verschuldens greifen kann.

Hat der Richter in seinem Machtbereich alles Zumutbare unternommen, um einer Pflichtverletzung entgegenzuwirken, kann er für die dennoch eingetretene Verfahrensverzögerung nicht zur Rechenschaft gezogen werden.

Zu seinen zumutbaren Pflichten gehört, um ein Mitverschulden auszuschließen, daß der betroffene Richter über den Gerichtspräsidenten das zuständige

[33] *J. Blomeyer*, NJW 1977, 557f.

[34] MK-*Papier*, § 839, Rn 181; vgl. BGHZ 30, 19/26; BGH LM Nr. 15 (Cb); BGH LM BBauG § 35 Nr. 1; BGH LM Nr. 37 (Ca); BGH WM 1981, 205; BGH NVwZ 1984, 333.

[35] Vgl. *J. Blomeyer*, NJW 1977, 558.

Ministerium von dem drohenden oder bereits eingetretenen rechtsstaatswidrigen Zustand unterrichtet. Trifft das Ministerium keine Abhilfe bzw. ist es dazu nicht in der Lage, so ist der behördliche Instanzenzug erst dann erschöpft, wenn der Ministerpräsident angegangen wird[36]. Letztlich verbleibt die dienstliche Petition an die Volksvertretung, die im übrigen auch unternommen werden kann, wenn die Regierungsvorlage des Haushaltsplans befürchten läßt, es könne ein verfassungswidriger Zustand der Rechtspflege eintreten[37]. Nicht unerwähnt bleiben soll noch als „ultima ratio" die Flucht in die Öffentlichkeit durch die Unterrichtung geeigneter Publikationsorgane durch den durch den Richter unterrichteten Gerichtspräsidenten[38]. Um ein Mitverschulden des Richters auszuschließen, wird es ausreichen, wenn er auf dem Dienstweg versucht, Abhilfe für seine Arbeitsüberlastung zu erlangen. Ihn erst bei einer Petition völlig zu exkulpieren, würde seine Pflichten deutlich überspannen.

Zusammengefaßt muß der Richter bzw. der Staat oder die hinter ihn stehende Körperschaft (Art. 34 GG) grundsätzlich für die Schäden einstehen, die dem Staatsbürger durch die Vernachlässigung der dem Bürger gegenüber obliegenden Amtspflichten entstanden sind. Dabei darf nicht übersehen werden, daß der Staat Justiz nicht zum „Nulltarif" gewährt, sondern das Verfahren nur nach der Erhebung von Gebühren überhaupt einleitet. Wenn auch die Gebühren nicht kostendeckend sind, so kann der Staatsbürger aus dem verfassungsfesten Justizgewährleistungsanspruch eine verfahrensgerechte Einhaltung der Amtspflichten fordern. Eine Einschränkung erfährt die Haftung nach § 839 BGB, Art. 34 GG insofern, als der Amtsträger nicht für die Rahmenbedingungen verantwortlich gemacht werden kann, die vom Gesetzgeber vorgegeben sind. Der Richter kann nur für die gewissenhafte Erledigung seiner Amtspflichten innerhalb seines Verantwortungsbereichs zur Rechenschaft gezogen werden.

---

[36] *Joachim*, DRiZ 1965, 186.
[37] Vgl. *Mattern*, Petitionsrecht, S. 633, Fn 46.
[38] *Joachim*, DRiZ 1965, 186.

II. Haftung für legislatives Verschulden wegen Verzögerung der Rechtsprechung

Scheitert die Schadensersatzklage des Staatsbürgers gegen den Amtsträger mangels dessen Verschulden, so müßte der Gesetzgeber möglicherweise selbst haften. Der Justizgewährleistungsanspruch gegen die unmittelbar justizgewährenden Gerichte richtet sich gegen den Staat als Träger der Gerichtsbarkeit, der die Voraussetzungen für eine funktionierende Rechtspflege schaffen muß. So erscheint es prinzipiell nicht unbillig, daß der Staat dann für Verzugsschäden in Haftung genommen werden kann, wenn er es versäumt hat, die Gerichte in die Lage zu versetzen, Rechtsschutz in angemessener Zeit zu gewähren. Der Staat hat mit seinen zuständigen Stellen gleichermaßen eine Amtspflicht, die zur Sachentscheidung berufenen Behörden, also auch die Gerichte, in den Stand zu versetzen, ihre Sachentscheidung in hinreichender Frist treffen zu können[39].

Es entspricht zwar herrschender Auffassung, daß die Parlamentsabgeordneten als Mandatsträger auch entsprechende Pflichten haben[40]. Dazu zählt ebenfalls, daß erforderliche Richterstellen der Justiz nicht vorenthalten werden dürfen. Diese Amtspflicht besteht aber nur gegenüber der Allgemeinheit und nicht gegenüber dem einzelnen Bürger[41].

Fraglich ist, ob der Staat wegen eines unzureichenden Haushaltsplans aus „enteignungsgleichem Eingriff" haften muß.

Dagegen ist aber einzuwenden, daß das um die Entschädigung angegangene Gericht nicht über ein legislatives Fehlverhalten befinden darf, weil hierfür das BVerfG zuständig wäre[42]. Das angegangene Gericht müßte bei Fragen

---

[39] Vgl. BGHZ 15, 305/309; BGHZ 30, 19/25ff; MK-*Papier*, § 839 Rn 181.

[40] Soergel-*Glaser*, § 839 Rn 77; Staudinger-*Schäfer*, § 839 Rn 199; *v. Mangoldt/Klein*, Art. 34 Anm. III 1 c jeweils mwN.; OLG Hamburg, DöV 1971, 239.

[41] A.A. *J. Blomeyer*, NJW 1977, 560, der eine Haftung des Gesetzgebers aus § 839 BGB, Art. 34 GG bejaht.

[42] *Schmidt-Kammler*, NJW 1990, 2519.

gesetzgeberischen Unrechts einen Vorlagebeschluß erlassen. Inhaltlich wäre dann zu prüfen, ob die gesetzgeberische Entscheidung einen unmittelbaren Eingriff in das Eigentum des Klägers darstellt. Dies kann allenfalls für das verspätete Urteil zutreffen. Darüber hinaus kann der Gesetzgeber für seine Einschätzungsprärogative, von klaren Verfassungsverstößen abgesehen, nicht von der dritten Gewalt zur Rechenschaft gezogen werden.

Während noch die ältere Rechtsprechung des BGH für rechtswidrige Maßnahmen des Gesetzgebers eine Entschädigung vorsah[43], wird dies nunmehr mit Hinweis auf eine fehlende gesetzliche Grundlage verneint[44]. Der Ausgleich von Nachteilen, die unmittelbar oder mittelbar durch ein verfassungswidriges formelles Gesetz herbeigeführt würden, halte sich nicht mehr im Rahmen eines richterrechtlich geprägten und ausgestalteten Haftungsinstituts, wie es der enteignungsgleiche Eingriff darstelle. Die Zubilligung von Entschädigungsansprüchen für legislatives Unrecht in Gestalt eines mit dem Grundgesetz nicht zu vereinbarenden formellen Gesetzes, könne für die Staatsfinanzen weitreichende Folgen haben. Schon das spreche dafür, die Haushaltsprärogative des Parlaments in möglichst weitgehendem Umfang zu wahren und die Gewährung von Entschädigungen für legislatives Unrecht der Entscheidung des Parlamentsgesetzgebers zu überantworten[45].

Damit ist die Staatshaftung nicht nur für Akte des Gesetzgebers praktisch ausgeschlossen, sondern auch für den Vollzug formeller Gesetze. Diese Entscheidung ist angegriffen worden, weil damit ein umfassender Eigentumsschutz des Bürgers in Frage gestellt wird; der BGH entbindet den Gesetzgeber von dem finanziellen Risiko verfassungswidriger Gesetze und bürdet es dem Bürger auf[46].

---

[43] Vgl. BGHZ 25, 266/269f.
[44] BGHZ 100, 136/145f; 102, 350/357ff; BGH NJW 1989, 101f; Erichsen/Martens-*Rüfner*, § 52 Rn 56.
[45] BGHZ 100, 136/145f.
[46] Erichsen/Martens-*Rüfner*, § 52 Rn 56.

Obwohl Befürchtungen, der Gesetzgeber könnte wegen dieser Rechtsprechung seine Haushaltsansätze nicht ausreichend bemessen, sich nicht bewahrheitet haben, kann die Verantwortung des Gesetzgebers für eine ausreichend ausgestattete Justiz nicht oft genug betont werden. Ansonsten droht eine Gefahr für den Rechtsfrieden. Der um die angemessene Verfahrensdauer und dann auch noch um den Verzugsschaden geprellte Bürger könnte den Ratschlag *Bulls* befolgen, den dieser bereits 1957 gegeben hat: „Die Selbsthilfe"[47], oder: „Lerne hungern, bevor Du klagst"[48].

III. Haftung bei enteignungsgleichem Eingriff

1. Begriff des enteignungsgleichen Eingriffs

Die Amtshaftung hat sich für die Fälle als lückenhaft erwiesen, bei denen der Richter die Verzögerung nicht verschuldet hat. Mit der Absicht, rechtswidrige aber auch schuldlose Eingriffe einer unmittelbaren Staatshaftung zu unterwerfen, wurde das Institut des enteignungsgleichen Eingriffs entwickelt[49]. Diese Rechtsfigur knüpft nicht an die Eigenhaftung des Amtswalters an, sondern an eine originäre Staatsunrechtshaftung.

Dem Betroffenen steht zum gerechten Ausgleich eines erlittenen Nachteils sowohl ein Anspruch aus enteignungsgleichem Eingriff als auch aus der Amtshaftung zur Verfügung. Beide Ansprüche stehen weder im Verhältnis der Subsidiarität noch der Spezialität, sondern selbständig nebeneinander[50]. Zwar läßt schon die begriffliche Verschiedenheit beider Ansprüche - öffentlicher Entschädigungsanspruch und Schadensersatzanspruch aus unerlaubter Handlung - auf eine unterschiedliche Rechtsnatur schließen; wesentlich weichen sie aber nur bei der Frage des Verschuldens voneinander ab[51].

---

[47] *Bull*, NJW 1957, 1100f.
[48] *Bull*, JR 1959, 140.
[49] Im Anschluß an RGZ 140, 276/283 BGHZ 6, 270/290ff; *Heidenhain*, S. 65ff; *Ossenbühl*, Staatshaftungsrecht, S. 144ff; Maunz/ Dürig-*Papier*, Art. 14 Rn 597ff und Art. 34 Rn 37ff mwN.
[50] BGHZ 13, 88; 45, 58/82.
[51] Vgl. Staudinger-*Schäfer*, Vor § 839 Rn 5 mwN; im übrigen gilt beim enteignungsgleichen Eingriff eine längere Verjährungsfrist, nämlich 30 Jahre, BGHZ 9, 209; 13, 88.

Unter einem *enteignungsgleichen Eingriff* wird ein hoheitlicher rechtswidriger Eingriff in eine als Eigentum iSd. Art. 14 Abs. 1 S. 1 GG geschützte Position verstanden, der für den Betroffenen ein besonderes, anderen nicht zugemutetes Sonderopfer darstellt[52]. Die Sonderopferlage ergibt sich dabei allein und gerade aus der Rechtswidrigkeit des Eingriffs[53], so daß die Begriffsstreitigkeiten um das Sonderopfer ihren Abgrenzungswert verlieren. Die Rechtswidrigkeit wird damit zum entscheidenden anspruchsbegründenden Merkmal.

Bedeutung könnte diese Rechtsfigur als Sanktion bei überlanger Verfahrensdauer dann haben, wenn der Tatbestand des enteignungsgleichen Eingriffs durch das Ausbleiben eines rechtzeitigen oder eines verspäteten Urteils erfüllt wäre. Denn dann könnte sich der zuständige Richter nicht mehr mit dem Argument der Arbeitsüberlastung exkulpieren.

Der BGH hatte eine Entschädigungspflicht zunächst auf eine Analogie zu Art. 14 GG gestützt[54], kam aber davon ab, nachdem das BVerfG diese Anspruchsgrundlage aufgegeben hatte, weil eine Entschädigung nur mittels einer *gesetzlichen* Grundlage eingeklagt werden kann (Gewährleistungsgehalt der sog. Junktimklausel des Art. 14 Abs. 3 S. 2 GG)[55]. Nach wie vor hält der BGH - entgegen allen Grabgesängen[56]- für rechtswidrige und schuldlose hoheitliche Eigentumsverletzungen an einer Entschädigung nach den Grundsätzen des enteignungsgleichen Eingriffs fest. Die Grundlage hierfür sieht der BGH aber nunmehr in der richterrechtlich geprägten Ausformung des aus §§ 74, 75 der Einleitung des Preußischen Allgemeinen Landrecht abgeleiteten „Aufopferungsgedankens“[57]. Dabei handelt es sich um eine gewohnheitsrechtlich

[52]BGHZ 55, 229/231; *Nüßgens/Boujong*, Rn 411; *Maurer* § 26 Rn 45; Erichsen/Martens-*Rüfner*, § 52 Rn 54.
[53]BGHZ 32, 208; Maunz/Dürig-*Papier*, Art. 14 Rn 603.
[54]BGHZ 6, 270/290; vgl. auch noch BGHZ 76, 375/384.
[55]BVerfGE 58, 300ff („Naßauskiesung“).
[56]Vgl. *Papier*, JuS 1985, 184ff; *Ronellenfitsch*, JZ 1987, 674.
[57]BGHZ 90, 17ff; BGH JZ 1984, 987 mit Anm. *Papier*.

geltende Anspruchsgrundlage auf der Ebene des einfachen Rechts und nicht des aus Art. 14 GG gefolgerten Verfassungsgewohnheitsrechts[58].

2. Richterliche Urteile als enteignungsgleicher Eingriff

Grundsätzlich ist der rechtsschutzsuchende Bürger im gerichtlichen Verfahren hoheitlicher Gewalt und damit auch Grundrechtseingriffen ausgesetzt. Zum einen besteht diese Gefahr durch richterliche Maßnahmen während des Prozesses und zum anderen durch das Urteil selbst. Im folgenden ist der vom Inhalt unabhängige Zeitpunkt des Erlasses des Urteils Gegenstand der Erörterung.

a) Geltung des § 839 Abs. 2 S. 1 BGB

Um eine Entschädigungspflicht auszulösen, müßte ein richterliches Urteil im Entschädigungsprozeß einer entsprechenden Überprüfung auf Rechtmäßigkeit zugänglich sein. Da es sich dabei um einen Akt der Dritten Gewalt handelt, könnte die Anwendung des Richterspruchprivilegs einer entsprechenden Kontrolle entgegenstehen.

Die Anwendung des § 839 Abs. 2 BGB lehnt *Konow* mit der Begründung ab, daß das Grundgesetz Grundrechtseingriffen der Dritten Gewalt keine Sonderbehandlung einräume und jeder rechtswidrige Grundrechtseingriff des Staates zwingend zumindest einen Entschädigungsanspruch nach sich ziehe, unabhängig davon, welche Gewalt den Eingriff vorgenommen hat[59]. Nach dieser vereinzelt gebliebenen Auffassung kann die Beschränkung von Entschädigungsansprüchen mit richterlicher Unabhängigkeit oder Rechtskraftschutz insbesondere nicht verfangen, wenn diese institutionellen Forderungen in ein Verhältnis zu den höherwertigen Grundrechten des Bürgers gesetzt werden.

---

[58]So aber *Scheuing*, FS Bachof, S. 359 mwN; *Schwerdtfeger*, JuS 1983, 110.
[59]*Konow*, JR 1969, 6f, (Anm. zu BGHZ 50, 14ff).

Es ist aber anerkannt, daß, abgesehen vom Fall einer Rechtsbeugung, die Kontrolle richterlicher Sachentscheidungen nur im Rahmen der von den Prozeßgesetzen vorgeschriebenen Rechtsmittel vorgenommen werden darf[60]. Ein Wiederaufrollen des Prozesses im Staatshaftungsverfahren würde die einschlägigen Prozeßregeln unterlaufen und einen nicht vorgesehenen Instanzenzug eröffnen. Deshalb entzieht auch beim enteignungsgleichen Eingriff das Richterspruchprivileg des § 839 Abs. 2 BGB die richterlichen Maßnahmen einer haftungsrechtlichen Überprüfung, sofern diese vom Inhalt der erstrebten oder ergangenen Sachentscheidung abhängig sind.

Letztlich kann aber die Frage nach der Anwendung des Richterspruchprivilegs dahingestellt bleiben, wenn ein verspätet ergangenes Urteil ohnehin nicht privilegiert wird, weil dieses Urteil eine pflichtwidrige Verweigerung oder Verzögerung des Amtes iSd. § 839 Abs. 2 S. 2 BGB darstellt. Für die Subsumtion kann das für die Amtshaftung Festgestellte herangezogen werden. Hier kann danach ein Kläger eine Entschädigung für ein zwar zusprechendes aber verspätetes und damit wertloses Urteil verlangen, wenn ihm ein Schaden entstanden ist, der im Instanzenzug nicht eingeklagt werden kann. Dies trifft für einen Verzögerungsschaden zu, sofern den Kläger kein Mitverschulden trifft. Die Überprüfung eines derartigen Schadens läßt im Staatshaftungsprozeß die „Richtigkeit" der Sachentscheidung unberührt. Mithin steht auch die Geltung der haftungsrechtlichen Sonderstellung des Richters der Staatshaftung nicht entgegen, so daß ein durch die Justiz erheblich verzögertes Urteil grundsätzlich die für eine Entschädigung vorauszusetzende, rechtswidrige hoheitliche Maßnahme erfüllen kann.

Auf die Frage, wann ein verzögertes Urteil eine Haftung des Staates begründen kann, kann im Sinne *Konows* geantwortet werden, daß der Staat für

[60]BGHZ 50, 14/21; vgl. BVerfG, Beschluß vom 25.7.66 - 1 BvR 320/68 - zit. bei Staudinger-*Schäfer*, § 839 Rn 526 und RGRK-*Kreft*, § 839 Rn 526; Erichsen/Martens-*Rüfner*, § 52 Rn 55; *Menger/ Erichsen*, VerwArch 59 (1968), 386f; a.A. neben *Konow*, JR 1969, 6 auch *Hagen*, NJW 1970, 1020.

Grundrechtseingriffe haften muß, auch wenn sie durch (verspätete) Rechtsprechung verursacht werden.

b) Eingriff in eigentumsrechtliche Positionen

Vermag ein Kläger nur deshalb seine Forderung nicht durchzusetzen, weil das Urteil ausbleibt oder verspätet ergeht, liegt darin ein unmittelbarer Eingriff in eine durch Art. 14 GG geschützte Rechtsposition. Die Eigentumsgarantie schützt gegenwärtige und konkrete Rechtspositionen, also auch private Forderungsrechte[61]. Eine schuldrechtliche Forderung (z.B. gegen den Besteller oder Käufer auf Zahlung des Werklohns oder Kaufpreises) stellt ein subjekives, vermögenswertes Recht iSd. Art. 14 GG dar und ist dem Berechtigten von der objektiven Rechtsordnung ebenso ausschließlich zugewiesen, wie das Eigentum an einer Sache[62].

Gelingt es einem kleineren Werkunternehmer nicht, in angemessener Zeit einen höheren Außenstand einzuklagen, kann ein verspätetes Urteil eine Existenzgefährdung nach sich ziehen und somit einen Eingriff in den durch Art. 14 GG geschützten, eingerichteten und ausgeübten Gewerbebetrieb begründen[63].

Ein Eingriff in die Eigentumsgewährleistung kann auch darin bestehen, daß durch die verzögerte richterliche Entscheidung gegen den Anspruch auf ein Verfahren in angemessener Zeit verstoßen wird. Aus Art. 14 Abs. 1 S. 1 GG folgt ein unmittelbarer Anspruch auf wirksamen Rechtsschutz[64], zu dem auch zeitgerechter Rechtsschutz zählt[65].

---

[61] BVerfGE 42, 263/293; 45, 142/179; 68, 222.
[62] BVerfGE 78, 58/71; vgl. *Leibholz/Rinck/Hesselberger*, Art. 14 Rn 121f.
[63] Statt vieler: *Nüßgens/Boujong*, Rn 76ff mwN.
[64] BVerfGE 24, 367/401; 51, 150/156; 53, 30/65; *Nüßgens/Boujong*, Rn 11.
[65] BVerfGE 55, 349/369.

Unterbleibt ein Urteil, weil z.B. der Richter untätig war, kann ein Eingriff nur dann vorliegen, wenn durch dieses Unterlassen dem Kläger etwas genommen und nicht nur vorenthalten wird[66]. Ein Unterlassen hat die Rechtsprechung bei einer rechtswidrig vorenthaltenen Baugenehmigung als Eingriff gewertet[67]. Verliert der Kläger seine Forderung durch Vermögensverfall des Beklagten noch während des Prozesses, der durch eine zu lange Untätigkeit des Richters gekennzeichnet ist, dann ist es gerechtfertigt, das richterliche „qualifizierte Unterlassen" dem positiven Handeln der öffentlichen Gewalt gleichzustellen[68]. Dies ist vor dem Hintergrund hervorzuheben, daß eine Rechtspflicht zur Justizgewährung innerhalb angemessener Zeit besteht. Für diesen Fall ist ein Unterlassen regelmäßig dem positiven Tun gleichzusetzen[69].

c) Motivation des Eingriffs durch das Allgemeinwohl

Wie bei der Enteignung setzt der BGH auch beim enteignungsgleichen Eingriff für eine Entschädigung voraus, daß der Eingriff im Interesse des Allgemeinwohls durchgeführt worden ist[70]. Während bei der Enteignung das Allgemeinwohlerfordernis eine Zulässigkeitsvoraussetzung ist, befindet es sich beim enteignungsgleichen Eingriff im Tatbestand[71]. Da der durch Rechtswidrigkeit gekennzeichnete, enteignungsgleiche Eingriff das Gemeinwohl nicht bezwecken kann[72], stellt der BGH darauf ab, ob die hoheitliche Maßnahme durch das Allgemeinwohl veranlaßt worden ist. Beim enteignungsgleichen Eingriff soll die Allgemeinheit nur für Schäden aufkommen, die durch gemeinwohlmotivierte Eingriffe hervorgerufen werden. Dagegen sollen Schäden, die dem einzelnen bei der Verfolgung seiner individuellen Interessen von

[66]Vgl. z.B. *Nüßgens/Boujong*, Rn 420ff.
[67]BGH NJW 1971, 97; vgl. Maunz/Dürig-*Papier*, Art. 14 Rn 610; RGRK-*Kreft*, Vor § 839 Rn 32 jeweils mwN.
[68]*J. Blomeyer*, NJW 1977, 559f.
[69]*Ossenbühl*, Staatshaftungsrecht, S. 158; *ders.*, Neuere Entwicklungen, S. 22.
[70]Vgl. BGH NJW 1959, 1058; LM Nr. 21 Bb zu Art. 14 GG; BGHZ 32, 208/211; Staudinger-*Schäfer*, Vor § 839 Rn 24 mwN.
[71]Vgl. *Maurer*, § 26 Rn 50; *Battis*, Rn 475.
[72]Vgl. *Forsthoff*, Lehrbuch des Verwaltungsrechts, S. 356.

hoher Hand widerfahren, nicht wiedergutzumachen sein. Danach würde eine Entschädigung für verspätete Urteile im Zivilprozeß ausscheiden. Wie bei der rechtswidrigen Konkurseröffnung[73] oder Zwangsvollstreckung[74] werden diese hoheitlichen Eingriffe durch privatnützige Interessen hervorgerufen. Beim Einsatz staatlicher Machtmittel zugunsten von Individualansprüchen lassen sich bei dieser Sichtweise keine Ansprüche aus enteignungsgleichem Eingriff begründen[75].

Das Festhalten des BGH am haftungsbegrenzenden Tatbestandsmerkmal „Allgemeinwohl" läßt sich mit der ursprünglichen Anlehnung des enteignungsgleichen Eingriffs an die Enteignung im technischen Sinne erklären; dogmatisch läßt sich diese Restriktion aber nicht rechtfertigen[76].

Zunächst wird den privatnützigen Motiven des Bürgers, die staatlichen Rechtspflegeorgane zu beanspruchen, zu Unrecht eine anspruchsvernichtende Wirkung beigemessen. Der Bürger wählt nicht freiwillig den Weg über die staatliche Justiz, sondern ist aufgrund des Justizmonopols des Staates darauf angewiesen. Es würde dem Sinn und Zweck der Staatshaftung widersprechen, dem einzelnen die Belastungen aufzubürden, die nur deshalb entstehen, weil es dem Staat mißlingt, seine Aufgabe und Verpflichtung zu erfüllen, Justiz in angemessener Zeit zu gewähren[77]. Wenn der Staat durch eine verzögerte Rechtspflege seiner Befriedungsfunktion nicht nachkommt, ist es gerechtfertigt, daß die Allgemeinheit (und nicht das zufällige Opfer) durch die Finanzierung der Ersatzleistung die entsprechenden Lasten trägt .

[73]BGHZ 32, 208/211.
[74]BGHZ 32, 240/244; weitere Beispiele: Staudinger-*Schäfer*, Vor § 839 Rn 27; RGRK-*Kreft*, Vor § 839 Rn 35.
[75]BGH VersR 1984, 270, *Engelhardt*, NVwZ 1985, 623; vgl. Staudinger-*Schäfer*, Vor § 839 Rn 27; RGRK-*Kreft*, Vor § 839 Rn 35; Maunz/Dürig-*Papier*, Art. 14 Rn 613; *Nüßgens/Boujong*, Rn 444f.
[76]Vgl. *Goppert*, Der enteignungsgleiche Eingriff, S. 68ff; *Ossenbühl*, Neuere Entwicklungen, S. 22.
[77]Ebenso *Goppert*, S. 75; *J. Blomeyer*, NJW 1977, 560.

Letztlich vermag das Element „Allgemeinwohl“ nur die Funktion eines Schutzes vor Willkür erfüllen, wenn rechtmäßige Eingriffe zu dulden sind. Dieses Korrektiv ist bei rechtswidrigen Eingriffen jedoch obsolet, weil bereits die Rechtswidrigkeit der Grundrechtsverletzung den Bürger von einer Duldungspflicht entbindet[78]. Zudem wird Staatsunrecht durch die Rechtswidrigkeit des Grundrechtseingriffs verwirklicht; der Charakter solcher Eingriffe bleibt gleich, unabhängig davon, ob er durch Erwägungen des Gemeinwohls motiviert war oder nicht.

Nur mit dem Verzicht auf das Tatbestandsmerkmal „zum Wohl der Allgemeinheit“ läßt sich der Zweck der Haftung für unmittelbares Staatsunrecht befriedigend und klar lösen. Die damit einhergehende, verhältnismäßig geringfügige Verschärfung der Staatshaftung erscheint vertretbar und sollte den BGH zur Aufgabe dieser Voraussetzung veranlassen[79].

d) Entschädigung

Während die Rechtsfolge bei § 839 BGB auf den Ersatz aller Vermögenseinbußen gerichtet ist, die sich als adäquate Folge der Amtspflichtverletzung darstellen, orientiert sich die Entschädigung wegen enteignungsgleicher Eingriffe am Verkehrswert der entzogenen Sache und nicht an einer hypothetischen Vermögensentwicklung[80].

Beim Eingriff in Gewerbebetriebe wird die Ertragsfähigkeit als Substanzverlust gedeutet[81], so daß bei vorübergehenden Eingriffen keine Differenz zum Schadensersatz besteht.

Soweit der Betroffene die Möglichkeit hat, den enteignenden Eingriff durch ein Rechtsmittel abzuwehren - etwa durch eine Beschwerde bei zu später

---

[78] Vgl. *Goppert*, S. 70.
[79] Vgl. § 2 Abs. StHG, in dem das Element „zum Wohl der Allgemeinheit“ nicht mehr auftauchte.
[80] BGH NJW 1975, 1966/1967; NJW 1972, 1574/1575.
[81] BGH NJW 1972, 1575; 1977, 1817.

Terminierung - muß er den rechtswidrigen Hoheitsakt angreifen und versuchen, ihn abzuwehren. Anderenfalls ist ein mitwirkendes Verschulden bei der Schadensentstehung in Ansatz zu bringen (§ 254 Abs. 1 BGB)[82]. Bei verzögernden Maßnahmen des Richters kann dem Betroffenen in der Regel zugemutet werden, einen Versuch zur Abwendung eines Verzögerungsschadens im Rahmen der prozeßrechtlichen Möglichkeiten zu unternehmen.

Geht man vom sachgerechten Verzicht auf das Allgemeinwohlerfordernis aus, können mit dem Haftungsinstitut des enteignungsgleichen Eingriffs Verzögerungsschäden sanktioniert werden, die die Staatsgewalt durch ihre Rechtsprechung verursacht. Hier ist die Rechtsprechung gefordert, dem Schutz der Grundrechte des Bürgers Rechnung zu tragen und nicht die Ansprüche wegen rechtswidriger Eingriffe mit ihren Wertvorstellungen zu beschränken.

[82] Vgl. *Ossenbühl*, Staatshaftungsrecht, S. 162; *Nüßgens/Boujong*, Rn 435ff mwN.

§ 17 Nichterhebung von Kosten wegen unrichtiger Sachbehandlung

Während die §§ 95 ZPO und 34 GKG Kostennachteile für die schleppend prozessierende Partei vorsehen, bestimmt die Vorschrift des § 8 Abs. 1 GKG:

Kosten, die bei richtiger Behandlung der Sache nicht entstanden wären, werden nicht erhoben. Das gleiche gilt für Auslagen, die durch eine von Amts wegen veranlaßte Verlegung eines Termins oder Vertagung einer Verhandlung entstanden sind. Für abweisende Bescheide sowie bei Zurücknahme eines Antrags kann von der Erhebung von Kosten abgesehen werden, wenn der Antrag auf unverschuldeter Unkenntnis der tatsächlichen oder rechtlichen Verhältnisse beruht.

Diese Kostenregel eröffnet dem Kostenschuldner ein Kostenansatzverfahren, mit dem er geltend machen kann, daß ein Kostenansatz von vorneherein unberechtigt war[1].

Mit Satz 1 dieser Vorschrift iVm. § 5 GKG könnte der Betroffene erreichen, daß er für verfahrensverzögernde, kostenträchtige richterliche Maßnahmen dann nicht veranlagt wird, wenn eine unrichtige Sachbehandlung vorliegt. Gerichtskosten dürfen in diesem Fall nicht erhoben werden. Die Anordnung der Nichterhebung der Kosten trifft das Gericht der Hauptsache.

Gerichtskosten sind öffentliche Abgaben für die Tätigkeit der Gerichte[2], womit insbesondere in Zivilsachen die Kosten des Gerichtsverfahrens abgedeckt werden sollen. Unter Gerichtskosten fallen in erster Linie Gebühren, die aus Anlaß einer besonderen, individuell zurechenbaren Inanspruchnahme oder Leistung der Gerichte erhoben werden[3]. Zu den Gerichtskosten zählen ebenfalls Auslagen des Gerichts, die nach den jeweiligen gesetzlichen Vorschriften aufgewendet werden, z.B. zur Entschädigung von Zeugen und Sachverständigen.

---

[1] OLG Köln, MDR 1988, 162; VGH München, BayVBl 1982, 415 mwN.

[2] Also eine Justizsteuer, so OLG Koblenz, Rpfleger 1975, 227; *Hartmann*, Kostengesetze, Einl. Anm. II B 1 mwN.

[3] Vgl. BAG GRUR 1982, 557 mwN.

I. Die Interpretation des Begriffs „Unrichtigkeit"

Eine „unrichtige Sachbehandlung" läßt sich nicht aus der abweichenden Beurteilung einer Rechtsfrage herleiten[4], sofern sie nicht völlig unhaltbar ist[5]. Unbestritten ist auch, daß eine Niederschlagung der Gerichtskosten weder aufgrund einer Ermessensentscheidung[6]. noch aufgrund unzweckmäßigen Handelns des Gerichts erreicht werden kann[7]. Unter „unrichtiger Sachbehandlung" läßt sich grundsätzlich nicht jeder objektive Verfahrensfehler subsumieren, sondern nach überwiegender Auffassung nur eindeutige und offensichtliche Verstöße gegen Prozeßrecht und materielles Recht[8].

Diese restriktive Auslegung der Voraussetzungen des Kostenverzichts bietet besonderen Anlaß zur Kritik, weil die Rechtsprechung auch hier den Versuch unternimmt, sich möglichst weitgehend von einer Sanktion - hier der des § 8 GKG - freizustellen. Dieses Unterfangen im Bereich der Gerichtskosten ist nicht akzeptabel, zumal nicht der Richter, sondern die Staatskasse die Folgen des Kostenverzichts zu tragen hat. Hervorzuheben ist in diesem Zusammenhang, daß sich § 8 GKG lediglich auf die Gebühren und Auslagen des Gerichts bezieht, so daß aus der Gesetzesverletzung entstandene mittelbare Folgen (z.B. Verzugsschäden) nicht mit § 8 GKG geltend gemacht werden können[9].

Die Tendenz der Rechtsprechung, schon in diesem Bereich ein Eingeständnis einer unrichtigen Sachbehandlung tunlichst zu vermeiden, ist im Hinblick darauf zu beargwöhnen, daß die Verantwortlichkeit für Verfahrensfehler auf den Staatsbürger verlagert werden kann[10]. Denn dadurch, daß die Rechtspre-

---

[4] BGHZ 93, 213.
[5] OLG Schleswig, SchlHA 1975, 167.
[6] Vgl. *Schneider*, JurBüro 1975, 872.
[7] *Hartmann*, § 8 GKG Anm. 2 B b, 2 B bbb; *Markl*, § 8 Rn 4 mwN.
[8] BGH NJW 1962, 2107; BayObLGZ 64, 78, 80, 81, 165; *Hartmann*, § 8 GKG Anm. 2 B b; *Markl*, § 8 Rn 3; Korintenberg-*Bengel*, § 16 Rn 2; jeweils mwN.
[9] OLG Düsseldorf, VersR 1984, 1154.
[10] Vgl. *Baur*, FS Schwab, S. 58; *Schneider*, AnwBl 1988, 601ff.

chung sich eine Unrichtigkeit nur in Fallgruppen bescheinigt, in denen ganz augenfällige Gesetzes- und Verfahrensverstöße vorliegen, trägt die Partei die Kosten für die sonstigen Fehler des Gerichts.

Dem Haftungsverständnis der Dritten Gewalt ist vorzuwerfen, daß „unrichtige Sachbehandlungen", je nachdem, wer sie verursacht, völlig unterschiedlich beurteilt werden[11]. Die Gerichte stellen auf der einen Seite hohe Anforderungen an die Sorgfaltspflichten der Parteien und insbesondere an die der Anwälte. Der Anwalt haftet nach § 85 Abs. 2 ZPO bei Fehlern der Partei gegenüber schon dann, wenn er nicht die übliche, von einem ordentlichen Rechtsanwalt zu fordernde Sorgfalt walten läßt (objektive Fahrlässigkeit)[12].

Dagegen sind die Gerichte bei dem Anspruch an die eigene Sorgfalt erheblich großzügiger. Die Kostenverzichtsregel wird schon dann nicht mehr angewendet, wenn die Sachbehandlung auf einer unrichtigen Rechtsauffassung beruht, selbst wenn die Bedeutung eines Grundgedankens des Prozeßrechts verkannt worden ist[13].

Die Gleichsetzung von unrichtiger Sachbehandlung mit offensichtlichem Gesetzesverstoß führt dazu, daß die Partei sogar für objektive Amtspflichtverletzungen zahlen muß, sofern sie nicht offen zutage treten.

Die erhebliche Verkleinerung des Anwendungsbereichs von § 8 Abs. 1 S. 1 GKG auf grobe Rechtsfehler findet im Wortlaut dieser Vorschrift keine hinreichende Stütze. Der Gesetzgeber hat dort, wo er das Tatbestandsmerkmal eines evidenten Fehlers aufstellen wollte, dies auch zum Ausdruck gebracht. So ermöglicht § 319 Abs. 1 ZPO auch die Berichtigung eines Urteils lediglich bei einer „offenbaren Unrichtigkeit".

Schließlich gibt auch der Sinn und Zweck von § 8 GKG Anlaß, am Haftungsverständnis der Rechtsprechung Kritik zu üben. Das Kostenansatzverfah-

---

[11] Vgl. *Schneider*, AnwBl 1988, 259ff; 601ff.

[12] BGH NJW 1985, 496; 1711; *Thomas/Putzo*, § 233 Anm. 4 b; *Baumbach/Lauterbach*, § 233 Anm. 3 A; anders aber *ders.* in § 85 Anm. 3 A b: „größtmögliche Sorgfalt"; Zöller-*Vollkommer*, § 85 Rn 12 mwN.

[13] KostRspr. GKG § 7 Nr. 27 mit Anm. *Lappe* = OLG Stuttgart, JVBl 1968, 284.

ren des § 8 GKG ist nicht darauf ausgerichtet, eine neuerliche Überprüfung der sachlichen Richtigkeit zu ermöglichen[14]. Die Kostenverzichtsregel kommt folglich erst dann zur Anwendung, wenn ein Gesetzesverstoß mindestens objektiv vorliegt. Die Aufgabe, die Rechtmäßigkeit der (kostenträchtigen) richterlichen Maßnahme zu überprüfen, obliegt den Rechtsmittelinstanzen. Damit ist die im Rahmen eines pflichtgemäßen Ermessens zu treffende Feststellung einer unrichtigen Sachbehandlung nicht völlig frei von subjektiven Erwägungen. Dieser subjektive Einschlag zwingt jedoch nicht dazu, daß erst bei groben Rechtsverstößen § 8 GKG anwendbar wird. Vielmehr kann nach dieser Vorschrift schon eine schlichte unrichtige Behandlung der Rechtssache die Voraussetzungen für den Kostenverzicht erfüllen[15].

Letztlich darf nicht unberücksichtigt bleiben, daß in § 8 GKG die allgemeine Billigkeitserwägung Niederschlag gefunden hat, daß Kosten dann nicht zu erheben sind, wenn die Verursachung von Kosten auf einem Fehler des Gerichts beruht. Es entspricht deshalb einer sachgerechten Auslegung der Kostenverzichtsregel, Gerichtskosten dann niederzuschlagen, wenn der Gesetzesverstoß ein Maß erreicht hat, daß eine Belastung der Partei unbillig erscheint. Dies wäre im jeweiligen Einzelfall zu entscheiden.

Demgemäß wäre es wünschenswert, daß die Rechtsprechung sich bei der Niederschlagung von Gerichtskosten weniger „engherzig“ zeigen würde, so daß nicht der Eindruck entsteht, die Richter der Kostensenate müßten als „Zweitschuldner“ für die Verluste der Staatskasse einstehen[16].

---

[14]BGHZ 98, 320; LM § 7 GKG alter Fassung Nr. 2, VersR 1984, 78; BFH BB 1973, 755; BayObLG, JurBüro 1980, 1556; *Hartmann*, § 8 GKG Anm. 2 B b aa mwN; *Markl*, § 8 Rn 4 mwN.

[15]Korintenberg-*Bengel*[8], § 16, 2; *Schneider*, JurBüro 1975, 871; a.A. Korintenberg-*Bengel*[12], § 16 Rn 1; *Hartmann*, § 8 GKG Anm. 2 B b aa; *Markl*, § 8 Rn 3, jew. mwN.

[16]*Schneider*, JurBüro 1975, 874ff.

II. Die Relevanz des § 8 Abs. 1 S. 1 GKG für angemessene Verfahrensdauer

Mit dieser Vorschrift kann sich der Kostenschuldner gegen verfahrensverzögernde - kostenträchtige - richterliche Gesetzesverstöße insoweit wehren, als er zumindest nicht für die entsprechenden Mehrkosten herangezogen werden kann.

Die Auswirkungen der Interpretation der unrichtigen Sachbehandlung kommen dann zum Tragen, wenn Verfahrensverzögerungen indirekt dadurch sanktioniert werden, indem die Kosten einer verzögernden und fehlerhaften richterlichen Maßnahme nicht erhoben werden.

Zunächst verursacht z.B. eine Einholung eines unverhältnismäßig teuren Sachverständigengutachtens neben den Gerichtskosten auch einen Zeitverlust; mittelbar wird durch die Nichterhebung der entsprechenden Kosten auch die Verzögerung sanktioniert. Gleiches gilt, wenn durch eine Verzögerung des Verfahrens höhere Gerichtskosten verursacht werden, z.B. eine durch die Verzögerung erforderlich gewordene, besonders kostenträchtige Beweiserhebung; in solchen Fällen kann die ungerechtfertige Verfahrensverzögerung selbst den Tatbestand einer unrichtigen Sachbehandlung erfüllen[17].

Dagegen ist eine richterliche Maßnahme, die gesetzeswidrig und damit unrichtig erscheinen kann, weil sie gegen vorgeschriebene Fristen verstößt oder unangemessen spät erfolgt, kein Grund, von der Erhebung der Kosten abzusehen; denn bei einer richtigen Sachbehandlung hätte die notwendige Maßnahme trotzdem Gebühren oder Auslagen verursacht. Diese Kontrollüberlegung läßt nicht die Unrichtigkeit der Sachbehandlung entfallen, sondern nur deren Ursächlichkeit für die Gerichtskosten. Der Gebührentatbestand wird unabhängig davon erfüllt, ob z.B. ein Urteil verspätet abgesetzt wird oder eine mündliche Verhandlung unangemessen spät durchgeführt wird.

---

[17]Vgl. *Markl*, § 8 Rn 4 aE.

III. § 8 Abs. 1 S. 3 GKG und Verfahrensverzögerungen

Nun gibt es aber Fälle, in denen das gesamte Verfahren wertlos wird, wenn beispielsweise ein befristeter Unterlassungsanspruch eingeklagt wird und diese Frist noch vor Erlaß des letztinstanzlichen Urteils abläuft[18]; oder es wird ein Beweissicherungsantrag so spät entschieden, daß eine Beweissicherung nicht mehr möglich ist[19].

Um einen Kostenverzicht auszulösen, ist es erforderlich, daß die Partei dem Gericht anzeigt, daß sie auf ein weiteres Tätigwerden des Gerichts verzichtet.

Hier könnte § 8 Abs. 1 S. 3 GKG zur Anwendung kommen, wonach die Erhebung von Kosten unterbleibt, wenn es zu einer Rücknahme des Antrags kommt, der auf unverschuldeter Unkenntnis von Umständen beruht und bei Kenntnis derselben nicht gestellt worden wäre. Über den Gesetzeswortlaut hinaus kann diese Vorschrift auch angewendet werden, wenn der Antragsteller sein Gesuch nicht zurücknimmt, sondern es wegen einer verzögerlichen Behandlung für erledigt erklärt; der Antragsteller verzichtet sowohl bei der Rücknahme als auch bei der Erledigterklärung auf ein weiteres Tätigwerden durch das Gericht; offen bleibt nur die Kostenfrage[20]. Die nach Satz 3 des § 8 GKG erforderliche unverschuldete Unkenntnis der tatsächlichen Verhältnisse läßt sich problemlos bejahen, weil der Antragsteller bei erkennbarer Eilbedürftigkeit seines Gesuchs von einer ordnungsgemäßen fristgerechten Entscheidung über seinen Antrag ausgehen darf.

Über § 8 Abs. 1 S. 3 GKG kann der Kostenschuldner somit erreichen, daß die entsprechenden Kosten niedergeschlagen werden, wenn er mit einem rechtzeitigen Antrag ein erkennbar fristgebundenes Ziel verfolgt, dieses Ziel aber verfehlt, weil das Gericht den Antrag nicht rechtzeitig beschieden hat[21].

---

[18] Vgl. z. B. BGH JZ 1965, 540 mit Anm. *Baur*.
[19] LG Frankfurt, MDR 1985, 153.
[20] LG Frankfurt, MDR 1985, 153.
[21] Vgl. *Schneider*, AnwBl 1987, 563f.

§ 18 Eilverfahren in der Fachgerichtsbarkeit

Angesichts der Bedeutung der Zeit für den Bestand von Rechtsschutzpositionen kennt jede Prozeßordnung das Institut des vorläufigen Rechtsschutzes. Schon diese Tatsache zeigt den Zusammenhang zwischen Prozeßdauer und Eilverfahren; je länger das Hauptsacheverfahren dauert, desto wichtiger wird dabei auch der einstweilige Rechtsschutz[1].

In der VwGO ermöglicht die kraft Gesetzes bestehende aufschiebende Wirkung von Rechtsbehelfen gegen Verwaltungsakte vorläufigen Rechtsschutz; darüber hinaus kann ihre Anordnung, Wiederherstellung oder Aufhebung der Vollziehung gerichtlich verfügt werden (§§ 80, 80 a VwGO); zudem kann mit der einstweiligen Anordnung die Sicherung gefährdeter Rechte vorläufig geregelt werden, wenn Rechtsverletzungen nicht durch einen Verwaltungsakt, sondern durch sonstiges behördliches Handeln oder Unterlassen drohen oder entstehen (§ 123 VwGO). Neben der Aussetzung der Vollziehung eines Steuerbescheides durch die Finanzbehörde kennt auch die FGO ein einstweiliges Anordungsverfahren (§ 114 FGO). In der Sozialgerichtsbarkeit wird zur Vermeidung schwerer, unzumutbarer Nachteile § 123 VwGO analog herangezogen; eine generelle aufschiebende Wirkung von Widerspruch und Anfechtungsklage existiert im SGG nicht. In der Zivilgerichtsbarkeit ist ein vorläufiges Rechtsschutzverfahren nach den §§ 916ff, 935ff ZPO vorgesehen. Im übrigen gibt es bei zivilgerichtlichen und strafgerichtlichen Sonderverfahren ebenfalls Möglichkeiten, den Vollzug von Maßnahmen auszusetzen oder einstweilige Anordnungen zu erlassen[2].

---

[1] *Grunsky*, JuS 1976, 277.

[2] Z. B. § 223 BRAO; §§ 157ff BauGB; §§ 63, 56 GWB; §§ 23ff EGGVG; vgl. *Finkelnburg/Jank*, Rn 42f mwN.

I. Aufgabe der Eilverfahren

Die Notwendigkeit und Bedeutung des vorläufigen Rechtsschutzes läßt sich am Beispiel der verwaltungsgerichtlichen Eilverfahren besonders gut veranschaulichen. Im Bereich des öffentlichen Rechts verfügt der Staat über besondere Durchsetzungs- und Gestaltungsmittel, mit denen er einseitig gegen den Bürger vorgehen, in seine Freiheit und sein Eigentum eingreifen kann, ohne dessen entgegenstehenden Willen beachten zu müssen. Diese Ausgangslage bringt im Unterschied zu anderen Bereichen der Justizgewährung, namentlich zu dem des Zivilrechtsschutzes, die erhöhte Gefahr mit sich, daß im Verlauf eines Hauptsacheverfahrens vollendete Tatsachen oder sonstige irreparable Schäden eintreten[3].

1. Sicherungsfunktion

Der Eintritt nicht wiedergutzumachender Schäden, verursacht durch die Dauer des Hauptsacheverfahrens, steht im Widerspruch zu dem im öffentlichen Recht aus Art. 19 Abs. 4 GG abgeleiteten Gebot wirksamen und damit zeitgerechten Rechtsschutzes. Deshalb hat der Gesetzgeber mit den Eilverfahren einen Behelf geschaffen, mit dem der Bürger der Gefahr von irreparablen Schäden entgegenwirken kann. Damit kommt der Gesetzgeber der verfassungsrechtlichen Forderung nach Gewährleistung wirksamen und zeitgerechten Rechtsschutzes nach. Anhand des summarischen Verfahrens soll dabei nicht etwa das subjektive Recht schnell durchgesetzt, sondern allein dessen Durchsetzbarkeit aufrechterhalten werden.

2. Vorläufige Befriedigung materieller subjekiver Rechte

Der vorläufige Rechtsschutz versucht, nachhaltige Schäden durch entsprechende Zwischenlösungen zu verhindern, und bezweckt damit mehr als ein formales Prinzip zur Effektivitätssteigerung des Gerichtsschutzes. Wird näm-

---

[3] Vgl. Maunz/Dürig-*Schmidt-Aßmann*, Art. 19 Abs. 4 Rn 273; *Finkelnburg/Jank*, Rn 6.

lich die Entscheidungsfähigkeit des Streitgegenstandes offengehalten, indem durch einen „Waffenstillstand"[4] der prozessuale status quo „eingefroren" wird, werden auch materielle subjektive Rechte gesichert.

Die Funktion des Eilverfahrens zur Sicherung materieller Rechte ist in den Fällen offensichtlich, in denen der Hauptsacherechtsschutz zu spät zu kommen droht. Bei Hochschulzulassungen, Versammlungen bzw. Demonstrationen an einem bestimmten Tag, Wahlspots im Rundfunk oder Überlassung einer Stadthalle für eine Parteikundgebung zeigt sich die Abhängigkeit von Rechtspositionen vom zeitlichen Moment des Rechtsschutzes.

Grundsätzlich darf das Eilverfahren die Rechtslage nur „vorläufig" regeln, da die durch die Eilentscheidung getroffene Rechtsfolgeanordnung durch das Hauptsacheurteil reversibel sein muß[5]. Daneben zeigen aber die eben genannten Beispiele, daß Rechtspositionen zeitlich so fixiert sein können, daß mit der Entscheidung über vorläufigen Rechtsschutz gleichzeitig auch die Rechtspositionen durchgesetzt werden müssen, da sie nur so vor einer Entwertung bewahrt werden können. Wird über solche Gegenstände nicht rechtzeitig entschieden, verliert die Streitigkeit ihren Sinn, so daß dann allein das Eilverfahren den materiellen subjektiven Rechten eine reale Geltung verschaffen kann, in dem der Streitgegenstand bis zur rechtskräftigen Hauptsacheentscheidung „endgültig" geregelt wird. Im Interesse des materiellen Rechts und des verfassungsrechtlichen Gebots wirksamen Rechtsschutzes muß eine solche Regelung als zulässig erachtet werden, wenn der Hauptsacherechtsschutz zu spät kommen würde.

Erst durch diese zweite Funktion des vorläufigen Rechtsschutzes wird der Gedanke, der hinter beiden Funktionen steht, offenkundig, nämlich die Verteilung des Fehlentscheidungsrisikos. Im vorläufigen Rechtsschutzverfahren ist

---

[4] *Trzaskalik*, JZ 1983, 422.

[5] BFHE 135, 23/25; 140, 163/165; *Leiphold*, Grundlagen des einstweiligen Rechtsschutzes, S. 213f; *Schoch*, Vorläufiger Rechtsschutz, S. 1408, mwN. in Fn 220.

die Frage zu beantworten, welchem Beteiligten nach welchen Kriterien mit welcher Legitimation die ungerechtfertigte Vereitelung seines Rechts zugemutet werden kann[6].

Wenn auch im Eilverfahren eine „vorläufige“ Befriedigung materieller Rechtspositionen erlangt werden kann, ist es nicht verwunderlich, daß sich der vorläufige Rechtsschutz zu einer dem Hauptsacheverfahren nahezu gleichwertigen Verfahrensart entwickelt hat. Erst wenn die Dauer der verwaltungsgerichtlichen Hauptsacheverfahren auf eine angemessene Zeit iSd. Art. 19 Abs. 4 GG reduziert ist, ist ein Ende dieser Entwicklung abzusehen[7].

II. Durchsetzung des Anspruchs auf wirksamen Rechtsschutz

Für den Anspruch auf wirksamen und zeitgerechten Rechtsschutz ist es nicht entscheidend, mit welcher Technik Rechtsschutz erreicht wird, sondern nur, daß er erreicht wird[8]. Welche Voraussetzungen für die einstweiligen bzw. vorläufigen Rechtsschutzmaßnahmen erforderlich sind, kann in dieser Arbeit nicht erörtert werden. Entscheidend ist hier, daß zumindest im öffentlichen Recht, namentlich für den Anwendungsbereich des § 80 VwGO, das Problem überlanger Verfahrensdauer entschärft wird, in dem - nach einer Abwägung zwischen dem Vollzugsinteresse der Verwaltung und dem Aussetzungsinteresse des Antragsstellers - das Gericht die entsprechende Maßnahme ergreift. Auch im zivilprozessualen Verfahren geht es in erster Linie um eine Aufrechterhaltung der Durchsetzbarkeit der Rechtspositon durch Sicherungsmaßnahmen. Im Einzelfall können aber auch hier Rechtspositionen besonders zeitabhängig sein, wie bei Unterhaltsforderungen oder zeitlich fixierten Unterlassungsansprüchen (z.B. Wettbewerbsverboten).

---

[6] *Schoch*, S. 1406; zum zivilprozessualen vorläufigen Rechtsschutz ebenso bereits *Grunsky*, JuS 1976, 280, 282, 284; ders. JuS 1977, 219f.

[7] *Finkelnburg/Jank*, Vorwort.

[8] Vgl. für Art. 19 Abs. 4 GG: BVerfGE 51, 268/285.

Anders als bei § 80 Abs. 5 VwGO birgt das zivilprozessuale Eilverfahren folgendes Risiko: Der Antragsteller muß die Gefahr tragen, daß sich die im berechtigten Streben nach schneller Rechtsklarheit erlangte Entscheidung in der Hauptsache sich als „unrichtig“ herausstellt, weil mit § 945 ZPO über dem zivilprozessualen Eilverfahren das Damoklesschwert verschuldensunabhängiger Haftung schwebt[9]. Erweist sich die Anordnung einer einstweiligen Verfügung oder eines Arrestes von Anfang an als ungerechtfertigt, haftet der Gläubiger für alle adäquat kausal verursachten unmittelbaren und mittelbaren Schäden, auch wenn er davon ausgehen durfte, daß er in der Hauptsache im Recht ist und daß Gefahr für die Verwirklichung seines Rechts bestand[10].

Damit kann der Gläubiger sich auch über den durch die einstweilige Maßnahme erlangten Vorteil hinaus ausgleichspflichtig machen. Darin kommt der allgemeine Rechtsgedanke zum Tragen, daß die Vollstreckung aus einem noch nicht endgültigen Vollstreckungstitel auf Gefahr des Gläubigers geht[11]. Somit geht mit dem Eilverfahren im Zivilprozeßrecht ein erhebliches Risiko einher, durch das der einstweilige Rechtsschutz für den Anspruch auf ein Verfahren innerhalb angemessener Zeit nachhaltig entwertet wird[12].

---

[9] Vgl. auch § 123 Abs. 3 VwGO, der § 945 ZPO für die verwaltungsgerichtliche einstweilige Anordnung für entsprechend anwendbar erklärt.

[10] Sogenannter „Vollziehungsschaden“; einhellige Auffassung, z.B. *Thomas/Putzo*, § 945 Anm. 1 d; Zöller-*Vollkommer* § 945 Rn 13f.

[11] BGHZ 62, 7; Zöller-*Vollkommer*, § 945 Rn 3 mwN.

[12] *Grunsky*, JuS 1976, 285.

§ 19 Die Verfassungsbeschwerde

Nach Art. 93 Abs. 1 Nr. 4a GG in Verbindung mit § 90 BVerfGG kann jedermann das BVerfG mit der Behauptung anrufen, die öffentliche Gewalt habe den Beschwerdeführer in einem seiner Grundrechte oder einem grundrechtsähnlichen Recht verletzt. Mit der Verfassungsbeschwerde (VB) kann der Bürger gegen Eingriffe der öffentlichen Gewalt, also auch gegen Rechtsprechungsakte vorgehen. Dem BVerfG kommt dabei als Hüter der Verfassung die Funktion zu, die durch Art. 1 Abs. 3 GG verstärkte Grundrechtsbindung der Rechtsprechung als besonders sachkundiges Gericht zu kontrollieren[1]. Zwar obliegt es primär den Fachgerichten, Grundrechte zu wahren und durchzusetzen[2], aber die abschließende und endgültige Entscheidung, über Grundrechtsverletzungen zu befinden, gebührt (nach der Erschöpfung des Rechtsweges) dem BVerfG.

I. Gegenstand der VB bei überlanger Verfahrensdauer

Die VB kann zum einen gegen Endentscheidungen der Fachgerichte als Akte öffentlicher Gewalt erhoben werden, wenn in ihrem verspäteten Erlaß eine Grundrechtsbeeinträchtigung liegt. In diesem Stadium kann die Grundrechtsverletzung zwar nur noch festgestellt werden; die Feststellung einer Grundrechtsverletzung hat aber Auswirkungen auf einen folgenden Staatshaftungsprozeß. Im übrigen können auch Zwischenentscheidungen Gegenstand der VB sein, wenn sie eine selbständige Grundrechtsverletzung enthalten (z.B. die Aussetzung des Verfahrens nach § 148 ZPO)[3].

Überlange Verfahrensdauer wird jedoch in der Regel nicht durch richterliches Handeln verursacht, sondern durch richterliche Untätigkeit. Auch gegen

---

[1] Vgl. *Stern*, Staatsrecht III/1, S. 1489. Gegen bay. Gerichtsentscheidungen kann der BayVerfGH nach Art. 120 BV, Art. 2 Nr. 6 BayVerfGHG angerufen werden.
[2] Vgl. BVerfGE 49, 252/258.
[3] Vgl. BayVerfGHE 36, 40/41.

das Unterlassen einer richterlichen Entscheidung kann die VB gerichtet werden, weil hierdurch Grundrechte des Betroffenen verletzt werden können[4]. So kann in einer stillschweigenden willkürlichen Aussetzung eines Verfahrens grundsätzlich ein mit der VB anfechtbares Unterlassen liegen[5]. Die Justizverweigerung stellt daneben einen typischen Fall einer Grundrechtsverletzung durch Unterlassung dar[6].

II. Das Willkürverbot und der Anspruch auf angemessene Verfahrensdauer

In den Prozeßordnungen kommt der verfassungsrechtliche Anspruch auf angemessene Verfahrensdauer an mehreren Stellen zum Ausdruck. Während im öffentlichen Recht der Amtsermittlungsgrundsatz dem Rechtsschutzsuchenden beispielsweise keinen Terminierungsanspruch einräumt, ist im Zivilprozeß eine richterliche Pflicht vorgegeben, einen Termin alsbald festzusetzen. Da davon auszugehen ist, daß der Anspruch auf angemessene Verfahrensdauer mindestens das gewährleistet, was die entsprechenden Vorschriften der Prozeßordnungen verlangen, stellt eine Verletzung derartiger Normen zugleich einen Verstoß gegen den verfassungsrechtlichen Anspruch auf angemessene Verfahrensdauer dar.

Aus den prozessualen Vorschriften kann freilich keine zeitliche Grenze hergeleitet werden, ab welcher Schwelle ein wirksamer Rechtsschutz nicht mehr gegeben ist. Eingetretene Verzögerungen, z.B. weil über einen längeren Zeitraum hinweg keine Terminierung erfolgt ist, werden zu dem verfassungsrechtlichen Gebot auf wirksamen Rechtsschutz in Beziehung gesetzt. Ein Verstoß gegen dieses Gebot wird dann angenommen, wenn die Verzögerung praktisch

---

[4] BVerfGE 10, 302/306, *Benda/Klein*, Verfassungsprozeßrecht, Rn 447; *Gusy*, Verfassungsbeschwerde, Rn 42.

[5] *Leibholz/Rupprecht*, BVerfGG, § 90 Rn 54; a.A. *Scheffler*, S. 102: Ein nicht mit der Beschwerde angreifbare, richterliche Tätig- oder Untätigkeit sei erst recht nicht mit der VB rügbar; die Rechtsprechung ermöglicht jedoch bei erheblichen Verzögerungen die Beschwerde und nimmt dabei die Durchbrechung des formalisierten Rechtsmittelsystems in Kauf.

[6] *Joachim*, DRiZ 1965, 186.

einer Rechtsschutzverweigerung gleichkommt. Ist dies der Fall, wird z.B. mit der Nichtterminierung gegen das Postulat wirksamen Rechtsschutzes verstoßen. Dem BVerfG gelingt es nicht, aus dem Gebot selbst eine verfassungsrechtliche Grenze für Verfahrensverzögerungen herzuleiten, was aber angesichts der Unbestimmtheit des Gebots auch nicht verwunderlich ist.

Das BVerfG behilft sich mit dem Willkürverbot, so daß eine Verfahrensverzögerung schon dann nicht mehr als verfassungswidrig eingestuft wird, wenn das Gericht keine sachfremden Erwägungen für seine lange Untätigkeit angestellt hat[7]. Zeichnet das Gericht seine hohe Geschäftslast für die Verfahrensverzögerungen verantwortlich, und war es dem Gericht nicht möglich, die Sache vorzuziehen, wird darin kein Verstoß gegen den Gleichheitssatz gesehen[8]. Der allgemein bekannte Umstand, daß zwischen Eingang und Terminierung einer Sache vielfach über ein Jahr vergeht, wird als noch zumutbar bewertet[9]. Bei öffentlich-rechtlichen Streitigkeiten wird für „besonders kritische Fälle“ auf die Möglichkeit vorläufigen Rechtsschutzes verwiesen[10].

Die Rechtsprechung bemißt also Verfahrensverzögerungen letztlich mit dem Auffangtatbestand des Art. 3 GG. Mit dieser Methode wird der Stellenwert des Gebots wirksamen Rechtsschutzes und dessen zeitliche Komponente regelrecht übergangen. Mit der Rechtsprechung kann praktisch jede Verfahrensverzögerung als noch angemessen beurteilt werden. Es sind praktisch keine Fälle vorstellbar, in dem ein Gericht „willkürlich“ ein Verfahren hinauszögert[11], zumal hinzukommen muß, daß diese fehlerhafte Rechtsanwendung bei verständiger Würdigung der das GG beherrschenden Gedanken nicht mehr verständlich ist[12]. Zwar ist anzuerkennen, daß aus dem Anspruch wirksamen

---

[7] BVerfGE 55, 349/369 (Hess); vgl. auch BayVGH BayVBl 1978, 213.
[8] Vgl. auch *Leibholz/Rupprecht*, BVerfGG, § 90 Rn 54.
[9] Vgl. BayVGH BayVBl 1978, 212f.
[10] BVerfGE 55, 349/369; BayVGH BayVbl 1978, 212f.
[11] Vgl. *Kühl*, ZStW 100 (1988), S. 127.
[12] BVerfGE 62, 189/192 mwN; 67, 90/94; 70, 93/97; 75, 329/347; *Leibholz/Rinck/Hesselberger*, Art. 3 Rn 198 mwN.

Rechtsschutzes nicht einfach zeitliche Grenzen für Verfahrensverzögerungen abgeleitet werden können. Aber im Gegensatz zum Gleichheitssatz ist jenes Gebot eher geeignet, Anhaltspunkte für die Bestimmung zeitlicher Grenzen zu erschließen, weil dort die Komponenten der Gerichtsschutzgarantie zu verorten sind[13]. Wenn dagegen das BVerfG „Angemessenheit“ mit dem Willkürverbot überprüft, läuft der Anspruch auf ein Verfahren innerhalb angemessener Zeit praktisch leer. Dabei bietet der Maßstab des Willkürverbots Anlaß zu besonderer Kritik, weil die Warte des Rechtsschutzsuchenden völlig verdrängt wird; der Anspruch auf wirksamen Rechtsschutz wird damit auf ein objektivrechtliches Postulat reduziert. Aber gerade der Standpunkt des Rechtsschutzsuchenden muß bei der Bewertung von Verfahrensverzögerung den Ausschlag geben. Darüber hinaus ist es nicht hinnehmbar, daß eine Grundrechtsverletzung dadurch tolerabel wird, weil das Gericht zu sehr belastet ist. Die Geschäftslage kann nicht als Legitimation angeführt werden, dem Bürger eine Grundrechtsbeeinträchtigung zuzumuten. Grundrechtsschutz steht nicht unter dem Vorbehalt, daß die zum Schutz berufenen Organe auch tatächlich in der Lage sind, diesen Schutz zu gewähren. Die Frage der Ausstattung der Gerichte kann also nicht den Tatbestand einer Grundrechtsverletzung ausschließen.

III. Entscheidungsmöglichkeiten des BVerfG bei Begründetheit

Kommt das BVerfG zum Ergebnis, daß durch das richterliche Unterlassen oder das zu späte Urteil Grundrechte oder grundrechtsgleiche Rechte verletzt worden sind, stellt es eine entsprechende Verletzung der Vorschriften des GG fest (§ 95 BVerfGG).

Richtete sich die VB gegen ein Urteil, so schreibt § 95 Abs. 2 S. 1 1. Alt. BVerfGG vor, daß das BVerfG die angegriffene Entscheidung aufzuheben hat. Die Aufhebung der angefochtenen Entscheidung ist hier jedoch sinnlos, da sich der Beschwerdeführer gerade nicht gegen den Inhalt des Urteils wendet,

[13] Ähnlich *Hummer*, Justizgewährung, S. 175ff (für das Verhältnis Art. 3 zu Art 103 GG).

sondern nur gegen den zu späten Erlaß. In solchen Fällen kann § 95 Abs. 2 S. 1 BVerfGG nicht zur Anwendung kommen, so daß sich das BVerfG mit der Feststellung der Grundrechtsverletzung begnügt[14]. Die Entscheidung des BVerfG ist für alle Gerichte verbindlich (§ 31 Abs. 1 BVerfGG), so daß in einem Staatshaftungsprozeß die Grundrechtsverletzung nicht mehr in Frage gestellt werden kann[15].

Wendet sich der Beschwerdeführer gegen richterliches Unterlassen, kann § 95 Abs. 2 1. Alt. BVerfGG schon deshalb nicht eingreifen, weil keine aufhebbare Entscheidung vorliegt. Der Beschwerdeführer erstrebt ein Tätigwerden des Gerichts, eine Entscheidung innerhalb angemessener Zeit. Kommt das BVerfG zur Feststellung einer Grundrechtsverletzung, so ist es eine Frage der sachgerechten Vollstreckung, dem Rechtsschutzsuchenden zu seinem Anspruch auf angemessene Verfahrensdauer zu verhelfen. Hier kommt eine analoge Anwendung von § 95 Abs. 2 2. Alt. BVerfGG in Betracht, wonach das BVerfG die Sache an ein zuständiges Gericht zurückverweisen kann.

Bei entsprechender Anwendung dieser Vorschrift auf die richterliche Justizverzögerung kann die noch nicht entschiedene Rechtssache an ein Gericht verwiesen werden, das sachlich zuständig ist und eine schnelle Entscheidung gewährleistet. Dies muß nicht die gleiche Kammer sein, der die Grundrechtsverletzung unterlaufen ist. Bedenken gegen diese entsprechende Anwendung lassen sich mit Hinweis auf § 35 BVerfGG entkräften, wonach dem BVerfG ohnehin die Möglichkeit eingeräumt wird, das Vollstrekkungsverfahren selbst und damit auch untypisch zu gestalten, so daß es erst recht nicht gesetzeswidrig sein kann, wenn analog schon geregelter Möglichkeiten verfahren wird[16].

---

[14]BVerfGE 16, 119/124; *Leibholz/Rupprecht*, BVerfGG, § 95 Rn 3.

[15]*Maunz* hat in Maunz/Dürig, Art. 93 Rn 77 eine analoge Anwendung von Wiedergutmachungsvorschriften vorgeschlagen (z.B. Gesetz betr. die Entschädigung der im Wiederaufnahmeverfahren freigesprochenen Personen).

[16]*H. H. Klein*, JZ 1963, 592; *Hummer*, Justizgewährung, S. 182.

Insgesamt ist die VB ein mitunter schwerfälliges und aufwendiges Instrument, das insbesondere bei noch drohenden Grundrechtsverletzungen durch richterliches Unterlassen nicht schnell genug eine entsprechende Abhilfe veranlassen kann[17].

Es ist mißlich, daß das BVerfG bisher keine verfassungsrechtlichen Grenzen von Verfahrensverzögerungen festgelegt hat. Dies wäre im Interesse der zukünftigen Vermeidung überlanger Verfahrensdauer wünschenswert, weil die Entscheidungen des BVerfG eine über den Einzelfall hinausgehende Bindungswirkung für die Auslegung des GG schlechthin entfalten. Dagegen findet sich in einigen Nichtannahmebeschlüssen der Hinweis an das zuständige Gericht, die Grenze angemessener Verfahrensdauer sei nahezu erreicht[18]. Durch eine solche Entscheidung des Vorprüfungsausschusses kann dem Rechtsschutzsuchenden, sofern dieses Verfahren selbst nicht zu lange dauert[19], schon geholfen sein, wenn das zuständige Gericht dann entsprechend zügig tätig wird[20].

IV. Die einstweilige Anordnung nach § 32 BVerfGG

Um dem Eintritt erheblicher Grundrechtseinbußen zu vermeiden, kann das BVerfG durch den Erlaß einer einstweiligen Anordnung (eA) einen Zustand vorläufig regeln, wenn dies zur Abwehr schwerer Nachteile oder aus einem anderen wichtigen Grund im Gemeinwohl dringend geboten ist (vgl. § 32 BVerfGG). Eine eA kann während des laufenden VB-Verfahrens beantragt werden, aber auch schon vor Anhängigkeit des Hauptsacheverfahrens.

Bildet die Untätigkeit des Richters den Streitpunkt, kann nicht mit dem Hinweis ausgewichen werden, es könne vorläufiger Rechtsschutz auch auf ande-

---

[17] Ähnlich *Häsemeyer*, FS Michaelis, S. 138.

[18] BVerfG EuGRZ 1982, 75: fünfjähriges Verfahren vor dem Verwaltungsgericht; vgl. auch BVerfGE 55, 349/369f (Hess): einjährige Verzögerung der Anberaumung eines Termins zur mündlichen Verhandlung.

[19] Vorprüfungsverfahren dauern 3 Monate bis zu zwei Jahren: *Pestalozza*, Verfassungsprozeßrecht, § 14 Vor I; *Zuck*, NJW 1990, 2449.

[20] *Priebe*, FS Simson, S. 297; *Scheffler*, S. 103.

rem Wege, insbesondere durch die Anrufung der ordentlichen Gerichte erlangt werden[21]. Das Prozeßrecht bietet nur sehr vage und unbefriedigende Möglichkeiten, gegen richterliche Untätigkeit vorzugehen, so daß als ultima ratio auf die eA für die Sicherung eines entsprechenden Tätigwerdens des Richters zurückgegriffen werden muß.

Die große Zurückhaltung beim Erlaß einer eA zeigt sich besonders bei den Anforderungen an den Anordnungsgrund. Ein drohender schwerer Nachteil resultiert nicht schon daraus, daß bis zur Entscheidung in der Hauptsache beispielsweise der Kläger wirtschaftliche Nachteile durch die Justizverzögerung erleiden kann. Wenn aber die Verweigerung einer rechtzeitigen Durchsetzung eines erheblichen Außenstandes den Konkurs des Klägers nach sich zieht, ist es dem Bürger nicht zumutbar, die Wirkungen der Entscheidung in der Hauptsache noch abwarten zu müssen[22]. Mit dieser besonders gravierenden Folge des Unterlassens richterlichen Handelns sind allerdings nur Extremfälle vergleichbar, so daß die eA nur ausnahmsweise Abhilfe gegen den Verfahrensstillstand verspricht. Eine erhebliche Verfahrensverzögerung allein rechtfertigt keinen Anordnungsgrund, sondern nur der drohende schwerwiegende Nachteil, der dem Antragssteller aus einer (verspäteten) Hauptsacheentscheidung erwachsen kann.

Bejaht man einen schweren Nachteil des Antragstellers, so sind weitere Voraussetzungen zu prüfen. Während bei den Vorbildern zu § 32 BVerfGG, nämlich §§ 935, 940 ZPO und 123 VwGO die Anordnung „notwendig" sein muß, verlangt § 32 BVerfGG, daß die vorläufige tatsächliche Regelung „zum gemeinen Wohl dringend geboten" sein muß. Diese Restriktion tritt nicht als zusätzliche Voraussetzung zu der des „schweren Nachteils", sondern die Gemeinwohlinteressen dürfen bei der Abwägung aller für und gegen den Erlaß

---

[21]Zum Grundsatz: BVerfGE 17, 120/122; 21, 50/51; 37, 150/151.

[22]Mit der drohenden Vernichtung der wirtschaftlichen Existenz wird die Opfergrenze überschritten; BVerfGE 14, 153; 49, 189/ 191ff; 50, 37/40ff/ 68, 223/235f.

der eA in Betracht kommenden Gründe nicht unberücksichtigt bleiben[23]. Diese Einschränkung ist in erster Linie auf abstrakt generelle Regelungen gemünzt. Beim Anspruch auf ein Verfahren innerhalb angemessener Zeit geht es aber um Individualinteressen, die kaum mit dem Gemeinwohl kollidieren dürften. Der schwere Nachteil kann sogar den Gemeinwohlinteressen entsprechen, wenn nämlich das richterliche Unterlassen einen schweren, nicht mehr zu behebenden Schaden verursacht und dadurch das Vertrauen der Allgemeinheit in die Rechtspflege nachhaltig erschüttert wird[24].

Somit eignet sich die eA nach § 32 BVerfGG für die Fälle, in denen dem Antragsteller ein so gravierender Nachteil droht, daß folgende Regelung unaufschiebbar ist:

- Verweisung an ein Gericht, das in angemessener Zeit entscheiden muß, oder
- eine Zurückverweisung mit der Maßgabe, daß dem Rechtsstreit Fortgang zu geben ist.

Wenngleich die hohen Anforderungen an den Anordnungsgrund diese Durchsetzungsmöglichkeit rechtzeitigen Rechtsschutzes in Bagatellsachen verhindern können, handelt es sich bei der Beanspruchung des ohnehin überlasteten BVerfG um einen „vermeidbaren Umweg“[25]. Die Notwendigkeit, bei richterlicher Untätigkeit das BVerfG zu bemühen, beruht auf dem bisher zu unbestimmten Anspruch auf angemessene Verfahrensdauer. Hier wären einige wegweisende Entscheidungen des BVerfG wünschenswert. Ist dieser Anspruch hinreichend konkretisiert, dann kann von den Gerichten verlangt werden, daß sie durch eine sinnvolle Auslegung der Verfahrensvorschriften und der instanzinternen Beschwerdemöglichkeiten eine Verfahrensverzögerung selbst beseitigen und dadurch ein Einschreiten des BVerfG entbehrlich machen.

---

[23] *Leibholz/Rupprecht*, BVerfGG, § 32 Rn 9.
[24] Vgl. BVerfGE 14, 11: Aussetzung der Vollstreckung einer offensichtlich verfassungswidrig verhängten Freiheitsstrafe.
[25] Vgl. BVerfGE 42, 243/248f; 46, 185/187; 47,182/191.

2. Kapitel: Die Durchsetzung angemessener Verfahrensdauer vor dem Europäischen Gerichtshof für Menschenrechte (EGMR)

§ 20 Die Menschenrechtsbeschwerde

Nach Art. 6 Abs. 1 S. 1 EMRK[1] hat jedermann in allen Angelegenheiten, in denen es um zivilrechtliche Ansprüche und Verpflichtungen oder um die Stichhaltigkeit einer strafrechtlichen Anklage geht, einen Anspruch darauf, daß eine Entscheidung innerhalb einer angemessenen Zeit ergeht[2].

I. Die Voraussetzungen der Zulässigkeit einer auf Verletzung des Art. 6 Abs. 1 gestützten Individualbeschwerde

Die Individualbeschwerde wird bei der Europäischen Kommission für Menschenrechte eingelegt, die über die Zulässigkeit unter Berücksichtigung einer „prima facie"-Prüfung der Begründetheit abschließend entscheidet[3]. Erklärt die Kommission unter Einbeziehung materieller und formeller Bestandteile die Beschwerde für zulässig, ermittelt eine Unterkommission den genauen Sachverhalt und versucht, eine gütliche Einigung der Parteien auf der Grundlage der Achtung der Menschenrechte herbeizuführen (Art. 28). Wird dies nicht erreicht, wird ein Bericht mit dem Sachverhalt und einer gutachtlichen Stellungnahme zur Frage einer Konventionsverletzung dem Ministerkomitee zugeleitet (Art. 31). Innerhalb von drei Monaten kann dann der EGMR angerufen werden. Dies steht bei der Individualbeschwerde nur der Kommission und nicht dem Individualbeschwerdeführer zu, der sich dann aber (seit 1983) vor dem Gerichtshof entsprechend Gehör verschaffen kann. Der Europäische Gerichtshof für Menschenrechte fällt in einem justizförmigen Verfahren nach einer mündlichen Verhandlung ein Urteil, in dem ggf. eine Konventionsver-

[1] Artikel ohne Gesetzesangabe sind solche der EMRK.
[2] Vgl. oben, § 10 (S. 160).
[3] Überblick zum Verfahrensgang: *Murswiek*, JuS 1986, 8ff (Zulässigkeitsvoraussetzungen) und 175ff (Verfahren).

letzung festgestellt wird und ggf. nach Art. 50 eine angemessene Entschädigung zugesprochen werden kann.

Die Individualbeschwerde muß gemäß Art. 26 innerhalb einer Frist von sechs Monaten nach dem Ergehen der endgültigen innerstaatlichen Entscheidung eingelegt worden sein. Dies setzt nach Art. 26 aber zunächst voraus, daß der innerstaatliche Rechtsweg erschöpft worden ist, d.h. daß der betroffene Staat eine ausreichende Gelegenheit gehabt haben muß, die Sache innerstaatlich zu bereinigen. Nicht nur kassatorische Rechtsmittel (Berufung und Revision) kommen hierzu in Betracht. Während sich Strafanzeigen und Amtshaftungsansprüche als ungeeignet zur Beschleunigung des Verfahrens erweisen, kann die Untätigkeitsklage oder auch die Dienstaufsichtsbeschwerde im Einzelfall nach Art. 26 ein auszuschöpfender Rechtsbehelf sein. Die Rechtsprechung der Straßburger Organe hält den Gang vor das BVerfG für zumutbar, um eine unangemessene Verfahrensdauer zu rügen[4].

Die Praxis der Kommission handhabt dieses Erfordernis sehr streng und stellt an den Beschwerdeführer hohe, auch persönliche Anforderungen; d.h. fehlende finanzielle Mittel, schlechter Gesundheitszustand oder Unkenntnis spielen keine Rolle, so daß die Rechtswegeregel im Zweifel für den Beschwerdeführer eine unüberwindbare Hürde darstellt[5].

Weiterhin muß der Betroffene beschwert, also durch die unangemessene Verfahrensdauer in seinem Anspruch aus Art. 6 Abs. 1 S. 1 verletzt sein. Die Beschwer entfällt, wenn die Dauer des Verfahrens vor einer nationalen Instanz erfolgreich gerügt wurde[6].

---

[4] Vgl. Nachweise in Fn 40, § 10 (S. 67).

[5] Vgl. *Schaupp-Haag*, Die Erschöpfung des innerstaatlichen Rechtsweges nach Art. 26 EMRK und das deutsche Recht, S. 204f.

[6] *Peukert*, EuGRZ 1979, 261f.

Sie entfällt nicht

- im Zivilrecht durch einen nur vorläufig vollstreckbaren Titel und nicht zwangsläufig durch ein letztinstanzliches stattgebendes Urteil, weil „andere“ Belastungen bestehen bleiben können;
- im Strafrecht durch Freispruch, Einstellung oder Milderung des Strafmaßes.

II. Die Auslegungsmethodik der Straßburger Organe

1. Allgemeine Grundsätze

Bei der Wendung „innerhalb angemessener Zeit“ (Art. 6 Abs. 1 S. 1) handelt es sich um einen unbestimmten Rechtsbegriff. Damit ist zwar die Grundintention dieser Vorschrift verständlich, aber zur Beurteilung der Verfahrensdauer in einem konkreten Einzelfall muß der Begriff „angemessene Zeit“ ausgelegt werden.

Für die Konvention hätten die völkerrechtlichen Auslegungsmethoden (Wortlaut als Ausgangspunkt, Maßstab und Grenze zugleich[7] nahe gelegen. Der Gerichtshof hat dieses Regelsystem jedoch schon bald angesichts der Besonderheit der Konvention - völkerrechtlicher Vertrag, der zugunsten des einzelnen Bürgers in den Vertragsstaaten wirken soll - verlassen und sich einem Auslegungsverfahren zugewendet, das dem Ziel und Charakter der EMRK am ehesten gerecht wird[8]; dabei sind drei Momente maßgeblich:

a) Eigenständigkeit

b) Evolutive Interpretation

c) Akzeptanz der Vertragsstaaten.

---

[7] Gemäß Art. 31 - 33 der Wiener Vertragsrechtskonvention vom 23. Mai 1969, BGBl. II 1985, 926.

[8] Vgl. EGMR, U. v. 27.6.1968, Fall Wemhoff, Ser. A Nr. 7 S. 23 Ziff. 8: Unterschiede bei der Auslegung der beiden authentischen Vertragstexte in Englisch und Französisch waren Auslöser für die neue Methode; *Wildhaber*, ZSR 98 (1979), 306f.

a) Eigenständigkeit

Sehr großen Einfluß auf die Ausdeutung hat der objektive Gehalt der Konvention, deren Bestimmungen als Bestandteil eines europäischen „ordre public“[9] bezeichnet werden können. Dies hat zur Folge, daß erst in zweiter Linie die im Zweifel einschränkend auszulegenden Absichten der Unterzeichnerstaaten heranzuziehen sind[10].

Dies wurde schon sehr früh in der Rechtsprechung der Konventionsorgane als sogenannte eigenständige oder autonome Auslegung offenkundig[11]. Darunter ist zu verstehen, daß sie den Inhalt der in den Artikeln genannten Begriffe aus der Konvention selbst erschließen und nicht mit den gleichlautenden Umschreibungen einer nationalen Rechtsordnung identifizieren[12]. Bei Art. 6 Abs. 1 S. 1 beispielsweise werden unter die Bezeichnung „zivilrechtliche Ansprüche“ auch solche Ansprüche subsumiert, die in einigen nationalen Rechtsordnungen im Verwaltungsverfahren oder im Disziplinarverfahren geltend zu machen sind[13]. Obwohl sich eine allgemeine Tendenz zu einer großzügigen Auslegung dieses Merkmals verzeichnen läßt, kann es nicht definiert werden, zumal selbst innerhalb der Kommission unterschiedliche Auffassungen über die Tragweite von zivilrechtlichen Ansprüchen und Verpflichtungen bestehen[14]. Bei der Interpretation der Wendung „within a reasonable time/dans un délai raisonnable“ darf demgemäß auch nicht das naheliegende Verhältnismäßigkeitsprinzip verwendet werden, zumal bei der Formulierung der EMRK im Jahr 1950 das dem preußischen Verwaltungsrecht entstammende Verhält-

---

[9] *Ganshof van der Meersch*, ordre public, S. 184.

[10] *Matscher*, Auslegung, S. 106.

[11] Statt vieler: EGMR, Urteil vom 16.7.1971, Fall Ringeisen, Ser. A Nr. 13 S. 39 Ziff 94; *Ganshof van der Meersch*, EuGRZ 1981, 488 mwN.

[12] EGMR, U. v. 27.2.1980, Fall Deweer, Ser. A Nr. 35, S. 22, Ziff. 42 = EuGRZ 1980, 667/671; U. v. 26.3.1982, Fall Adolf, EuGRZ 1982, 297/301, Ziff. 30.

[13] Vgl. EGMR U. v. 16.7.1971, Fall Ringeisen, Ser. A Nr. 13 S. 39 Ziff. 94; EGMR, U. v. 28.6.1978, Fall König, Ser. A Nr. 27, S. 32 Ziff. 94/95 = EuGRZ 1978, 416; EGMR, U. v. 23.6.1981, Fall Le Compte u.a., Ser. A Nr. 43, S. 19 Ziff. 41 = EuGRZ 1981, 551; EGMR, U. v. 21.2.1984, Fall Öztürk, Ser. A Nr. 73 S. 29 = EuGRZ 1985, 62; vgl. auch § 11 Fn 6.

[14] Vgl. z.B. die abweichende Meinung der Kommissionsmitglieder *Melchior* und *Frowein* im Fall Benthem, Bericht vom 8.10.1983, Ziff. 10, Cour/Misc (85) 30, S. 10; zur Diskussion und neueren Rspr. vgl.: *Van Dijk*, FS Wiarda, S. 131ff; *Frowein/Peukert*, Art. 6 Rn 9ff.

nismäßigkeitsprinzip[15] in seinem heutigen Verständnis noch nicht entwickelt war[16]. Die eigenständige Auslegung hat für sich, daß bei der Entwicklung eines europäischen Menschenrechtsstandards eine bestimmte Unabhängigkeit ermöglicht wird und eine Angleichung der Grundrechtsstandards in den Vertragsstaaten erreicht werden kann[17].

b) Evolutive Interpretation

Bei einigen Begriffen in der Konvention kann eine Anpassung der Bedeutung an die sich seit 1950 veränderten Umstände erforderlich werden, z.B. „Schutz der Moral" oder „Maßnahmen, die in einer demokratischen Gesellschaft notwendig sind" (in den Art. 8 Abs. 2, 9 Abs. 2, 10 Abs. 2 und 11 Abs. 2). Der Gerichtshof spricht von einer entsprechenden evolutiv-flexiblen Auslegung, so daß die Konvention ein lebendiges Instrument ist, das im Lichte der heutigen Verhältnisse zu interpretieren ist[18]. Dieses Moment hat aber bei der Auslegung des Ausdrucks „angemessene Zeit" einen verhältnismäßig geringen Einfluß.

c) Akzeptanz der Vertragsstaaten

Mit dem Interesse an einer zeitgemäßen Geltung ist auch das der praktischen Wirksamkeit verbunden (Grundsatz des „effet utile"). Dies hat den Gerichtshof veranlaßt, sogar sekundäre Rechte aus einer Bestimmung herzuleiten. Dies geschah im Fall Golder, als der Gerichtshof ohne zusätzliche Auslegungsmittel anerkannte, daß das „Recht auf Zugang zu Gericht" vom „Anspruch auf

---

[15]Vgl. *H. Schneider*, FG BVerfG, S. 394 mwN in Fn 11; *Ress*, Verhältnismäßigkeit, S. 12.

[16]Wegweisend war die Monographie von *v. Krauss*, Der Grundsatz der Verhältnismäßigkeit 1955; vgl. *Ress*, Verhältnismäßigkeit, S. 12.

[17]*Evrigenis*, FS Mosler, S. 196; *Bernhardt*, FS Mosler, S. 80.

[18]EGMR, U. v. 25.4.1978, Fall Tyrer, Ser. A Nr. 26, S. 15 Ziff. 31 = EuGRZ 1979, 164. Hier hatte der EGMR die gerichtlich angeordnete Prügelstrafe (drei Birkenrutenschläge auf das entblößte Gesäß) gegen einen 15-jährigen auf der Insel Man als Verstoß gegen das Verbot erniedrigender Strafen gem. Art. 3 gewertet. A.A. der dieser Entscheidung dissentierende Richter Sir Fitzmaurice, der die körperliche Züchtigung gegen Jugendliche nicht schlechthin als erniedrigend einstufte.

ein rechtsstaatliches Verfahren vor Gericht" des Art. 6 Abs. 1 S. 1 umfaßt ist[19].

Die daraufhin erhobenen Vorwürfe, der Gerichtshof betätige sich hier als Gesetzgeber[20], sind jedoch nicht berechtigt, solange man die implizierten Rechte nicht als besondere Rechte neben die Konventionsnormen stellt, sondern als deren notwendige Bestandteile begreift, ohne die die jeweiligen Bestimmungen ins Leere laufen würden[21].

Aus dem oben genannten Beispiel wird aber deutlich, welche Gefahren mit einer allzu „menschenrechtsfreundlichen" und dynamischen Auslegung verbunden sind. Die Entscheidungen der Straßburger Organe sind nur solange effektiv, wie bei den Unterzeichnerstaaten ein Konsens erhalten bleibt. Darauf ist der Gerichtshof angewiesen: Die meisten staatlichen Unterwerfungserklärungen erfordern alle drei bis fünf Jahre eine Erneuerung (vgl. Art. 25 und 46).

In der Rechtsprechung des Gerichtshofs kommt deutlich zum Ausdruck, daß kein *Stromlinien-Europa*[22] angestrebt wird, sondern juristische Traditionen und nationale oder regionale Besonderheiten respektiert werden[23]. Allerdings darf der Gerichtshof hierbei den regionalen Eigenentwicklungen nicht zu große Freiheiten einräumen, will er nicht desintegrierend wirken und damit ebenfalls den Basiskonsens der Signatarstaaten gefährden.

Im Spannungsfeld zwischen der zentralistischen Tendenz weitgehender Rechtsvereinheitlichung in Europa und der kulturellen und rechtlichen Vielfalt der Vertragsstaaten ist der Gerichtshof vor die anspruchsvolle Aufgabe

---

[19]EGMR, U. v. 21.2.1975, Fall Golder, Ser. A Nr. 18 Ziff. 36 = EuGRZ 1975, 97.
[20]Vgl. *Sir Waldock*, EuGRZ 1979, 600.
[21]*Frowein*, EuGRZ 1980, 336; *Blum*, Art. 9 EMRK, S. 38.
[22]*Hallstein*, RabelsZ 1964, 230.
[23]Z.B. Belgien als mehrsprachiger Staat mit mehreren Sprachregionen im belg. Sprachenfall: EGMR, U. v. 23.7.1968, Ser. A Nr. 6, S. 34/35, Ziff. 10 und 12 = EuGRZ 1975, 301; komliziertes deutsches System der Verwaltungsgerichtsbarkeit im Fall König: EGMR, U. v. 28.6.1978, Ser. A Nr. 27, S. 32 Ziff. 100 = EuGRZ 1978, 417; Schweiz: Prinzip der Kausalität der Kosten im Fall Minelli: EGMR, U. v. 25.3.1983, Ser. A Nr. 62, Ziff. 34 = EuGRZ 1983, 475; weitere Beispiele bei *Eissen*, DRiZ 1986, Sonderdruck, S. 21, Fn 167 - 169.

gestellt, ein Gleichgewicht zu finden. Als Rechtsprechungsorgan obliegt dem EGMR nicht die rechtspolitische Aufgabe, soziale Reformen herbeizuführen, sondern einen Beitrag zu einem *Europa der Menschenrechte*[24] zu liefern. Bleiben die Straßburger Organe bei der Auslegung der Konvention weiterhin vorsichtig und eher zurückhaltend, können sie dieser integrativen Dimension ihrer Rechtsprechung auch in Zukunft gerecht werden.

Ein europäischer Konsens in Sachen Menschenrechte läßt sich jedenfalls nicht finden, wenn man versucht, den dem jeweiligen Betrachter optimal erscheinenden Schutz des einzelnen zu erreichen, „sondern es muß so viel an europäischen Gemeinsamkeiten festgeschrieben werden, wie dies einerseits zum Schutz des Menschen notwendig und andererseits mit grundlegenden kulturellen und traditionellen Vorstellungen der Mitgliedstaaten vereinbar ist. In manchen, vielleicht in den meisten Fällen, wird sich der europäische Standard auf Mindestanforderungen beschränken müssen. Die fortbestehenden Besonderheiten und Unterschiede der staatlichen Rechtsordnungen sind an diesen Mindestanforderungen zu messen, und sie können nur dann beanstandet und als konventionswidrig verworfen werden, wenn sie diese Mindestanforderungen nicht erreichen“[25].

2. Die Lehre vom Beurteilungsspielraum

Bei dem sogenannten „Beurteilungsspielraum“ („marge d'appréciation“/ „margin of appreciation“) handelt es sich um einen den Vertragsstaaten zukommenden Gestaltungsbereich, der ihnen durch die proklamationsartige Fassung der Konventionsnormen vermittelt wird. Die EMRK gibt weder selbst noch durch ihr nachgeordnete Bestimmungen die erforderlichen Anwendungsanweisungen. Diese Aufgabe kommt deshalb den nationalen Rechtsordnungen zu, so daß man von einer „Zweistufigkeit“ der EMRK sprechen kann[26]. Dies

---

[24] *Kälin*, FS Schindler, S. 534ff.
[25] *Bernhardt*, FS Mosler, S. 80.
[26] *Mosler*, Grundrechtsschutz in Europa, S. 126; *ders.*, Kolloquium 1982, S. 367.

hat zur Folge, daß der staatliche Gesetzgeber auf der „zweiten Stufe" nicht nur die Ausführung der Konvention gestalten kann, sondern auch Verwaltung und Rechtsprechung ihre Tätigkeit flexibel im Einklang mit der Konvention ausformen können.

Der Gedanke des Beurteilungsspielraums wurde vom Gerichtshof aus der Subsidiarität des Konventionssystems gefolgert[27] und ursprünglich von der Kommission für die Beurteilung von Notstandsmaßnahmen nach Art. 15 entwickelt[28].

Wegen der direkten und ständigen Beziehung zu den in ihren Ländern wirksamen Kräften sind die staatlichen Behörden grundsätzlich in einer besseren Lage als der internationale Richter, sich zum Vorliegen bestimmter Tatbestandsmerkmale der Konventionsartikel zu äußern[29]. Dieser Gestaltungsbereich kommt über den nationalen Gesetzgeber auch seinen Rechtsprechungsorganen zu, die die Gesetze anzuwenden und auszulegen haben[30].

Die Lehre vom Beurteilungsspielraum lehnt sich an die innerstaatlichen Ermessenslehren an[31]. Sie gewährt den nationalen Behörden einen Bewertungsspielraum sowohl zur Feststellung der Tatbestandsvoraussetzungen einer Konventionsnorm, als auch zur Entscheidung über die zu treffenden Maßnahmen[32].

Als sehr schwierig erweist sich die Beantwortung der Frage, wann die europäische Kontrolle Platz greifen kann. Ob der staatliche Gestaltungsraum (domaine réservé) überschritten worden ist, so daß die internationale Kontrolle tätig werden kann, ist nur mittels des konkreten Falles zu entscheiden.

---

[27] EGMR, U. v. 23.6. 1968, Fall Belgische Sprachen, Ser. A Nr.6, S. 35, Ziff. 10 a.E. = EuGRZ 1975, 301; EGMR, U. v. 7.12.1976, Fall Handyside, Ser. A Nr. 24, S. 22 Ziff. 48 = EuGRZ 1977, 41; EGMR, U. v. 15.7.1984, Fall Eckle, Ser. A Nr. 51, S. 30 Ziff. 66 = EuGRZ 1983, 378.

[28] Zypern Fall, YB Vol. II S. 176; Lawless, YB Vol. II S. 308, Ziff. 90; *Sir Waldock*, EuGRZ 1979, 601.

[29] EGMR, U. v. 7.12.1976, Fall Handyside, Ser. A Nr. 24, S. 22 Ziff. 48 = EuGRZ 1977, 41; EGMR, U. v. 18.1.1978, Fall Irland./.Großbritannien, Ser. A Nr. 25, S. 78 Ziff. 207 = EuGRZ 1979, 155.

[30] EGMR, Urteil vom 7.12.1976, Fall Handyside, Ser. A Nr. 24, S. 22 Ziff. 48 = EuGRZ 1977, 42.

[31] *Bleckmann*, EuGRZ 1979, 490.

[32] Beides läßt sich in der Praxis jedoch kaum voneinander trennen; *Mosler*, FS Huber, S. 601; *Hailbronner*, FS Mosler, S. 384f.

Die Anwendung der unbestimmten Rechtsbegriffe hat zu einer Einzelfallgerechtigkeit der Konventionsrechtsprechung geführt[33]. Dies liegt darin begründet, daß der Gerichtshof seine Aufgabe nicht darin sieht, z.B. gerügte Vorschriften einer abstrakten Prüfung bzw. einer allgemeingültigen Klärung der Rechtsfragen zu unterziehen. Er untersucht vielmehr, ob ihre Anwendung auf die Beschwerdeführer mit der Konvention im Einklang steht oder nicht[34]. Allerdings bringt es diese bewußte Beschränkung auf den Einzelfall mit sich, daß nicht nur die Erfassung von Abgrenzungskriterien verhindert, sondern die Vorhersehbarkeit einer Entscheidung erschwert wird[35].

Für die Begrenzung des Beurteilungsspielraums lassen sich drei Tendenzen in der Rechtsprechung des Gerichtshofs aufzeigen:

a) die Nichtvertretbarkeit der Sachverhaltsbeurteilung,
b) die Ausprägung europäischer Standards und
c) die Gefahr für Grundrechte und Grundsätze einer demokratischen Gesell schaft[36].

a) Eine Ausdehnung des Beurteilungsfreiraums bei der Dauer von Rechtsschutzverfahren zu Lasten einer internationalen Kontrolle wird nur bei besonders schwierig objektivierbaren und besonders komplexen Sachverhalten vorgenommen. Für die Überprüfung der „Angemessenheit“ der Verfahrensdauer ist eine weite Grenzziehung für den Beurteilungsspielraum - anders als etwa bei der Überprüfung von staatlichen Maßnahmen zum Schutz der Moral - nicht angezeigt, weil sich die zeitliche Dimension eines Verfahrens im konkreten Fall für den EGMR verhältnismäßig einfach auch im nachhinein vollziehen läßt.

b) Hingegen ist bei der Kontrolle der Angemessenheit der Verfahrensdauer noch keine weitgehende Übereinstimmung der Lösungen in den Mitgliedstaa-

---

[33] *Mosler*, FS Huber, S. 601; *Eissen*, DRiZ 1986, Sonderdruck, S. 22 mwN in Fn 172.
[34] EGMR, U. v. 13.6.1979, Fall Marckx, Ser. A Nr. 31, Ziff. 58 = EuGRZ 1979, 460: „keine Prüfung in abstracto“, obgleich der Gerichtshof de facto das belgische Nichtehelichenrecht damit für konventionswidrig erklärt; zu Recht dazu kritisch: *Golsong*, FS Wiarda, S. 242.
[35] Vgl. *Mosler*, FS Huber, S. 601.
[36] Vgl. *Weidmann*, Verfassungsgerichtshof, S. 261 mwN, 267ff.

ten, etwa in der Form eines absoluten Maßstabes, vorhanden, so daß dieser Aspekt für die Einengung des staatlichen Beurteilungsspielraums keine Rolle spielt.

c) Sind Grundsätze einer demokratischen Gesellschaft durch das Verhalten des beteiligten Staates betroffen, sieht sich der Gerichtshof zu größter Aufmerksamkeit verpflichtet[37]. Er neigt dann zu einer Verengung des nationalen Freiraumes. Der Gerichtshof legt z.B. das Recht auf ein faires Verfahren nach Art. 6 Abs. 1 S. 1 extensiv aus, weil er diese Gewährleistung für eine demokratische Gesellschaft für eminent wichtig hält[38]. Wird durch die Überlänge eines Gerichtsverfahrens ein wirksamer Gerichtsschutz in Frage gestellt, kann diese Vernachlässigung der staatlichen Justizgewährleistungspflicht erhebliche Auswirkungen auf die Gesellschaft haben, wenn dies nicht angeprangert wird. Die genaue Überprüfung einer Justizverzögerung darf mithin dem EGMR nicht verschlossen sein. Mit der Lehre vom Beurteilungsspielraum lassen sich - auf den jeweiligen Eingriff in ein Menschenrecht abgestimmt - internationale Bindung und staatlicher Gestaltungsspielraum austarieren. Diese Auslegungsmethode der Interessen des europäischen Menschenrechtsschutzes ist Ausdruck eines *judicial self restraint*[39] und gewährleistet, daß die Effektivität der Konvention mit den souveränen Rechten und Pflichten der Regierungen in einer Demokratie in Einklang gebracht werden kann[40]. Die Lehre vom Beurteilungsspielraum entspricht damit auch der Zielsetzung der Konvention, nämlich den Grundrechtsschutz vordringlich den Unterzeichnerstaaten zu überlassen und nur beim Überschreiten einer Toleranzgrenze auf europäischer Ebene eine Rahmenkontrolle vorzunehmen. Bei der entsprechenden Überprü-

---

[37]Z.B. EGMR, U. v. 7.12.1976, Fall Handyside, Ser. A Nr. 24, S. 22 Ziff. 49 = EuGRZ 1977, 42.

[38]Vgl. z.B. EGMR, U. v. 12.2.1985, Fall Colozza, Ser. A Nr. 89, Ziff. 27 und 32; w.N. bei *Eissen*, DRiZ 1986, Sonderdruck, S. 24 in Fn 195.

[39]Matscher, Auslegung, S. 124; *Eissen*, DRiZ 1986, Sonderdruck, S. 21; *Ganshof van der Meersch*, FS Wiarda, S. 219.

[40]*Sir Waldock*, EuGRZ 1979, 602.

fung von Verfahrensdauer hat der Gerichtshof dann aber keinen Anlaß, eine *besondere* Zurückhaltung zu üben.

III. Die Rechtsprechung des EGMR zu angemessener Verfahrensdauer

Der Beschleunigungsgrundsatz des Art. 6 Abs. 1 S. 1 EMRK ist in unterschiedlicher Ausprägung in den Prozeßordnungen der Mitgliedsstaaten kodifiziert. Kommt es wegen langer Verfahrensdauer zu einer Anrufung des EGMR, dann wird im Rahmen der Individualbeschwerde überprüft, ob in diesem Einzelfall die Toleranzgrenzen zulässiger Verfahrensdauer überschritten worden sind, also eine Konventionsverletzung eingetreten ist. Dabei muß betont werden, daß die nationalen Prozeßordnungen nicht den Gegenstand der konventionsrechtlichen Überprüfung bilden, sondern die Anwendung der Bestimmungen im Einzelfall.

Die Zeiträume, die der Gerichtshof für noch angemessen einstuft, sind sehr unterschiedlich. Ob eine Konventionsverletzung durch überlange Verfahrensdauer vorgelegen hat, ist nicht schon dann der Fall, wenn die Länge des Verfahrens schlechthin unvertretbar ist, sondern wenn die Verfahrensverzögerung durch Versäumnisse staatlicher Behörden verursacht worden ist[41]. Obgleich eine extrem lange Verfahrensdauer von über zehn Jahren eine Konventionsverletzung indizieren kann, hat der Gerichtshof keine absoluten Grenzen für noch vertretbare Längen angegeben. Für eine Bewertung spielen hauptsächlich folgende Faktoren eine Rolle:

- die Schwierigkeit des Falles,
- das Verhalten des Beschwerdeführers und
- das der staatlichen Behörden sowie
- die subjektive Bedeutung der Sache für den Beschwerdeführer.

Diese Momente dürfen nicht isoliert für sich betrachtet dazu führen, daß den staatlichen Behörden eine unangemessene Verzögerung angelastet werden

[41] EGMR, U. v. 6.5.1981, Fall Buchholz, Ser. A Nr. 42 Ziff. 49 = EuGRZ 1981, 494; EGMR, U. v. 13.7. 1983, Fall Zimmermann und Steiner, Ser. A Nr. 66 Ziff. 24 = EuGRZ 1983, 483.

kann. Es kann nur in Wechselwirkung mit den anderen Faktoren eine entscheidende Gesamtbeurteilung vorgenommen werden.

1. Beginn der Frist nach Art. 6 Abs. 1 S. 1 EMRK

Die Zeitspanne, für die der Anspruch auf eine Entscheidung in angemessener Zeit gilt, beginnt in Verfahren, die zivilrechtliche Ansprüche und Verpflichtungen betreffen, mit Einbringung der Klage[42]. Dadurch wird bei den Rechtspflegeorganen ein Signal zur Bearbeitung des Rechtsschutzanliegens erkennbar. Es kann auch auf den Zeitpunkt der Einleitung eines Vorverfahrens abgestellt werden, wenn im Verwaltungsverfahren die fraglichen Ansprüche eine Rolle spielen[43].

In Strafsachen läuft die Frist schon ab dem Zeitpunkt, ab dem der Betroffene in seinem Rechtskreis nachhaltig beeinträchtigt werden kann. Dies ist spätestens mit Erhebung der Anklage der Fall, kann aber auch schon bei der offiziellen Mitteilung der zuständigen Behörde an den Betroffenen liegen, daß ihm die Begehung einer Straftat angelastet wird bzw. der Mitteilung, daß ein Ermittlungsverfahren eingeleitet wurde[44]. Weitere Beispiele für den Fristbeginn sind die Veröffentlichung eines Fotos des Beschwerdeführers mit einer Warnung an die Bevölkerung[45], die Verhaftung[46] oder die Eröffnung der Vor-

[42] *Peukert*, EuGRZ 1979, 269; *Frowein/Peukert*, Art. 6 Rn 98 mwN.

[43] EGMR, U. v. 28.6.1978, Fall König, Ser. A Nr. 27 Ziff. 98 = EuGRZ 1978, 417; EKMR, B. v. 8.4. 1983, 7987/77, Fall Andorfer Tonwerke, DR 32, 94, Ziff. 74f, vgl. Dok. in EuGRZ 1981, 320.

[44] „In which a person is charged"; EGMR, U. v. 15.7. 1982, Fall Eckle, Ser. A Nr. 51, S. 33, Ziff. 73 = EuGRZ 1983, 379; EGMR, U. v. 10. 12.1983, Fall Foti, Ser. A Nr. 56, S. 18 Ziff. 52 = EuGRZ 1985, 580f; EGMR, U. v. 10.12.1982, Fall Corigliano, Ser. A Nr. 57, Ziff. 35: Mitteilung der Einleitung eines Ermittlungsverfahrens; auch BGH NStZ 1982, 291; vgl. Int. Kommentar-*Vogler/ Miehsler*, Art. 6 Rz 313.

[45] EKMR, E. v. 3.5.1974, 4679/70, CD 46, 18.

[46] Die Verhaftung ist der häufigste fristauslösende Moment in der Rechtsprechung der Straßburger Organe; EGMR, U. v. 27.6.1968, Fall Wemhoff, Ser. A Nr. 7, S. 23/26 Ziff. 19; EKMR, E. 2120/ 64, CD 19, 4; EKMR, E. 4465/70, CD 38, 66; EKMR, B. v. 20.5.1976, 6181/73 Fall Hätti, DR 6, 29; EKMR, B. v. 12.7.1977, 7412/76, Fall Haase, DR 11, 88 = EuGRZ 1977, 36; EKMR, B. 6323/ 73, Fall Bocchieri, DR 14, 12; EKMR, E. v. 13.10.1983, 9621/81, Fall Vallon, DR 33, 228.

untersuchung[47]. In diesen Fällen wird nach der Konventionsrechtsprechung eine Person zum „Angeklagten" und damit vielfältigen, spürbaren Belastungen ausgesetzt.

2. Ende der Frist

Den Endzeitpunkt setzt der EGMR generell auf die letztinstanzliche Entscheidung im ordentlichen Rechtsweg an. In den Überprüfungszeitraum auf unangemessene Verzögerungen durch staatliche Stellen fallen dabei alle Rechtsmittelinstanzen, auch wenn ein Rechtsmittel nur auf das Strafmaß beschränkt war[48] oder es sich um die erneute Entscheidung eines übergeordneten Gerichts nach Zurückverweisung handelt[49]. Nicht mehr mit einbezogen wird eine Verfassungsbeschwerde im deutschen Recht, da es sich dabei nicht um eine Superrevisionsinstanz handelt[50].

3. Kriterien zur Beurteilung der Verfahrenslänge

a) Schwierigkeit des Sachverhalts

In dieser Sparte berücksichtigt der Gerichtshof alle verfahrensverzögernden Umstände, die sich aus dem Sachverhalt selbst ergeben. Diese Momente werden herausgearbeitet, und es wird überprüft, ob die dadurch ausgelöste Verzögerung im Einzelfall als noch vertretbar angesehen werden kann.

Als „schwierig" erweisen sich häufig Fälle der Wirtschaftskriminalität, oft allein durch das Ausmaß der Anklagepunkte[51]. Werden z.B. durch verwirrende internationale Transaktionen verfahrensverlängernde Beweisaufnahmen erforderlich, wird die Verzögerung nicht den staatlichen Behörden angelastet.

---

[47] EKMR, B. v. 1.10.1968, 1850/63, Fall Köplinger, YB 12, 468; EKMR, B. v. 8.2.1973, 4517/70, Fall Huber, DR 2, 20f; *Peukert*, EuGRZ 1979, 270.

[48] EKMR, E. v. 9.2.1972, 4623/70, Yb 15, 376/394f = CD 39, 66/74; EKMR, E. v. 9.7.1973, 4834/71, CD 44, 124

[49] EKMR, E. 4649/70, CD 46, 1. Zu weiteren Beispielen für den Endzeitpunkt siehe Int. Kommentar-*Vogler/Miehsler*, Art. 6 Rz 315f.

[50] Vgl. Int. Kommentar -*Vogler*, Art. 6 Rz 220.

[51] EGMR, U. v. 15.7.1982, Fall Eckle, Ser. A Nr. 51, Ziff. 81 = EuGRZ 1983, 380.

Dies gilt auch für Sachverhalte, die nur mit sehr großem Aufwand, im Ausland[52], mit großer Sorgfalt[53] oder aufgrund diffiziler Sachverständigenbeweise[54] überhaupt erst ermittelt werden können.

Uneinigkeit in der Rechtsprechung oder Unsicherheiten bei der Geltung von Normen können Gerichte veranlassen, erst eine Klärung der Rechtslage abzuwarten[55]. Ob solche Verzögerungen gerechtfertigt sind, hat der Gerichtshof je nach Einzelfall entschieden. Aus Gründen der Präjudiziabilität oder der Prozeßökonomie kann es angemessen sein, die Entscheidung eines anderen Gerichts abzuwarten[56]. Bei der Unterbrechung von Verfahren mit Rücksicht auf nicht präjudizielle Verfahren müssen hingegen alle Mittel der Koordination und Kooperation ausgeschöpft werden, um nicht dem numerus clausus der Vertretbarkeit zum Opfer zu fallen[57].

Die Verfahrensdauer der einzelnen Instanz wird unabhängig von der Dauer einer anderen Instanz beurteilt. Das bedeutet, daß eine besonders zügige Abwicklung des Rechtsmittelverfahrens nicht die Versäumnisse in der vorigen Instanz wettmachen kann[58].

b) Das Verhalten des Beschwerdeführers

Bei der Beurteilung des Verhaltens des Beschwerdeführers spielen dessen Einflußmöglichkeiten auf den Lauf des Verfahrens eine wichtige Rolle. Je besser die Möglichkeiten zur Einwirkung auf das Verfahren sind, desto eher

[52] EKMR, B. v. 8.2.1973, 4517/70, Fall Huber, DR 2, 11 Ziff. 84 = YB 18, 326; vgl. Int. Kommentar-*Vogler/Miehsler*, Art. 6 Rz 319, Fn 2.

[53] EKMR, E. v. 17.7.1970, 3897/68, Fall Sepp, CD 35, 90; EKMR, E. v. 9.5.1983, 9559/81, Fall De Varga-Hirsch, DR 33, 214ff.

[54] EKMR, B. v. 8.4.1982, 7987/77, Fall Andorfer Tonwerke, DR 32, 94 Ziff. 81.

[55] Z.B. im deutschen Recht bei der möglichen Verfassungswidrigkeit einer maßgeblichen Norm: vgl. EKMR, E. v. 16.7. 1976, 5573/5670/72, DR 27, 23ff, 29.

[56] EKMR, B. v. 12.10.1978, 7369/78, Fall Zand, DR 15, 84f.

[57] Vertretbarkeit bejaht bei EKMR, B. v. 8.4.1982, 7987/77, Fall Andorfer Tonwerke, DR 32, 94 Ziff. 84; verneint bei EGMR, U. v. 28.6.1978, Fall König, Ser. A Nr. 27 Ziff. 102, 107 = EuGRZ 1978, 418f.

[58] EKMR, B. v. 8.4.1982, 7987/77, Fall Andorfer Tonwerke, DR 32, 94 Ziff. 83.

kann ihm zugemutet werden, den Fortgang des Verfahrens zu fördern. Dabei wird ihm allerdings nicht angelastet, wenn er alle zulässigen Möglichkeiten ausschöpft, seinen Rechtsstandpunkt durchzusetzen[59]. Allerdings findet dieses Zugeständnis dann seine Grenze, wenn er offenkundig keine Bereitschaft zeigt, im Rahmen seiner Möglichkeiten auf eine Beschleunigung hinzuwirken. Deshalb rechnet der Gerichtshof Verzögerungen durch häufigen Anwaltswechsel[60], Ablehnung von beschleunigenden Maßnahmen des Gerichts, Befangenheits- und Disziplinaranträge, Aufsichtsbeschwerden und ständig neue Beweisanträge[61] dem Beschwerdeführer zu[62].

Etwas anderes gilt im Strafverfahren: Da der Angeklagte zur Kooperation mit den Strafverfolgungsbehörden und den Gerichten im Verfahren gegen sich selbst nicht verpflichtet ist[63], muß er von sich aus keine Schritte zur Beschleunigung unternehmen[64]. Sein Recht, sich aller zulässigen prozessualen Möglichkeiten, Rechtsbehelfe etc. zu bedienen, bleibt unberührt. Gleichwohl ist er aber weder unter dem Aspekt des Art. 6 Abs. 1 noch des Art. 26 EMRK gehindert, im nachhinein eine überlange Verfahrensdauer zu rügen[65]. Die Zeit, die dabei verlorengeht, kann aber den Behörden oder den Gerichten nur dann angelastet werden, wenn eine unangemessene Bearbeitungsdauer festgestellt werden kann.

---

[59] EKMR, B. v. 8.4.1982, 7987/77, Fall Andorfer Tonwerke, DR 32, 94 Ziff. 93; w.N. bei Int Kommentar-*Vogler/Miehsler*, Art. 6 Rz 322, Fn 4.

[60] EGMR, U. v. 28.6.1978, Fall König, Ser. A Nr. 27 Ziff. 103 = EuGRZ 1978, 418.

[61] EGMR, U. v. 28.6.1978, Fall König, Ser. A Nr. 27 Ziff. 103 = EuGRZ 1978, 418.

[62] Vgl. auch EKMR, E. v. 23.5.1966, 1794/63, CD 20, 26; EKMR, E. v. 14.12.1974, 6049/73, DR 1, 57; EKMR, E. v. 28.2.1977, 7370/76, DR 9, 98, EKMR, B. v. 12.10.1978, 7360/ 78, Fall Zand, DR 15, 84.

[63] EKMR, E. v. 8.7.1981, 8261/78, Fall Kofler, DR 25, 167; EKMR, B. v. 8.2.1973, 4517/70, Fall Huber, DR 2, 27; EKMR, E. v. 6.3.1982, 8435/78, Fall Orchin, zit. nach *Bleckmann*, EuGRZ 1983, 420.

[64] EGMR, U. v. 15. Juli 1982, Fall Eckle, Ser. A Nr. 51, S. 36 Ziff. 82 = EuGRZ 1983, 380; EGMR, U. v. 10.12.1983, Fall Corigliano, Ser. A Nr. 57 Ziff. 42.

[65] Int. Kommentar-*Vogler/Miehsler*, Art. 6 Rz 323.

c) Das Verhalten der staatlichen Behörden

Als Grund für Verfahrensverzögerungen wird durch die Rechtspflegeorgane häufig die Überlastung angeführt. Diese Begründung wird jedoch vom Gerichtshof nur dann anerkannt, wenn bei vorübergehender Arbeitsüberlastung mit der erforderlichen Sorgfalt und Schnelligkeit versucht wird, diese Phase zu überwinden[66]. Waren Verzögerungen durch erhöhten Arbeitsanfall voraussehbar, wurde dies dem beklagten Staat auch dann angelastet, wenn er zwar Maßnahmen ergriffen hat, diese aber weder ausreichend noch geeignet waren, die aufkommende Überlastung aufzufangen[67].

Auch der Hinweis auf Mängel in der staatlichen Rechtsordnung vermag den Staat nicht von vorneherein zu exkulpieren[68]. Den Vertragsstaaten obliegt es grundsätzlich, für eine Gesetzeslage zu sorgen, mit der eine angemessene Verfahrensdauer gewährleistet wird. Auch war der Gerichtshof nicht bereit, den deutschen Richter trotz des im Zivilprozeß geltenden Beibringungsgrundsatzes davon zu entbinden, sich auf allen Ebenen um einen zügigen Fortgang des Verfahrens zu kümmern[69].

Schließlich werden auch die einzelnen Prozeßhandlungen im Hinblick auf ihre Auswirkung auf die Prozeßdauer untersucht. Folgende Maßnahmen der Prozeßleitung wurden beispielsweise genau auf Verzögerungen und Prozeßökonomie überprüft und ggf. den staatlichen Behörden bzw. Gerichten angelastet: die vorgezogene Abhandlung einiger Testfälle[70], die unterlassene Verfahrensverbindung[71] oder Verfahrensabtrennung[72], die Verfahrensunterbre-

---

[66] EGMR, U. v. 6.5.1981, Fall Buchholz, Ser. A Nr. 42 Ziff. 51 = EuGRZ 81, 494, EGMR, U. v. 15.7. 1982, Fall Eckle, Ser. A Nr. 51, Ziff. 84 = EuGRZ 1983, 381.

[67] EGMR, U. v. 10.7.1984, Fall Guincho, Ser. A Nr. 81 Ziff. 40 (Überlastung portugiesischer Gerichte nach der Rückkehr zur Demokratie); EKMR, E. v. 5.10.1984, 10092/ 82 und EKMR, E. v. 11.10. 1984, 10303/83, beide unveröffentlicht, zit. nach Int. Kommentar-*Vogler/Miehsler*, Art. 6 Rz 324 Fn 9.

[68] EGMR, U. v. 15.7.1982, Fall Eckle, Ser. A Nr. 51, Ziff. 84 = EuGRZ 1983, 381.

[69] EGMR, U. v. 6.5.1981, Fall Buchholz, Ser. A Nr. 42 Ziff. 50 = EuGRZ 1981, 494; Int. Kommentar-*Vogler/Miehsler*, Art. 6 Rz 325.

[70] EKMR, E. v. 15.10.1981, 8954/80, DR 26, 196.

[71] EGMR, U. v. 28.6.1978, Fall König, Ser. A Nr. 27 Ziff. 109 = EuGRZ 1978, 419.

[72] EGMR, U. v. 27.6.1968, Fall Neumeister, Ser. A S. 42, Ziff. 21 = EuGRZ 1975, 394; EKMR, E. v. 17.7.1970, 3897/68, Fall Sepp, CD 35, 70.

chung[73], die Anforderung oder die Übermittlung von Akten[74], die Bestellung mehrerer Sachverständiger[75], der Zeitpunkt der Durchführung der Verhandlung[76] und die im großen Zeitabstand nach der Urteilsverkündung vorgenommene Urteilsausfertigung[77].

Die Straßburger Organe nehmen also nach der Herausarbeitung der Verzögerungsursachen eine Analyse vor, wer die Verzögerung zu vertreten hat und ob die Verzögerung sich als „angemessen“ erweist. Dabei ist eine Tendenz zu verzeichnen, den beklagten Staat nur dann zu entlasten, wenn der Sachverhalt besonders schwierig ist und der Beschwerdeführer selbst - ihm auch zurechenbare - Verzögerungen verursacht hat. Im übrigen trifft den Staat grundsätzlich die Verantwortlichkeit für eine angemessene Verfahrensdauer, weil der Beschwerdeführer auf den Rechtsschutz des Staates grundsätzlich angewiesen ist und im Einzelfall sogar eminent davon abhängig sein kann.

Zusammengefaßt überprüft die Einzelfallrechtsprechung von Kommission und Gerichtshof, ob für Verzögerungen plausible Rechtfertigungsgründe vorliegen. Sind die Verzögerungen überwiegend durch den beklagten Staat verursacht und für diese Verzögerungen keine Rechtfertigungen gegeben, kommt der Gerichtshof zur Feststellung einer Konventionsverletzung wegen unangemessener Verfahrensdauer.

---

[73]EKMR, E. v. 16.7.1976, 5573/5670/72, DR 7, 29; EGMR, U. v. 28.6.1978, Fall König, Ser. A Nr. 27 Ziff. 104 = EuGRZ 1978, 418f; EKMR, B. v. 12.10.1978, 7369/78, Fall Zand, DR 15, 84f, EGMR, U. v. 8.12.1983, Fall Pretto, Ser. A Nr. 71, Ziff. 36f.

[74]EGMR, U. v. 28.6.1978, Fall König, Ser. A Nr. 27 Ziff. 104 = EuGRZ 1978, 406/418; EKMR, E. v. 5.12.1978, 7464/76, Fall Karrer u.a., DR 14, 53.

[75]EKMR, B. v. 8.4. 1983, 7987/77, Fall Andorfer Tonwerke, DR 32, 94, Ziff. 85 - 90.

[76]EGMR, U. v. 8.12.1983, Fall Pretto u.a., Ser. A Nr. 71, Ziff. 36f.

[77]EKMR, E. v. 3.4.1971, 4459/70, CD 38, 56; EKMR, E. v. 12.7.1971, 4080/69, CD 38, 7f; EGMR, U. v. 15.7.1982, Fall Eckle, Ser. A Nr. 51, Ziff. 27, 84 = EuGRZ 1982, 374, 381; vgl. Int. Kommentar-*Vogler/Miehsler*, Art. 6 Rz 325 Fn 12.

IV. Die Menschenrechtsbeschwerde im Hinblick auf die Durchsetzung des Anspruchs auf angemessene Verfahrensdauer

Die Straßburger Organe sind sichtlich bemüht, sich im Interesse ihrer Effektivität nur mit solchen Fällen zu befassen, in denen ganz erhebliche Verfahrensverzögerungen vorliegen. Nur solche Fälle werden behandelt, in denen sich eine Konventionsverletzung bereits nach dem ersten Anschein möglicherweise bejahen läßt. Selbst in solchen Fällen eignet sich dann die Individualbeschwerde nur noch zur Erlangung von Wiedergutmachung: Das Verfahren hat bereits durch den zu erschöpfenden Rechtsweg, der dem Beschwerdeführer sehr viel zumutet, so lange gedauert, daß der Weg nach Straßburg dem Beschwerdeführer dann nicht mehr zu effektivem Rechtsschutz zu verhelfen vermag. Dies zeigt auch das sehr schwerfällige und langwierige Verfahren vor den Konventionsorganen selbst. Das Verfahren der Individualbeschwerde dauert derzeit (1992) durchschnittlich fünfeinhalb und im Einzelfall sogar über zehn Jahre[78], was dem Rechtsschutzsystem der EMRK abträglich ist, so daß die Notwendigkeit von Reformen angemahnt werden muß[79].

[78] Zur Statistik vgl. *Peukert*, EuGRZ 1993, 174, 182f.

[79] *Mosler*, FS Huber, S. 605f; *Matscher*, EuGRZ 1982, 528; Int. Kommentar-*Vogler/Miehsler*, Art. 6 Rn 317 Fn 1; *Ulsamer*, FS Faller, S. 376, Fn 11. Zu Reformen: z.B. *Golsong*, EuGRZ 1992, 249ff; *Frowein*, FS Carstens, S. 331 (Zusammenfassung von Gerichtshof und Kommission); *Schellenberg*, S. 258ff, jüngst *Peukert*, EuGRZ 1993, 173ff.

Teil C Definition von „angemessener“ Verfahrensdauer

§ 21 Verhältnismäßigkeit als Qualifikation angemessener Verfahrensdauer

I. Die bisherigen Versuche einer Definition von „Angemessenheit“

1. Der maßgebliche Zeitraum

Um einen eingetretenen oder herbeigeführten rechtswidrigen Zustand zu beseitigen, benötigen die von der Rechtsordnung berufenen staatlichen Organe Zeit. Der Umstand, daß dieser Vorgang eine gewisse Dauer beansprucht, ergibt sich aus der Natur des Prozesses[1]. Der Zeitraum, in dem die staatlichen Behörden über die Wiederherstellung des Rechts einen entscheidenden Einfluß ausüben, kann im weiten Sinne als Verfahrensdauer bezeichnet werden.

Um die Verfahrensdauer genauer einzugrenzen, muß der Zeitraum abgesteckt werden, der vom „Verfahren“ beansprucht wird. Zweckmäßig ist es, hierfür den Anwendungsbereich des Art. 6 Abs. 1 EMRK heranzuziehen. Den Geltungsbereich dieses Anspruchs, daß eine Sache innerhalb einer angemessenen Frist gehört wird, hat der Europäische Gerichtshof für Menschenrechte (EGMR) bereits in vielen Fällen konkretisiert, so daß darauf zurückgegriffen werden kann.

2. Angemessene Verfahrensdauer in der Rechtsprechung

Bei der Frage, ob eine Verfahrensdauer noch angemessen ist, gehen BVerfG und EGMR insofern konform, als sie nach den Umständen des Einzelfalls zu bestimmen ist. Im übrigen gesteht das BVerfG dem einzelnen Justizgewährleistung nur in gleicher Weise zu, so daß der Anspruch auf ein Verfahren innerhalb einer angemessenen Frist erst dann verletzt ist, wenn Verzögerungen auf sachwidrigen Gründen beruhen. Ein Verfahren gilt danach als noch nicht unangemessen lang, wenn aufgrund der erheblichen Arbeitsbelastung des

[1] *Vollkommer*, ZZP 81 (1968), 102.

Gerichts die Verfahrensdauer nicht ungewöhnlich erscheint[2]. Darauf, daß mit dem Willkürverbot das Problem überlanger Verfahrensdauer allenfalls bezeichnet, aber nicht gelöst werden kann, wurde bereits hingewiesen[3]. Das BVerfG hat ausdrücklich festgestellt, daß die Dauer eines Verfahrens für sich gesehen keinen Grundrechtseingriff begründen kann[4]. Überschreitet ein Verfahren die Dauer von zehn Jahren, so ist mit dem BGH eine rechtsstaatswidrige Überlänge festzustellen, die er in einer Strafsache mit Hinweis auf die Straßburger Rechtsprechung angenommen hat[5].

Nach der Rechtsprechung des EGMR ist die Verfahrensdauer unangemessen, die auf einer dem Staat und seiner Organe anzulastenden Verzögerung beruht, sofern sie den Betroffenen länger belastet, als nach der Sachlage es notwendig ist. Die Unangemessenheit der Verfahrensdauer wird zwar nicht an einer konkreten Meßlatte vorgenommen, aber eine extreme Dauer, etwa über zehn Jahre, läßt eine Konventionsverletzung vermuten[6].

Beispiele für eine noch angemessene Verfahrensdauer:

- rund vier Jahre bei einem deutschen Wirtschaftsstrafverfahren[7];
- rund fünf Jahre bei einem Betrugsverfahren vor österreichischen Gerichten[8];
- rund fünf Jahre bei einem deutschen Arbeitsgerichtsverfahren über drei Instanzen[9];
- rund dreieinhalb Jahre bei einem italienischen Strafverfahren[10].

---

[2] BVerfGE 55, 349/369 (Hess); BVerfG NJW 1992, 1498 setzt die Verfahrensdauer in Relation zur durchschnittlichen Verfahrensdauer (38 Monate bei Revisionen mit einer Sachentscheidung vor dem BFH).

[3] Vgl. oben, § 19 II (S. 142ff).

[4] BVerfG NJW 1992, 1498 für drei Jahre Dauer eines Revisionsverfahrens vor dem BFH.

[5] BGH NStZ 1988, 427 (zehn Jahre); NStZ 1983, 292 (13 Jahre bis zur Verkündung des erstinstanzlichen Urteils).

[6] So etwa im Fall Eckle zehn bzw. 17 Jahre Verfahrensdauer; EGMR, Ser. A Nr. 51, Ziff. 79 = EuGRZ 1983, 380.

[7] EGMR, Urteil vom 27.6.1968, Fall Wemhoff, Ser. A Nr. 7, Ziff. 19.

[8] EGMR, U. v. 16.7.1971, Fall Ringeisen, Ser. A Nr. 13, Ziff. 110.

[9] EGMR, U. v. 6.5.1981, Fall Buchholz, Ser. A Nr. 42, Ziff. 48 = EuGRZ 1981, 494.

[10] EGMR, U. v. 8.12.1983, Fall Pretto, Ser. A Nr. 71, Ziff. 30 = EuGRZ 1985, 551.

Beispiele für eine nicht mehr angemessene Verfahrensdauer:

- neun Jahre vor italienischen Zivilgerichten[11];
- neun Jahre bei einem Kündigungsschutzprozeß in Österreich[12];
- sieben Jahre bei einem italienischen Strafverfahren[13];
- sechs Jahre und neun Monate vor italienischen Gerichten[14];
- dreieinhalb Jahre vor dem schweizerischen Bundesgericht[15].

Das Verhalten des Beschwerdeführers kann jedoch bewirken, daß eine Verfahrensdauer von siebeneinhalb Jahren nicht mehr angemessen ist[16].

II. „Angemessenheit" gleich Verhältnismäßigkeit?

Die Auslegung des Begriffs der Angemessenheit durch die Straßburger Rechtsprechung ist für die Erwägungen der Durchsetzung angemessener Verfahrensdauer im deutschen Recht der Ausgangspunkt für weitere Überlegungen, wie dem grundgesetzlichen Anspruch auf Rechtsschutz innerhalb angemessener Zeit zu wirksamer Geltung verholfen werden kann. Zwar bieten Art. 6 Abs. 1 EMRK und seine Auslegung durch die Straßburger Rechtsprechung im Verhältnis zu den sonstigen deutschen Normen Vorstellungen von dem, was unter angemessener Verfahrensdauer verstanden werden kann. Dies bedeutet aber nicht, daß dieser Zustand befriedigend ist. Vielmehr kann der EGMR nur aufzeigen, ob eine Verfahrensdauer konventionskonform war. Die konventionskonforme Auslegung der angemessenen Verfahrensdauer stellt lediglich im Einzelfall einen Mindeststandard sicher, indem eine Konventionsverletzung festgestellt und der Staat zur Wiedergutmachung verpflichtet wird. Für den deutschen Richter bleibt aber die Schwierigkeit bestehen, wie er diese Standards nach dem Prinzip konventionsfreundlicher Auslegung berücksichtigen soll, weil die Rechtsprechung des EGMR keine verallgemeinerungsfähige Richtlinien oder Maßstäbe liefert.

[11]EGMR, U. v. 19.2.1991, Fall Zanghì, Ser. A Nr. 194 C = HRLJ 12 (1991), 106.
[12]EGMR, U. v. 28.6.1990, Fall Obermeier, Ser. A Nr. 179 = EuGRZ 1990, 209.
[13]EGMR, U. v. 19.2.1991, Fall Alimena, HRLJ 12 (1991), 108.
[14]EGMR, U. v. 19.2.1991, Fall Santilli, Ser. A Nr. 194 D = HRLJ 12 (1991), 108.
[15]EGMR, U. v. 13.7. 1983, Fall Zimmermann und Steiner, Ser. A Nr. 66 = EuGRZ 1983, 482.
[16]EGMR, U. v. 20.2.1991, Fall Vernillo, Ser. A Nr. 198 = HRLJ 12 (1991), 199.

Möglicherweise läßt sich der Anspruch auf angemessene Zeit besser handhaben, wenn er mit dem Verhältnismäßigkeitsprinzip in Verbindung gebracht wird.

Die Methode des EGMR ähnelt mit den maßgeblichen Kriterien zur Bestimmung einer angemessenen Verfahrensdauer - Verhalten der staatlichen Behörden und des Beschwerdeführers sowie Komplexität des Falles und dessen subjektive Bedeutung für den Beschwerdeführer - einer Verhältnismäßigkeitsprüfung, wie sie aus dem deutschen Recht bekannt ist.

Der Begriff der angemessenen Zeit nach Art. 6 Abs. 1 EMRK darf zwar konventionsrechtlich ausdrücklich nicht mit dem Verhältnismäßigkeitsprinzip gleichgesetzt werden, weil die Rechtsbegriffe der EMRK „autonom" im Kontext der Konvention und nicht auf der Grundlage ihrer Bedeutung im innerstaatlichen Recht ausgelegt werden müssen[17]. Man kann allenfalls darüber streiten, ob reasonable time/délai raisonnable mit „angemessener" oder z.B. mit „vernünftiger" Verfahrensdauer besser übersetzt wäre[18]. Aber auch der Wortsinn von „vernünftig" kann keine neuen Erkenntnisse über noch zulässige und nicht mehr zulässige Verfahrensdauer vermitteln.

Im folgenden wird versucht, angemessene Verfahrensdauer mit dem Verhältnismäßigkeitsprinzip zu präzisieren. Lassen sich dabei Maßstäbe ermitteln, die möglicherweise über den Mindeststandard der EMRK hinausgehen, steht dies nicht im Widerspruch zur EMRK.

Das Verhältnismäßigkeitsprinzip kommt im *Strafrecht* über den Gedanken des Gerichtsverfahrens als Eingriff in die Grundrechte zur Anwendung: Durch das Verfahren kann in Freiheit, Vermögen, soziales Ansehen und in das Recht des Beschuldigten auf ein Verfahren innerhalb angemessener Zeit eingegriffen werden. Da der Anspruch auf ein Verfahren innerhalb angemessener Zeit im Rechtsstaatsprinzip seine Grundlage findet, wird der Betroffene vor Maßnah-

[17] Vgl. oben § 20, II (S. 151ff).
[18] Für „vernünftig": *Herzog*, AöR 86 (1961), 227f.

men geschützt, die nicht erforderlich, ungeeignet oder disproportional sind. Hinzu kommt noch der Faktor der Zumutbarkeit, der die Grenze für nicht mehr hinzunehmende, subjektive Verfahrensbelastungen bildet. Der Anspruch auf angemessene Verfahrensdauer ist demnach verletzt, wenn eine unverhältnismäßige Handlung der Strafverfolgungsorgane zu überlanger Verfahrensdauer geführt hat. Die Schwelle, wann eine überlange Verfahrensdauer erreicht ist, hat jüngst *Scheffler* richtungsweisend mit dem im Strafrecht vorhandenen Rechtsfolgensystem aufgezeigt[19]. Anstatt zu versuchen, überlange Verfahrensdauer mit dem Handlungsunrecht der Verzögerung zu präzisieren, hat er dies anhand des Erfolgsunwertes erreicht: Z.B. wird die Rechtsfolge der Strafmilderung nicht wegen verzögernden Handelns gewährt, sondern weil Belastungen beim Beschuldigten hervorgerufen wurden. Damit kann überlange Verfahrensdauer auch unabhängig von Verzögerungen mit einer Rechtsfolge belegt werden.

Die eingetretene Überlänge des Verfahrens mit Rechtsfolgen wiedergutzumachen steht zwar im Einklang mit der EMRK, hilft aber bei drohender überlanger Verfahrensdauer nur insofern, als sie die jeweiligen staatlichen Organe zu einem bestimmten Verhalten anhält, um die entsprechende Rechtsfolge zu vermeiden. Der Unschuldige aber, der ein gesteigertes Interesse an einem zügigen Verfahren haben wird, kann eine überlange Verfahrensdauer nur z.B. mit einer Beschwerde oder einem Befangenheitsgesuch gegen einen nachlässigen Richter abwenden, wenn sich eine Maßnahme als unverhältnismäßig zur noch angemessenen Verfahrensdauer verhält. Deshalb muß das Augenmerk darauf gerichtet bleiben, wie der Betroffene eine drohende Überlänge des Verfahrens vermeiden kann.

Während im öffentlichen Recht materiell-subjektive Rechte durch Eilverfahren in angemessener Zeit gesichert werden können, ist das Problem der Überlänge im *Zivilverfahren* weniger einfach zu lösen. Auch hier kommt der Ver-

[19] *Scheffler*, Die überlange Dauer von Strafverfahren. Besprechung: *Molketin*, NJW 1992, 2010.

hältnismäßigkeitsgrundsatz über den verfassungsmäßigen Anspruch auf angemessene Verfahrensdauer, der im Rechtsstaatsprinzip in Verbindung mit den materiellen Freiheitsrechten zu verorten ist, zur Anwendung. Nur wird dieser Anspruch nicht wie im Strafrecht durch ein Rechtsfolgensystem bewehrt. Lediglich über die Staatshaftung aus enteignungsgleichen Eingriff kann der Betroffene eine Entschädigung einklagen, wenn durch ein verspätetes Urteil in Grundrechte eingegriffen worden ist. Bisher scheiterte die Annahme einer Grundrechtsverletzung durch die (Über-) Länge der Verfahrensdauer an einem unzureichenden Vortrag des Beschwerdeführers[20]. Die Möglichkeit, daß ein verspätetes Urteil eine Entschädigungspflicht nach sich ziehen kann, vermittelt auch im Zivilrecht einen Maßstab, wann eine eine Überlänge des Verfahrens vorliegt. Eine Entschädigungspflicht ist immer gegeben, wenn ein unverhältnismäßiger Grundrechtseingriff bejaht werden kann, so daß dann auf eine überlange Verfahrensdauer geschlossen werden kann. Hier steht die Rechtsprechung erst am Anfang der Entwicklung.

Damit kann festgehalten werden, daß die Überlänge des Verfahrens maßgeblich vom Prinzip der Verhältnismäßigkeit bestimmt wird: Die Verfahrensdauer ist dann angemessen, wenn sie in Beziehung zum (Grund)Recht des Betroffenen geeignet, erforderlich, proportional und zumutbar ist, das Ziel des Verfahrens zu erreichen.

Aber auch ein Anspruch auf verhältnismäßige Verfahrensdauer birgt Unsicherheiten, wann die Grenze der „Angemessenheit" erreicht ist. Deshalb wird im folgenden versucht, zusätzlich zum Maßstab der Verhältnismäßigkeit eine Höchstgrenze zu ermitteln, ab wann eine Verfahrensdauer regelmäßig als nicht mehr angemessen zu beurteilen ist. Nach oben oder unten kann diese „Angemessenheit" dann mit dem Verhältnismäßigkeitsprinzip korrigiert werden, wenn dies der Einzelfall gebietet.

[20] Vgl. BVerfG NJW 1992, 1498.

§ 22 Höchstgrenzen von Verfahrensdauer

Bei der Beurteilung der staatlichen Justizgewährung innerhalb angemessener Zeit vertreten Rechtsprechung und Teile der Literatur die Auffassung, daß die Angemessenheit der Frist bei der Justizgewährung nur im Allgemeininteresse bestünde[1]. Es ist jedoch äußerst problematisch, daß Verfahrensverzögerungen von über einem Jahr allein aus dem Blickwinkel der Gerichte betrachtet werden, wonach es für den Anspruch des rechtssuchenden Bürgers ausreichen soll, wenn das Willkürverbots beachtet worden ist. Der verfassungsrechtliche Anspruch auf ein Verfahren innerhalb angemessener Zeit kann nicht dadurch relativiert werden, daß keine offensichtliche Gesetzeswidrigkeit vorliegt.

Die Besinnung auf das Willkürverbot zur Klassifizierung einer Verfahrensdauer als angemessen wird noch gefördert, indem Art. 6 Abs. 1 EMRK selbst mit einem unbestimmten Rechtsbegriff, der „Angemessenheit", aufwartet. Wenn es um solche entscheidende Ansprüche geht, sind solche vagen Formulierungen von Übel[2]. Man stelle sich vor, wenn in den Grundrechten der Begriff „angemessen" eingeschoben wäre. Es ist deshalb zu prüfen, ob anstelle von „Angemessenheit" nicht mit konkreten Zahlen operiert werden kann, weil dann erhebliche Probleme bei der Durchsetzung angemessener Verfahrensdauer entfallen würden:

- Es muß nicht mehr die aufwendige und schwierige Trennung zwischen der angreifbaren „äußeren Verfahrensleitung" des Richters und dem geschützten Judikat versucht werden.
- Die Justiz wird nicht mehr dem Vorwurf ausgesetzt, eigenes Fehlverhalten zu leugnen und sogar deren kostenträchtigen Folgen auf die Parteien abzuwälzen.
- Für Gesetzgeber, Bürger und Gerichte liegt ein objektiver Maßstab über die zumutbare Dauer von Gerichtsverfahren vor.
- Es entsteht Rechtssicherheit darüber, wie lange man maximal auf sein Recht warten muß.

---

[1] Vgl. BayVerfGH, DVBl 1965, 880; RGRK-*Kreft*, § 839 Rn 207; BGH VersR 1962, 738; 1964, 344 = BGH LM § 839 Cb Nr. 1.

[2] *Bull*, NJW 1957, 1001 mwN.

Der Gedanke, für die Verfahrensdauer Höchstgrenzen festzulegen, ist nicht neu. Teilweise werden diesem Lösungsversuch allerdings auch Bedenken entgegengebracht, die jedoch ausgeräumt bzw. berücksichtigt werden können.

I. Ablehnung der Einführung einer Verfahrenshöchstdauer

Für jedes Verfahren ist die Tatsache charakteristisch, daß die Verfahrensdauer von so unterschiedlichen Faktoren beeinflußt wird, daß schon von vorneherein die Festlegung einer absoluten Höchstdauer auszuscheiden scheint. Denn auch eine Verfahrensdauer von über zehn Jahren kann noch angemessen sein, weil es eben besondere Umstände rechtfertigen könnten.

Mit dieser „Natur" des Verfahrens wird die Ablehnung einer Grenze für die Dauer von Verfahren auch überwiegend begründet[3]. Eine verfassungsrechtliche Grenze kann nur im Einzelfall überschritten werden. Die ZPO hat auf eine unmittelbare gesetzliche Beschränkung der Verfahrensdauer selbst für die erste Instanz verzichtet, weil ein Rechtsstreit nicht immer selbst in einer umfassend vorbereiteten mündlichen Verhandlung (Haupttermin) erledigt werden kann[4]. Wenn es schon Schwierigkeiten gibt, für die Erledigung einer Instanz ein zeitliches Limit festlegen zu wollen, so ist es wegen weiterer Unwägbarkeiten erst recht nicht möglich, dies bis zu einem rechtskräftigen Urteil letzter Instanz vorzunehmen.

Für den Zivilprozeß zeigen historische Erfahrungen, daß Versuche gescheitert sind, mit der Festlegung zeitlicher Höchstgrenzen das Verfahren zu beschleunigen. So war zwar im von Friedrich d. Gr. 1748 erlassenen Codex Fridericianus Marchicus davon die Rede, daß „alle Processe in einem Jahr durch drey Instantzen zum Ende gebracht werden sollen und müssen"[5]. Aber

---

[3] MK ZPO-*Lüke*, Einl Rn 146.
[4] Vgl. *Vollkommer*, ZZP 81 (1968), 119.
[5] Zit. nach *J.C. Schwartz*, Civilprozeß-Gesetzgebung, S. 479.

bereits 1775 beklagte Friedrich, daß „die Justiz wieder anfangt einzuschlafen", so daß er 1780 zu erneuten Reformen ansetzen mußte[6].

Darüber hinaus wird gegen die Festsetzung von Höchstgrenzen eingewandt, daß diese sich wegen Ihrer Unflexibilität verfahrensverzögernd auswirken könnten[7]. So kann bei einfachen Sachen eine Frist den Richter verleiten, diese Frist auch dann voll auszuschöpfen, obwohl eine kürzere Frist „angemessen" wäre.

II. Befürwortung von Höchstgrenzen

Die deutsche Rechtsprechung und die europäische Menschenrechtsrechtsprechung haben gezeigt, daß es durchaus Grenzen der Verfahrensdauer gibt, die dem Bürger nicht mehr zumutbar sind. Höchstgrenzen kennt die Rechtsordnung bereits in mehreren Bereichen. Sie sind Ausdruck dafür, daß im Interesse der Rechtssicherheit der Einzelfall schlechthin zurückzustehen hat.

Das Prinzip der Rechtssicherheit ist ein wesentlicher Bestandteil des Rechtsstaatsprinzips[8]. Freiheit erfordert die durch das Rechtsstaatsprinzip geforderte Verläßlichkeit der Rechtsordnung. Denn Freiheit meint vor allem die Möglichkeit, das eigene Leben nach eigenen Entwürfen zu gestalten. Eine wesentliche Bedingung hierfür ist, daß die Umstände und Faktoren, die die Gestaltungsmöglichkeiten solcher Entwürfe und ihren Vollzug nachhaltig beeinflussen können, insbesondere die staatlichen Einwirkungen hierauf, möglichst zuverlässig eingeschätzt werden können[9].

1. Der allgemeine Rechtsgedanke der Verjährung

Der Anspruch auf ein Verfahren innerhalb angemessener Zeit bezweckt in allen Rechtsgebieten auch die unverzögerte Wiederherstellung von Rechtsfrie-

[6] Vgl. *J.C. Schwartz*, S. 494; *Vollkommer*, ZZP 81 (1968), 110f.
[7] *Vollkommer*, ZZP 81 (1968), 111.
[8] BVerfGE 2, 380/403; 3, 225/237; 7, 89/92, 194/196; 13, 261/ 271; 15, 313/319; 49, 148/164.
[9] BVerfGE 60, 253/267f.

den und Rechtssicherheit. Sucht man nach Rechtsinstituten, die die gleiche Zweckrichtung verfolgen, so stößt man auf die Verjährung. Darunter versteht man im weitesten Sinne die Wirkung des Zeitablaufs auf Begründung, Änderung oder Verlust eines Rechtes[10].

Das BGB kennt nur die Anspruchsverjährung (vgl. §§ 194ff), deren Wirkung den Anspruch des Gläubigers nicht entfallen läßt, sondern insoweit schwächt, als der Schuldner nach § 222 BGB die Leistung dauernd zu verweigern berechtigt ist. Mit der Regelung der Verjährung hat der Gesetzgeber eine Entscheidung darüber getroffen, daß nach Ablauf von bestimmten Fristen die Rechtssicherheit größere Bedeutung erlangt als die materielle Gerechtigkeit.

Im Interesse von Rechtsfrieden und Verkehrssicherheit sind Ansprüche, die lange Zeit nicht geltend gemacht worden sind, nach der Lebenserfahrung in der Regel nicht oder nicht mehr berechtigt[11]. Daher ist es sachgerecht, dem Schuldner die Befugnis einzuräumen, den wahrscheinlich unbegründeten Anspruch ohne Eingehen auf die Sache abzuwehren, zumal der Zeitablauf die Beweisposition des Schuldners und seine Rechtsstellung, etwa durch den Verlust von Regreßmöglichkeiten erheblich verschlechtert haben kann[12]. Die Verjährungsfristen reichen von sechs Wochen (§ 490 Abs. 1 S. 1 BGB) bis zu zehn Jahren (§ 169 Abs. 2 S. 2 AO); die Regelfrist des § 195 BGB, dreißig Jahre, ist praktisch die Ausnahme.

Mit diesen starren Fristen, die dazu führen können, daß der Berechtigte um sein unzweifelhaftes gutes Recht gebracht wird, gelten für alle entsprechenden Ansprüche. Für den Einzelfall gibt es keine stufenlose Anpassung. Freilich gibt es auch „Ausnahmen“, etwa durch Hemmung und Unterbrechung der Verjährung, aber im Grundsatz sind die gesetzlichen Fristen nicht auf den Einzelfall anpassbar.

---

[10]Vgl. den Verjährungsbegriff des ALR, der zwischen erwerbender (z.B. Ersitzung) und erlöschender Verjährung unterscheidet.

[11]Motive I S. 291; BGH FamRZ 1983, 27.

[12]Palandt-*Heinrichs*, Vor § 194 Anm 2.

Grundsätzlich unterliegt nach den §§ 78ff StGB auch die Strafverfolgung (Verfolgungshandlungen einer Straftat) und die Strafvollstreckung (Vollstreckung einer rechtskräftig angeordneten Strafe oder Maßnahme) der Verjährung. Ausnahmen bilden Mord und Völkermord (§ 78 Abs. 2 StGB).

Die Verfolgungsverjährung bewirkt nicht den Untergang von Schuld, sondern den Verzicht auf Strafbarkeit[13], wobei das Bedürfnis nach Strafe schwindet[14]. Deshalb führt die Verjährung nicht zu einem Freispruch, sondern zur Verfahrenseinstellung; sie stellt ein von Amts wegen zu berücksichtigendes Verfahrenshindernis dar[15].

Die Vollstreckungsverjährung trägt dem Umstand Rechnung, daß das Bedürfnis nach Vollzug der Strafe oder Maßnahme mit der Zeit nach der Tatschwere schwindet, zumal Tat und Urteil in der damals interessierten Gesellschaft vergessen sind, und der Verurteilte ein anderer Mensch geworden ist[16].

Das StGB bringt mit § 78 c Abs. 3 S. 2 zum Ausdruck, daß es trotz Verjährungshemmungen eine absolute Grenze für die Verfahrensdauer gibt, die also im günstigsten Fall bis zum erstinstanzlichen Urteil nicht länger als drei Jahre betragen darf, da dann der Wegfall des Verfolgungsinteresses fingiert wird[17].

2. Die Fristen der Nichtigkeits- und Restitutionsklage

Die Nichtigkeitsklage (§ 579 ZPO) richtet sich gegen die Verletzung wichtiger Prozeßnormen, die Restitutionsklage (§ 580 ZPO) gegen eine evident unrichtige oder unvollständige Urteilsgrundlage. Beide Klagen sind keine wirklichen Rechtsmittel, sondern außerordentliche Rechtsbehelfe, die die Aufhe-

[13] *Dreher*, FS Karl Schäfer, S. 8.
[14] BGHSt 29, 372, BGH NJW 1985, 1719.
[15] RGSt 46, 217.
[16] *Dreher/Tröndle*, Vor § 78 Rn 5 mwN (str.).
[17] Sie beträgt vom Beginn des Fristenlaufs nach § 78 a StGB an das Doppelte der durch § 78 Abs. 3 bestimmten Frist. Gilt die kürzeste Verjährungsfrist von drei Jahren nach § 78 Abs. 3 Nr. 5 für Taten, die mit Geldstrafe oder mit Freiheitsstrafen unter einem Jahr bedoht sind, liegt die absolute Grenze also bei sechs Jahren. Wenn allerdings nach besonderen Gesetzen die Verjährungsfrist kürzer als drei Jahre ist und deren Verdoppelung drei Jahre nicht erreicht, gilt eine absolute Grenze bei drei Jahren, sonst ebenfalls das Doppelte.

bung eines rechtskräftigen Endurteils oder anderer Entscheidungen eines Rechtsstreits bezwecken[18]. Die Klagen sind nach § 586 Abs. 1, Abs. 2 S. 1 vor Ablauf der Notfrist eines Monats zu erheben, die mit dem Tage, an dem die Partei Kenntnis von dem Anfechtungsgrund erhalten hat, zu laufen beginnt. Die Klagen sind jedoch nach Ablauf von fünf Jahren nicht mehr statthaft, § 586 Abs. 2 S. 2 ZPO. Diese Frist beginnt von dem Tage der Rechtskraft des Urteils an gerechnet (§ 586 Abs. 2 S. 2 ZPO) ohne Kenntnis oder Unkenntnis vom Anfechtungsgrund zu laufen[19]. Dieser Zeitraum stellt eine absolute Ausschlußfrist dar, die weder aus den Gründen des § 203 BGB gehemmt werden kann[20], noch sind Wiedereinsetzung in den vorherigen Stand, Abkürzung oder Verlängerung möglich[21]. Diese Frist zeigt, daß die Rechtsordnung über diesen Zeitpunkt hinaus in ihrem Interesse und im Interesse der Bürger kein Risiko für den Rechtsfrieden mehr duldet.

3. Die Dreimonatsgrenze im § 23 GVG und in anderen Vorschriften

Daß „Angemessenheit" von Verfahrensdauer grundsätzlich definierbar ist, zeigt § 75 VwGO. Diese Vorschrift bestimmt, daß nach Ablauf von drei Monaten Klage erhoben werden kann, wenn über einen Widerspruch oder über einen Antrag auf Vornahme eines Verwaltungsaktes ohne zureichenden Grund in angemessener Frist sachlich nicht entschieden worden ist. Ebenfalls sehen die §§ 23 EGGVG, 88 SGG und 46 FGO bei einer über dreimonatigen Untätigkeit der Behörde eine Antragsmöglichkeit auf gerichtliche Entscheidung vor. Im Verwaltungsverfahren sind die zu behandelnden Anträge und Rechtsbehelfe sehr unterschiedlich. Die Verwaltung ist verpflichtet, über sie so rasch zu entscheiden, wie es ihr ohne Nachteil für die gebotene Gründlichkeit möglich ist[22].

---

[18] Zöller-*Schneider*, § 578 Rn 1.
[19] RGZ 15, 385; BGHZ 50, 120.
[20] BGHZ 19, 22; 1, 153; *Rosenberg/Schwab*, § 162 I 2b.
[21] Zöller-*Schneider*, § 586 Rn 15.
[22] BGHZ 15, 305; 30, 19; MDR 1964, 300.

Diese dreimonatige Frist ist keineswegs zwingend: Im Einzelfall kann einerseits ein zureichender Grund eine Verzögerung erlauben[23], andererseits können die besonderen Umstände des Falls eine kürzere Frist als geboten erscheinen lassen[24], weil sonst die Behörde die Möglichkeit hätte, den Antrag erst kurz vor Ablauf der drei Monate zu bearbeiten[25]. Die Angemessenheit der Frist wird in diesem Zusammenhang folgendermaßen definiert: In angemessener Frist ist nicht entschieden, wenn eine Abwägung zwischen der vom Kläger behaupteten Dringlichkeit einer Entscheidung mit der einer Behörde unter Berücksichtigung der Geschäftslage und des Schwierigkeitsgrades des Sachverhalts und der Rechtsfindung zuzubilligenden Bearbeitungsdauer ergibt, daß eine Entscheidung hätte ergehen müssen[26].

Daraus wird deutlich, daß es sich bei dieser Frist um eine Regelvermutung handelt, nach der eine Verfahrensdauer ab drei Monaten als nicht mehr „angemessen" gilt. Allerdings kann diese Vermutung widerlegt werden, wenn im Einzelfall unvermeidbare Verfahrensverzögerungen eingetreten sind. Folgende Gründe sind als zureichend für eine Verzögerung anerkannt[27]:

- Überlastungen der Behörde bestimmt durch Umzug, Veränderungen der Organisation, Änderung der Gesetzeslage;
- besonderer Umfang und Schwierigkeit der Sachaufklärung.

Nicht anerkannt ist dagegen die Arbeitsüberlastung einzelner Sachbearbeiter, da die Behörde in derartigen Fällen für ausreichende Vertretung sorgen muß.

Bei der Beurteilung der Frage des zureichenden Grundes ist auch die besondere Dringlichkeit einer Angelegenheit zu berücksichtigen; so kann es z.B. geboten sein, bei besonderer Hilfsbedürftigkeit des Antragstellers etwa bei

[23] Die Klage bleibt aber zulässig, weil dem Rechtssuchenden die Überprüfung der Verzögerungsgründe nicht zugemutet werden kann: BVerwGE 42, 108/110. Das Gericht setzt dann das Verfahren von Amts wegen bis zu einer von ihm nach dem Kalender bestimmten Frist aus: *Weides/Bertrams*, NVwZ 1988, 674 mwN.

[24] Vgl. *Kopp*, VwGO, § 75 Rn 8ff.

[25] DRZ 1948, 271.

[26] *Redeker/von Oertzen*, § 75 Rn 5

[27] Zum folgenden: Vgl. *Kopp*, VwGO, § 75 Rn 13 mwN; *Weides/Bertrams*, NVwZ 1988, 674.

Sozialhilfe oder Prüfungsanfechtungen[28] eine kürzere Frist als drei Monate für die Klagemöglichkeit nach § 75 ausreichen zu lassen. Gegebenenfalls ist dann eine bevorzugte Bearbeitung vor anderen, weniger dringlichen Aufgaben erforderlich[29].

4. Folgerungen für eine Höchstfrist zulässiger Verfahrensdauer

Die Systematik der Untätigkeitsklage zeigt, daß dem Einzelfall trotz der starren Höchstgrenze Rechnung getragen werden kann. Dem Vorschlag, diese Vorgehensweise im Grundsatz für die Beurteilung der Angemessenheit auch gerichtlicher Verfahrensdauer heranzuziehen, kann nicht mit dem Hinweis auf den Anwendungsbereich von § 75 VwGO ausgewichen werden. Es geht hier nicht um die Rechtsfolge dieser Vorschrift, sondern um das Problem, angemessene Verfahrensdauer zu beurteilen. Dieses besteht sowohl in Rechtsprechung als auch Verwaltung. Die Gründe, die eine längere Frist rechtfertigen können -wie z.B. Umfang und Schwierigkeit der Sache-, tauchen auch in der Rechtsprechung des EGMR auf. Die Beurteilung von Verfahrensdauer hängt nicht davon ab, ob eine Behörde oder ein Gericht Verzögerungen verursacht hat. Für die Prüfung, ob eine Verletzung des Anspruchs auf angemessene Verfahrensdauer vorliegt, ist letztlich entscheidend, ob auf staatlicher Seite nicht gerechtfertigte Verzögerungen vorliegen.

Die Kasuistik zu § 75 VwGO widerlegt auch den Einwand, feste Fristen würden sich verzögernd auswirken. Bei einer Regelvermutung für die Angemessenheit von Verfahrensdauer kann durch das Korrektiv der Verhältnismäßigkeit verhindert werden, daß der Richter den Antrag entsprechend lange liegen läßt.

Diese Höchstfrist darf nicht zu knapp bemessen sein und sollte berücksichtigen, daß alle Instanzen innerhalb dieser Frist durchlaufen werden müssen.

---

[28] *Kopp*, VwGO, § 75 Rn 12.
[29] *Eyermann/Fröhler*, § 75, Rn 2 mwN; *Kopp*, VwGO, § 75 Rn 14..

Andernfalls wäre eine Flut von Staatshaftungsprozessen zu befürchten. Sinn dieser Frist kann es auch nicht sein, sich an der durchschnittlichen Verfahrensdauer zu orientieren. Es soll mit dieser absoluten Verfahrensdauer aufgezeigt werden, wo die Regelvermutung für eine noch rechtsstaatliche, angemessene Verfahrensdauer endet.

Eine Verfahrensdauer von über fünf Jahren ist in der Bundesrepublik Deutschland heute nicht mehr angemessen. Gelingt es dem Staat nicht, innerhalb von fünf Jahren Justiz zu gewähren, ist er regelmäßig zu einer Wiedergutmachung verpflichtet. Dies bedeutet für den Zivilprozeß, daß dann ein Anspruch auf Entschädigung gegen den Staat besteht. Eine längere Frist würde lediglich den Mindeststandard der EMRK festschreiben, der sich mittlerweile öfter um einige Jahre unter zehn Jahren bewegt. Mit der Höchstdauer von fünf Jahren wird auch dem Umstand Rechnung getragen, daß die Grundrechte über die Verbürgungen der Konvention hinausgehen. Zum anderen muß diese Grenze auch eine Appellfunktion an die derzeit zu langen Verfahren erfüllen; z.B. dauern die Verwaltungsgerichtsverfahren mit derzeit durchschnittlich sechs Jahren[30] zu lange. Das BVerfG hat für die Frist von fünf Jahren festgestellt, daß damit die Grenze der Angemessenheit nahezu erreicht ist[31]. Ob Gründe für eine längere oder kürzere Verfahrensdauer anzuerkennen sind, kann mit dem Verhältnismäßigkeitsprinzip überprüft werden.

III. Verfahrensverzögerungen

Mit der Höchstgrenze von fünf Jahren ist jedoch nicht dem Rechtsschutzsuchenden geholfen, der sich im laufenden Prozeß gegen unangemessene bzw. unverhältnismäßige Verfahrensverzögerungen durch den Richter wehren muß, um rechtzeitig Rechtsschutz zu erlangen. Vom Bürger kann erwartet werden,

[30] Vgl. *Schoch*, Vorläufiger Rechtsschutz, S. 173 mwN in Fn 47.
[31] BVerfG EuGRZ 1982, 75.

daß er mit den ihm zur Verfügung stehenden Rechtsmitteln eine überlange Verfahrensdauer zu verhindern versucht, zumal bei einem evtl. Entschädigungsanspruch ihn andernfalls ein Mitverschulden treffen kann. Hierzu kommt in erster Linie die Beschwerde der Prozeßgesetze in Betracht. Damit sind Schwierigkeiten verbunden, weil der Anlaß einer Verzögerung häufig eine richterliche Ermessensentscheidung ist. Hier wäre es ebenfalls zu wünschen, daß im Interesse von Rechtssicherheit und Klarheit eine Frist festgelegt würde, innerhalb der der Richter etwa eine mündliche Verhandlung anberaumt haben muß.

Wird der Richter innerhalb einer bestimmten Frist nicht tätig, erscheint es gerechtfertigt, einen „offensichtlich rechtswidrigen", rechtsstaatswidrigen Verfahrensverstoß anzunehmen. Auch diese Frist dürfte nur eine Regelvermutung darstellen und müßte sowohl nach unten, als auch nach oben durch das Verhältnismäßigkeitsprinzip korrigierbar sein. Es ist angemessen, eine „handgreifliche Gesetzesverletzung" dann anzunehmen, wenn der Richter länger als drei Monate untätig bleibt[32], oder innerhalb eines Jahres keine rechtsmittelfähige Entscheidung ergeht. In diesen Fällen ist eine außerordentliche Beschwerde begründet[33], mit der Folge, daß das Untergericht anzuweisen ist, dem Verfahren Fortgang zu geben. Dabei kann die Frage, ob das Verfahren dem zur Vertretung berufenem Richter etwa analog dem Verfahren der Richterablehnung nach §§ 44, 45 ZPO übertragen werden kann[34], nur aufgeworfen werden. Der Hinweis auf die Notwendigkeit, die außerordentliche Beschwerde auszubauen[35], kann hier lediglich Anstoß zu weiteren Überlegungen sein.

---

[32]Ebenso: *Häsemeyer*, FS Michaelis, S. 146; *Joachim*, DRiZ 1965, 186: Drei Monate sind die Grenze für die Geduld des Staatsbürgers.

[33]Gegen die Zulässigkeit einer Untätigkeitsbeschwerde: LG Stuttgart, NStZ 1991, 204; BFH JZ 1963, 261; OVG Bremen, NJW 1984, 992; VGH Mannheim, NJW 1984, 993; *Schmidt-Aßmann*, Verfahrensgarantien, S. 110f.; *H.H. Klein*, JZ 1963, 592; Vollkommer, ZZP 81 (1968), 132.

[34]Dafür: *Häsemeyer*, FS Michaelis, S. 148; gegen eine Avokation oder eine Zuständigkeitsbestimmung durch das Beschwerdegericht: *Hummer*, Justizgewährung, S. 143f.

[35]Dies gebietet eine an Art. 19 Abs. 4 GG angelegte erweiternde Auslegung der Verfahrensgesetze; vgl.: Maunz/Dürig-*Schmidt-Aßmann*, Art. 19 Abs. 4 Rn 273; dagegen: *Hummer*, Justizgewährung, S. 142f mit Hinweis auf *Lindacher*, DRiZ 1965, 168.

Der Ausspruch *Mengers* aus dem Jahr 1908, wonach der Richter im Zivilprozeß einem verdorbenen Uhrwerk gleiche, welches fortwährend gestoßen und geschüttelt werden müsse, um auf kurze Zeit in Gang zu kommen[36], entspricht heute nicht mehr der Realität. Verstreicht eine Frist von drei Monaten jedoch völlig ungenutzt, muß ein rügbarer Verfassungsverstoß regelmäßig angenommen werden, der durch die sachnahen Beschwerdegerichte zu beseitigen ist. Hierbei kann es nicht hingenommen werden, daß das BVerfG mit Hinweis auf seine Überlastung auf die Beschwerdegerichte verweist[37] und ihnen allein die schwierige Abwägung zwischen Justizgewährleistungsanspruch mit dem Prinzip der Unanfechtbarkeit richterlicher Ermessensentscheidung überläßt. Die Beschwerdegerichte wehren sich gegen die „Notbremse" der außerordentlichen Beschwerde, mit der sie selbständig Verfassungsverstöße korrigieren sollen. Sie sehen sich nur zur rechtlichen Überprüfung von Sachentscheidungen berufen[38]. Das BVerfG ist deshalb aufzufordern, hier mit der Frist von drei Monaten unter Berücksichtigung des Verhältnismäßigkeitsprinzips Klarheit herbeizuführen. Damit würde eine Grundlage für die Beschwerdegerichte geschaffen, das BVerfG zu entlasten, und der Bürger hätte Klarheit über die verfassungsrechtlichen Grenzen von Verfahrensverzögerungen.

---

[36] *Menger*, Das bürgerliche Recht und die besitzlosen Volksklassen, S. 32.
[37] Vgl. BVerfGE 49, 258.
[38] Zur Untätigkeitsbeschwerde z.B.: LG Stuttgart, NStZ 1991, 204.

Schlußbetrachtung

Ausgangspunkt für die Untersuchung des Anspruchs auf angemessene Verfahrensdauer ist der *Justizgewährleistungsanspruch*. Mit diesem Anspruch gesteht der Staat dem Bürger das Recht auf Tätigwerden der staatlichen Rechtspflegeorgane zu, weil ihm die private Rechtsbefriedung verboten ist. Von Justizgewährung kann man nur dann sprechen, wenn sie auch wirksam und damit auch innerhalb einer angemessenen Frist erfolgt.

Bereits in der *Reichskammergerichtsordnung* von 1495 wurde dem einzelnen mit der Justizverweigerungsbeschwerde ein Mittel zur Verfügung gestellt, mit dem er sich gegen richterliche Justizverweigerungen bzw. ihr gleichkommende Justizverzögerungen an das Reichskammergericht wenden konnte. Auf eine begründete Beschwerde konnte eine fristgebundene Anweisung zum Tätigwerden ergehen oder der Übergang an das Obergericht angeordnet werden. Dahinter stand einerseits der Zweck, das Funktionieren der Rechtspflege abzusichern und andererseits, die im Namen des Herrschers rechtsprechenden Richter zu disziplinieren.

Die Gefahr für eine ungestörte Justizgewährung wurde im Lauf der weiteren Entwicklung jedoch weniger in prozessualem, richterlichem Fehlverhalten gesehen als in Eingriffen durch nichtrichterliche Organe, z.B. in der Form von Machtsprüchen des Landesherren. Die Reformbestrebungen des 19. Jh. konzentrierten sich demgemäß auch auf die Sicherung der richterlichen Unabhängigkeit; aus dem prozessualen Problem der Justizverweigerung war ein staatsrechtliches geworden. Die Funktionen der alten Justizverweigerungsbeschwerde wurden teilweise von der Dienstaufsichtsbeschwerde übernommen, mit der der Bürger über den Dienstaufsichtsberechtigten, allerdings nur sehr eingeschränkt, gegen nachlässige Richter vorgehen kann. Während zur Zeit der Reichskammergerichtsordnungen die Rechtsprechung noch ein Ausdruck der Herrschaft des Landesherren war, ist sie im Grundgesetz eine unabhängige dritte Gewalt. Zwar sichert die Rechtsordnung die Judikative hinreichend gegen Eingriffe anderer Gewalten ab, aber gegen eine Verzögerung richterlicher Amtsausübung oder gegen eine überlange Verfahrensdauer stehen dem Bürger keine direkten Abhilfemöglichkeiten zur Verfügung.

Der Anspruch auf ein Verfahren innerhalb angemessener Zeit ergibt sich für den *zivilgerichtlichen Bereich* aus dem Rechtsstaatsprinzip.

Im *Strafprozeß* ist die Grundlage des Anspruchs auf angemessene Verfahrensdauer das Rechtsstaatsprinzip in Verbindung mit den Grundrechten. Der Beschuldigte bzw. Angeklagte muß nur die Verfahrensdauer und nur solche Verzögerungen hinnehmen, die seine Grundrechte nicht unverhältnismäßig einschränken.

Wegen des strafähnlichen Charakters einer überlangen Verfahrensdauer können auf der Rechtsfolgenseite Belastungen durch den Prozeß ausgeglichen werden. Voraussetzung für eine entsprechende *Strafmilderung* ist eine unverhältnismäßige Verfahrensdauer, bedingt durch ungeeignete, nicht erforderliche und disproportionale Maßnahmen des Gerichts.

In der *Verwaltungsgerichtsbarkeit* beruht der Anspruch auf ein Verfahren innerhalb angemessener Frist auf Art. 19 Abs. 4 GG. Mit diesem Grundrecht auf wirksamen Rechtsschutz wird ein in Beziehung zu anderen Gewährleistungen des Gerichtsschutzes des Grundgesetzes ausgewogener Rechtsschutz garantiert.

Ob diese Verbürgungen nur auf dem Papier stehen oder dem Rechtssuchenden in der Praxis zu zügigem Rechtsschutz verhelfen können, zeigt die Untersuchung der Durchsetzungsmöglichkeiten.

Das *Prozeßrecht* gibt zunächst dem Richter die Möglichkeit, die schleppend prozessierende Partei z.B. mit Präklusion und Kostennachteilen zu belegen. Sanktionen gegen richterliche Verstöße der Prozeßförderungspflicht sind hingegen nicht in diesem Umfang vorgesehen. Dies ist darauf zurückzuführen, daß der Gesetzgeber die Gefahr für eine zügige Rechtspflege grundsätzlich eher von den Beteiligten ausgehen sieht als vom Richter. Dies trifft etwa für den Strafprozeß zu, es gibt aber insbesondere im Zivilprozeß Fälle, in denen Verfahrensverzögerungen durch das Gericht veranlaßt werden.

Eine bereits ergangene, zusprechende Entscheidung mit dem Rechtsmittel *Revision* anzugehen ist sinnlos, weil das Stadium der Verzögerung bereits überschritten und eine unterbliebene Beschleunigung des Prozesses etwa durch die nicht erfolgte Zurückweisung verspäteten Vorbringens nicht revisibel ist.

Mit der *Dienstaufsichtsbeschwerde* kann der Rechtssuchende nur dann erfolgversprechend den Dienstaufsichtsberechtigten zu Vorhalt und Ermahnung nach § 26 DRiG anregen, wenn eine generelle Übung des Richters die Ursache für überlange Verfahren ist. Zur Beschleunigung eines konkreten Prozesses ist die Dienstaufsichtsbeschwerde nicht geeignet. Dies gilt auch im Hinblick auf die psychologische Wirkung auf den Richter, die sich kaum abschätzen läßt. Im übrigen ist es dem Richter unbenommen, die Maßnahme der Aufsicht zunächst auf ihre Vereinbarkeit mit der richterlichen Unabhängigkeit durch die Dienstgerichte überprüfen zu lassen.

Die *Richteranklage* verleitet aufgrund ihrer Bezeichnung zur Frage, ob damit auch gegen Richter vorgegangen werden kann, die ihre Amtspflichten nicht unverzögert erledigen. Das ist nicht der Fall: Die Richteranklage ist ein in der Geschichte der Bundesrepublik Deutschland noch nicht relevant gewordenes Instrument zur Entfernung verfassungsfeindlicher Richter aus dem Amt, wenn sie ihr Amt zur politischen Agitation gegen die verfassungsmäßige Ordnung des Grundgesetzes mißbrauchen.

Zwar kann grundsätzlich mit einer Justizverzögerung der Tatbestand der Rechtsbeugung nach § 336 StGB erfüllt werden, aber mit einer *Strafanzeige* kann nicht beschleunigend auf das laufende Verfahren eingewirkt werden. Die Bewehrung sorgfältiger richterlicher Amtsführung mit dem Strafrecht ist aber notwendig, um die Bedeutung der richterlichen Verantwortlichkeit für das unverzögert zu gewährende Recht des Bürgers zu unterstreichen.

Nach § 839 Abs. 2 S. 2 BGB macht sich der Richter bei einer pflichtwidrigen Verweigerung oder Verzögerung des Verfahrens schadensersatzpflichtig - vorausgesetzt, das Richterspruchprivileg, das den Schutz der Rechtskraft des Urteils bezweckt, entfaltet keine Sperrwirkung. Amtshandlungen des Richters sind nur dann der Haftung zugänglich, wenn sie sich nicht auf die Sachentscheidung auswirken, die Amtspflicht den Interessen des Prozeßbeteiligten und nicht der Allgemeinheit dient und der entstandene Schaden nicht im Instanzenzug reparabel ist. Diese Voraussetzungen erfüllen nur sehr wenige Maßnahmen des Richters, etwa die verzögerte Absetzung der Entscheidungsgründe, die keine Auswirkung mehr auf die Entscheidungsfindung haben kann. Ein *Amtshaftungsanspruch* wegen überlanger Verfahrensdauer kann nur dann mit Erfolg eingeklagt werden, wenn zum einen an eine konkrete, entsprechende Amtspflichtverletzung angeknüpft werden kann und zum anderen zeitliche Grenzen definierbar sind, ab wann eine Verfahrensdauer als unverhältnismäßig zu gelten hat und eine Verfahrensverzögerung nicht mehr hingenommen werden muß.

Hat der Richter die überlange Verfahrensdauer und die Verzögerungen nicht zu vertreten, kommt eine von der Amtspflichtverletzung abstrahierte *Haftung des Staates* in Betracht. Mangels gesetzlicher Grundlage scheidet eine Verantwortlichkeit des Staates für unzureichende Haushaltsgesetze aus, in denen nicht ausreichende Richterstellen ausgewiesen sind; grundsätzlich haftet der Staat nicht für legislatives Unrecht. Der Staat kann aber dann zur Rechenschaft gezogen werden, wenn Akte der dritten Gewalt z.B. durch verspätete Urteile in Grundrechte des Bürgers eingreifen. Der Staat haftet dem Bürger gegenüber für enteignungsgleiche Eingriffe aufgrund der richterrechtlich geprägten Ausformung des Aufopferungsgedankens (§§ 74, 75 Einl. PrALR). Aber auch hier gilt die Einschränkung, daß nur solche richterlichen Akte eine Haftung begründen können, die mit der Sachentscheidung nicht in unmittelbarem Zusammenhang stehen. Diese mitunter schwierige Abgrenzung wird dadurch erleichtert, daß ein beim obsiegten Kläger entstandener vermögenswerter Schaden indizieren kann, daß haftungsbegründende richterliche Versäumnisse vorliegen. Der Schaden muß für eine Entschädigungspflicht aber zur Ursache haben, daß das Urteil nicht rechtzeitig ergangen ist, aber hätte ergehen können und die Verspätung auf Umständen beruht, die weder vom Kläger zu vertreten sind noch auf der Schwierigkeit der Sache beruhen. Für eine überlange Verfahrensdauer haftet der Staat nur dann, wenn eine unverhältnismäßige Verfahrensdauer festzustellen oder eine absolute Verfahrenshöchstdauer überschritten ist.

Maßnahmen des Gerichts, die für den Prozeßzweck weder erforderlich noch geeignet sind, verursachen neben einer Verzögerung des Verfahrens auch Kosten. Dafür muß der Kläger als Zweitschuldner einstehen, wenn dies dem Beklagten z.B. aufgrund eingetretener Zahlungsunfähigkeit nicht mehr möglich ist. Für Fälle unrichtiger Sachbehandlung durch das Gericht schreibt § 8 Abs. 1 GKG vor, daß die *Gebühren und Auslagen zu Lasten der Staatskasse* niedergeschlagen werden müssen. Die unscharfe Bezeichnung „unrichtige Sachbehandlung“ verleitet die Rechtsprechung, nur bei ganz offensichtlichen Rechtsverstößen diesen Tatbestand anzunehmen. Diese Judikatur verdient Kritik, weil damit der Zweck der Kostenverzichtsregel in ihr Gegenteil verkehrt wird: Nicht die Staatskasse soll bei unrichtigen Sachbehandlungen ihrer Organe aus Billigkeitserwägungen die Mehrkosten tragen, sondern der dem Rechtsprechungsmonopol ausgelieferte Bürger.

Im *öffentlichen Recht* läßt sich der aus Art. 19 Abs. 4 GG abgeleitete Anspruch auf angemessene Verfahrensdauer mit dem *vorläufigen Rechtsschutzverfahren* ausreichend durchsetzen. Über eine Aufrechterhaltung des prozessualen status quo hinaus ermöglicht das verwaltungsgerichtliche Eilverfahren gleichzeitig eine (vorläufige) Sicherung materieller Rechte. Dies wird offensichtlich, wenn Rechtspositionen vom zeitlichen Moment besonders abhängig sind, z.B. bei Wahlspots im Fernsehen oder Demonstrationen, so daß es nicht verwunderlich ist, daß sich das vorläufige Rechtsschutzverfahren zu einer dem Hauptsacheverfahren gleichwertigen Verfahrensart entwickelt hat.

Das *zivilprozessuale Eilverfahren* spielt für die Durchsetzung des Anspruchs auf Entscheidung innerhalb angemessener Frist keine Rolle, weil mit einem entsprechenden Antrag die Gefahr verschuldensunabhängiger Haftung einhergeht, die dann eintritt, wenn sich eine einstweilige Anordnung später als ungerechtfertigt erweisen sollte.

Das BVerfG hat die Aufgabe, spezifische Grundrechtsverletzungen zu verhindern. Hierfür verfügt es über eine hohe Kontrolldichte, um Grundrechtseingriffen entgegenzuwirken, die durch unverhältnismäßige Verfahrensdauer und -verzögerungen verursacht sein können. Deshalb liegt der Weg zu diesem Forum nahe, sei es mit der *Verfassungsbeschwerde* oder einem Antrag auf einstweilige Anordnung. Verfassungsbeschwerden wegen überlanger Verfahrensdauer waren bisher zum einen regelmäßig deshalb unbegründet, weil das BVerfG keine Grenzen für noch zulässige Verfahrensdauer oder -verzögerungen aufgestellt hat. Der Maßstab des Willkürverbots hat sich dabei angesichts der genannten Grundlagen des Anspruchs auf angemessene Verfahrensdauer als ungeeignet erwiesen, Interessen des Rechtssuchenden zu berücksichtigen. Zum anderen ist das BVerfG sichtlich bemüht, den Grundsatz der Subsidiarität der Anrufung des BVerfG dadurch zu betonen, daß es Verfassungsbeschwerden wegen überlanger Verfahrensdauer mit Hinweis auf den nicht erschöpften Rechtsweg zurückweist.

Eine Korrektur der geltend gemachten Verfassungsverletzung muß nach dem BVerfG durch die Fachgerichte angestrebt werden. Das bedeutet, daß eine Grundrechtsverletzung zunächst in dem mit der Beeinträchtigung zusammenhängenden sachnächsten Verfahren geltend gemacht werden muß.

Diese Sachnähe ist mit der *Beschwerde* gegen richterliche Handlungen gegeben, über die das im Rechtszug nächsthöhere Gericht entscheidet. Dabei muß die Durchbrechung des Prinzips der Unanfechtbarkeit richterlicher Ermessensentscheidungen hingenommen werden, wenn damit Verletzungen des Anspruchs auf angemessene Verfahrensdauer verhindert werden. Mit dieser Beschwerdemöglichkeit wird zwar das formalisierte Rechtsmittelsystem unterlaufen, was sich aber mit der Rechtsprechung des BVerfG vereinbaren läßt. Das Beschwerdegericht ist im Verhältnis zum BVerfG und zur Dienstaufsicht eine geeignete Institution, drohende oder eingetretene Grundrechtseingriffe durch Verfahrensverzögerungen mit der Anordnung zu beseitigen, daß dem Verfahren Fortgang zu geben ist.

Mit der *Individualbeschwerde zum EGMR* in Straßburg kann dem Beschwerdeführer neben der Feststellung, daß eine Verletzung des Art. 6 Abs. 1 EMRK vorliegt, eine Geldentschädigung als Wiedergutmachung zugebilligt werden. Dieses Verfahren ist jedoch sehr langwierig und kann demzufolge nur sehr bedingt als Durchsetzungsmöglichkeit des Anspruchs auf angemessene Verfahrensdauer angesehen werden. Im übrigen kann der rechtsschutzsuchende Bürger aufgrund der verfassungsrechtlichen Gewährleistung dieses Anspruchs erreichen, daß Verfahrensverzögerungen und Verfahrensdauer an dem über die menschenrechtlichen Mindeststandards der EMRK hinausgehenden Maßstab, dem der Verhältnismäßigkeit gemessen werden.

Um die Durchsetzungsmöglichkeiten angemessener Verfahrensdauer im Zivilrecht zu optimieren, sollten *Höchstgrenzen für Verfahrensdauer* festgelegt werden, ab der Unverhältnismäßigkeit indiziert ist. Grundsätzlich gilt eine Verfahrensdauer von mehr als fünf Jahren als nicht mehr verhältnismäßig. Diese Frist ist insofern flexibel, als es analog der Frist für die Untätigkeitsklage (§ 75 VwGO) Umstände gibt, die eine kürzere oder längere Dauer ganz ausnahmsweise rechtfertigen können. Für einzelne Verfahrensverzögerungen gilt, daß bei einer richterlichen Untätigkeit von über drei Monaten ein offensichtlicher Verfahrensverstoß vorliegt, die eine außerordentliche Beschwerde entsprechend § 567 ZPO begründet. Auch für den Fall, daß innerhalb eines Jahres keine rechtsmittelfähige Entscheidung ergeht, ist es geboten, im Interesse des Anspruchs auf ein Verfahren innerhalb angemessener Zeit diese Beschwerdemöglichkeit erweiternd auszulegen. Mit diesen Höchstfristen wird eine Leitlinie für noch zumutbare Verzögerungen aufgestellt, sofern nicht der Grundsatz der Verhältnismäßigkeit ein zügigeres Tätigwerden der Rechtspflege erzwingt.

Hierzu wären einige wegweisende Entscheidungen des BVerfG wünschenswert.

Literaturverzeichnis

Achterberg, Norbert: Die richterliche Unabhängigkeit im Spiegel der Dienstgerichtsbarkeit, NJW 1985, S. 3041 - 3047.

Anschütz, Gerhard: Die Verfassung des Deutschen Reichs vom 11.August 1919, ein Kommentar für Wissenschaft und Praxis, 3. Bearbeitung, 10. Auflage Berlin 1929.

Arndt, Adolf: Die Gesetzlichkeit des Richters als Strukturprinzip der rechtsprechenden Gewalt, JZ 1956, S. 633.

-- Die Gesetzlichkeit des Richters, DRiZ 1959, 171f.

Arndt, Hans-Wolfgang: Praktikablität und Effizienz -Zur Problematik gesetzesvereinfachenden Verwaltungsvollzuges und der „Effektuierung“ subjektiver Rechte, Köln 1983.

Arndt, Herbert: Sammeltermine, DRiZ 1979, S. 142 - 144.

Bachof, Otto: Art. 19 Abs.4 des Grundgesetzes Bundesverwaltungsgericht - Bemerkungen zu einem Gesetzesentwurf, DRZ 1950, S. 245 - 247.

Baert: Nationalbericht Belgien, in: Storme, Effectiveness of Judical Protection and the Constitutional Order, 1983.

Battis, Ulrich: Allgemeines Verwaltungsrecht, Heidelberg 1985.

Baumbach/Lauterbach: Zivilprozeßordnung mit Gerichtsverfassungsgesetz und anderen Nebengesetzen, neubearbeitet von Jan Albers und Peter Hartmann, 50. Auflage München 1992.

Baur, Fritz: Justizaufsicht und richterliche Unabhängkeit, Tübingen 1954. (Zit.: Justizaufsicht)

-- Der Anspruch auf rechtliches Gehör, AcP 153 (1954), S. 393 - 412.

-- Die Beurteilung des Richters und seine Unabhängigkeit, DRiZ 1973, S. 6 - 8.

-- Richterliche Verstöße gegen die Prozeßförderungspflicht, in: Festschrift für Karl Heinz Schwab, hrsg. von P. Gottwald und H. Prütting, München 1990, S. 53 - 60. (Zit.: FS Schwab)

Bayer, Hieronymus von: Vorträge über den gemeinen ordentlichen Zivilprozeß, München 1869.

Behrendt, Hans Joachim: Die Rechtsbeugung, JuS 1989, S. 945 - 952.

Bemmann, Günter: Wie muß der Rechtsbeugungsvorsatz beschaffen sein, JZ 1973, S. 549f.

Benda/Klein: Ernst Benda, Eckart Klein, Lehrbuch des Verfassungsprozeßrechts, Heidelberg 1991.

Benda/Weber: Ernst Benda, A. Weber, Der Einfluß der Verfassung im Prozeßrecht, in: ZZP 96 (1983), S. 285 - 306.

Bender, Bernd: Staatshaftungsrecht, 2. Aufl. Karlsruhe 1974.

Berg, Günther Heinrich von: Grundriß der reichsgerichtlichen Verfassung und Praxis, Göttingen 1797.

Berra, Xaver: Im Paragraphenturm, Berlin/Neuwied a. Rh. 1966.

Bernhardt, Rudolf: Internationaler Menschenrechtsschutz und nationaler Gestaltungsspielraum, in: Völkerrecht als Rechtsordnung - Internationale Gerichtsbarkeit - Menschenrechte, Festschrift für Hermann Mosler, hrsg. von R. Bernhardt/W. Geck/G. Jaenicke/H. Steinberger, Berlin/Heidelberg/ New York 1983, S. 75 - 88. (Zit.: FS Mosler)

Bethge, Herbert: Grundrechtsverwirklichung und Grundrechtssicherung durch Organisation und Verfahren, NJW 1982 S. 1 - 7.

Bettermann, Karl August: Der Schutz der Grundrechte in der ordentlichen Gerichtsbarkeit in: Die Grundrechte, Bd. III/2, hrsg. von K.A. Bettermann, H.C. Nipperdey, U. Scheuner, Berlin 1959, S. 779 - 908.

-- Die Unabhängigkeit der Gerichte und der gesetzliche Richter, Die Grundrechte, ebd. S. 523 - 642.

Beulke, Werner: Strafprozeßrecht, Heidelberg 1994.

Binding, Karl: Lehrbuch des gemeinen Strafrechts, Besonderer Teil, 2. Hälfte Abt. 1, Neudruck der 1. Auflage Leipzig 1901, Aalen 1969.

Bleckmann, Albert: Der Beurteilungsspielraum im Europa- und im Völkerrecht, EuGRZ 1979, S. 485 - 495.

-- Allgemeine Grundrechtslehren, Köln/Berlin/Bonn/München 1979.

-- Grundgesetz und Völkerrecht, Berlin 1975.

-- Die Völkerrechtsfreundlichkeit der deutschen Rechtsordnung, DÖV 1979, S. 309 - 312.

-- Rechtsprechungsbericht 1982, EuGRZ 1983, S. 415 - 429.

-- Verfassungsrang der Europäischen Menschenrechtskonvention? EuGRZ 1994, S. 149 - 155.

Blomeyer, Arwed: Der Rechtsschutzanspruch im Zivilprozeß, in: Festschrift für Eduard Bötticher, hrsg. von K.A. Bettermann und A. Zeuner, Berlin 1969, S. 61 - 75.

Blomeyer, Jürgen: Die Haftung des Staates für die Verzögerung von Zivilprozessen, NJW 1977, S. 557 - 561.

Blum, Nikolaus: Die Gedanken-, Gewissens- und Religionsfreiheit nach Art. 9 der Europäischen Menschenrechtskonvention, Berlin 1990. (Zit.: Art. 9 EMRK)

Bonner Kommentar-*Bearbeiter*: Bonner Kommentar zum Grundgesetz, bearb. von H. J. Abraham u.a.; Zweitbearbeitung Heidelberg 1982 - 1990.

Bötticher, Eduard: Buchbesprechung zu Bettermann/Nipperdey/Scheuner, Die Grundrechte, ZZP 74 (1961), S. 314 - 320.

-- Unzulässigkeit richterlicher Rechtsfindung bei gesetzlich vorbehaltener Regelung der Materie, ZZP 75 (1962) S. 28 - 63.

Bruns, Rudolf: Zivilprozeßrecht, Berlin/Frankfurt a. M. 1968; 2. Auflage ebd. 1979.

Buchholz: Die Rechtsmittelbeschränkung in Wohnungssachen in Niedersachsen und Schleswig-Holstein, DVBl 1952, S. 361 - 363.

Bull, Hans-Joachim: Rechtsstaat und Verfahrensverschleppung, NJW 1957, S. 1100 - 1101.

-- Rechtsstaat und Verfahrensdauer -„Vorläufige Vollstreckbarkeit“der Grundrechte? JR 1959, S. 139 - 140.

Canaris, Claus Wilhelm: Grundrechte und Privatrecht, AcP 184 (1985), S. 201 - 246.

Clausing, Berthold: Strukturänderungen in der Verwaltungsgerichtsbarkeit? NVwZ 1992, S. 717 - 727.

Cohn, Georg: Die Justizverweigerung im altdeutschen Recht, Karlsruhe 1878.

Conrad, Hermann: Deutsche Rechtsgeschichte, 2. Auflage, Bd. I, Frühzeit und Mittelalter, Karsruhe 1962 und Bd. II, Neuzeit bis 1806, Karlsruhe 1966.

Däubler, Wolfgang: Bürger ohne Rechtsschutz? BB 1969, S. 545 - 551.

Degenhart, Christoph: Gerichtsverfahren, in: Handbuch des Staatsrechts der Bundesrepublik Deutschland, hrsg. von J. Isensee und P. Kirchhof, Band III; Das Handeln des Staates, Heidelberg 1988, § 76 S. 879 - 919. (Zit. HdBStR III)

Dijk, Pieter van: The Interpretation of „civil rights and obligations" by the European Court of Human Rights - one more step to make, in: Protecting Human Rights, Studies in honour of Gérard J. Wiarda, second edition, hrsg. von F. Matscher/H. Petzold, Berlin/Bonn/München 1990, S. 131 - 144. (Zit.: FS Wiarda)

Döhring, Erich: Geschichte der deutschen Rechtspflege seit 1500, Berlin 1953.

Dönhoff, Marion Gräfin: Preußen - Maß und Maßlosigkeit, Berlin 1987.

Dörr, Dieter: Faires Verfahren, Kehl am Rhein/Straßburg 1984.

Dreher, Eduard: Karl Schäfer in der Großen Strafrechtskommission, in: Festschrift für Karl Schäfer, hrsg. vom H. Hassenpflug, Berlin/New York 1980, S. 5 - 12.

Dreher/Tröndle: Eduard Dreher, Herbert Tröndle, Strafgesetzbuch und Nebengesetze, 45. Auflage München 1991.

Dürig, Günter: Grundrechte und Privatrechtsprechung, in: Vom Bonner Grundgesetz zur gesamtdeutschen Verfassung, Festschrift zum 75. Geburtstag von Hans Nawiasky, hrsg. von T. Maunz, München 1956, S. 157 - 190.

Dürig/Rudolf: Günter Dürig, Walter Rudolf (Hrsg): Texte zur deutschen Verfassungsgeschichte, 2. Aufl. München 1979.

Dütz, Wilhelm: Rechtsstaatlicher Gerichtsschutz im Privatrecht, Bad Homburg v.d.H., Berlin, Zürich 1970.

Ebel, Wilhelm: Geschichte der Gesetzgebung in Deutschland, 2. Auflage Göttingen 1958.

Ebermayer, Ludwig: Die Rechtsbeugung im künftigen deutschen Strafrecht, DRiZ 1927 S. 60 - 62.

Echterhölter, Rudolf E.: Die Europäische Menschenrechtskonvention im Rahmen der verfassungsmäßigen Ordnung, JZ 1955, S. 689 - 693.

Eissen, Marc-Andre: Der Europäische Gerichtshof für Menschenrechte, DRiZ 1986, Sonderdruck, S. 1 - 31.

Engelhardt, Hanns: Die neueste Entwicklung der Rechtsprechung zum Staatshaftungsrecht, NVwZ 1985, S. 621- 628.

Erichsen/Martens-*Bearbeiter*: Allgemeines Verwaltungsrecht, hrsg. von H.U. Erichsen/W. Martens, 9. Auflage Berlin/New York 1992.

Ermacora, Felix: Auswirkungen der menschenrechtlichen Rechtsprechung der Strassburger Instanzen auf die Österreichische Rechtsordnung, in: Die Europäische Menschenrechtskonvention in der Rechtsprechung der Österreichischen Höchstgerichte, hrsg. von F. Ermacora/M. Nowak/H. Tretter, Wien 1983 S. 51 - 58.

Erman-*Bearbeiter*: Handkommentar zum Bürgerlichen Gesetzbuch, hrsg. von H. P. Westermann/K. Küchenhoff, 8. Auflage Münster 1989.

Evrigenis, Dimitrios: L'interaction entre la dimension internationale et la dimension nationale et la Convention Européene des Droits de l'Homme: Notions autonomes et effet direct, in: Völkerrecht als Rechtsordnung - Internationale Gerichtsbarkeit - Menschenrechte, Festschrift für Hermann Mosler, hrsg. von R. Bernhardt/W. Geck/G. Jaenicke/H. Steinberger, Berlin/Heidelberg/New York 1983, S. 193 - 202. (Zit.: FS Mosler)

Eyermann/Fröhler: Verwaltungsgerichtsordnung, Kommentar von Erich Eyermann, Ludwig Fröhler, Joachim Kormann, 9.Auflage München 1988.

Fehr, Hans: Deutsche Rechtsgeschichte, 6. Auflage Berlin 1962.

Feuerbach, Anselm Ritter von: Betrachtungen über die Öffentlichkeit und Mündlichkeit der Gerechtigkeitspflege, Bd. II, Giessen 1825.

Fezer, Gerhard: Anmerkung zu BGH, Urt. vom 23.5.1984 - 3 StR 102/84 (BGHSt. 32, 357); NStZ 1986, S. 29f.

Finkelnburg, Klaus: Das Gebot der Effektivität des Rechtsschutzes in der Rechtsprechung des Bundesverwaltungsgerichts, in: Verwaltungsrecht zwischen Freiheit, Teilhabe und Bindung, Festgabe aus Anlaß des 25-jährigen Bestehens des Bundesverwaltungsgerichts, hrsg. von O. Bachof/ L. Heigl/K. Redeker, München 1978, S. 169 - 182. (Zit.: FS BVerwG)

Finkelnburg/Jank: Klaus Finkelnburg, Peter Jank; Vorläufiger Rechtsschutz im Verwaltungsstreitverfahren, 3. Auflage München 1986.

Forsthoff, Ernst: Lehrbuch des Verwaltungsrechts, Erster Band, Allgemeiner Teil, 10. Auflage München 1973.

Frank, Reinhard: Das Strafgesetzbuch für das Deutsche Reich, 18. Auflage Tübingen 1931.

Frohn, Hansgeorg: Rechtliches Gehör und richterliche Entscheidung, Berlin 1989.

Frowein, Jochen Abr.: Zur Fortentwicklung des europäischen Menschenrecht- und Grundrechtsschutzes, in: Einigkeit und Recht und Freiheit, Festschrift für Karl Carstens, hrsg. von B. Börner/H. Jahrreiß/K. Stern, Band 1, Köln/Berlin/Bonn/München 1984, S. 327-337. (Zit.: FS Carstens)

-- Die Europäische Menschenrechtskonvention in der neueren Praxis der Europäischen Kommission und des Europäischen Gerichtshofs für Menschenrechte, EuGRZ 1980, S. 231 - 237.

-- Der europäische Grundrechtsschutz und die nationale Gerichtsbarkeit; Berlin/New York 1983.

-- Anmerkung zur Pakelli-Entscheidung des Bundesverfassungsgerichts; ZaöRV 46 (1986), S. 286 - 289.

-- Das Bundesverfassungsgericht und die Europäische Menschenrechtskonvention, in: Festschrift für Wolfgang Zeidler, Band II, hrsg. von W. Fürst/ R. Herzog/D. Umbach, Berlin/New York 1987, S. 1763 - 1774. (Zit.: FS Zeidler)

-- Übernationale Menschenrechtsgewährleistungen und nationale Staatsgewalt, in: Handbuch des Staatsrechts für die Bundesrepublik Deutschland, hrsg. von J. Isensee und P. Kirchhof, Band VII, Heidelberg 1992, § 180 S. 731 - 765. (Zit.: HdBStR VII)

--/*Peukert*, Wolfgang: Europäische Menschenrechtskonvention, Kommentar, Kehl/Straßburg/Arlington 1985.

--/*Ulsamer*, Gerhard: Europäische Menschenrechtskonvention und nationaler Rechtsschutz, Heidelberg 1985.

Ganshof van der Meersch, Walter J.: Die Bezugnahme auf das innerstaatliche Recht der Vertragsstaaten in der Rechtsprechung des Europäischen Gerichtshofs für Menschenrechte, EuGRZ 1981, S. 481 - 489.

-- La Convention européene des droits de l'homme, a-t-elle dans le cadre du droit interne, une valeur d'une ordre public? in: Les droits de l'homme en droit interne et en droit international, Bruxelles 1968. (Zit.: ordre public)

-- La Marge d'Appréciation, in: Protecting Human Rights, Studies in honour of Gérard J. Wiarda, second edition, hrsg. von F. Matscher/H. Petzold, Berlin/Bonn/München 1990, S. 201 - 220. (Zit.: FS Wiarda)

Geiger, Rudolf: Grundgesetz und Völkerrecht, München 1985.

Gönner, Nikolaus Thaddäus: Handbuch des deutschen gemeinen Prozesses, 3. Bd., 2. Aufl. Erlangen 1804.

Goerlich, Helmut: Eigentum als Verfahrensgarantie - Zugleich zum Beschluß des Bundesverfassungsgerichts vom 7.12.1977 (1BvR 734/77), DVBl 1978, S. 362.

Gössel, Karl Heinz: Strafverfahrensrecht, Stuttgart/Berlin/Köln/Mainz 1977.

Goethe, Johann Wolfgang von: Aus meinem Leben, Dichtung und Wahrheit, in: Goethes Werke, Hamburger Ausgabe in 14 Bänden, Bd. IX, Hamburg 1964.

Goldschmidt, James: Zivilprozeßrecht, 2. Auflage Berlin 1932.

-- Der Prozeß als Rechtslage, Berlin 1925.

Gollwitzer, Walter: Gerechtigkeit und Prozeßwirtschaftlichkeit, in: Strafverfahren im Rechtsstaat, Festschrift für Theodor Kleinknecht, hrsg. von K.H. Gössel/H. Kauffmann München 1985, S. 147, 171. (Zit.: FS Kleinknecht)

Golsong, Heribert: The European Court of Human Rights and the national law-maker: some general reflections; in: Protecting Human Rights , Studies in honour of Gérard J. Wiarda, second edition, hrsg. von F. Matscher/ H. Petzold, Berlin/Bonn/München 1990, S. 239 - 244. (Zit.: FS Wiarda)

-- Zur Reform der Kontrollinstanzen der Europäischen Menschenrechtskonvention, EuGRZ 1992, S. 249 - 253.

Goppert, Thomas: Der enteignungsgleiche Eingriff, Nürnberg 1987.

Grünwald, Gerald: Beweisverbote und Verwertungsverbote im Strafverfahren, JZ 1966, S. 489 - 501.

Grunsky, Wolfgang: Zur Haftung für richterliche Amtspflichtverletzungen, in: Funktionswandel der Privatrechtsinstitutionen, Festschrift für Ludwig Raiser, hrsg. von F. Baur/J. Esser/F. Kübler/E. Steindorff, Tübingen 1974, S. 141 - 158.

-- Grundlagen des Verfahrensrechts, 2. Auflage Bielefeld 1974.

-- Grundlagen des einstweiligen Rechtsschutzes, JuS 1976, S. 277 - 287.

-- Der einstweilige Rechtsschutz im öffentlichen Recht, JuS 1977, S. 217 - 222.

Guradze, Heinz: Die Europäische Menschenrechtskonvention, Konvention zum Schutze der Menschenrechte und Grundfreiheiten nebst Zusatzprotokollen, Kommentar, Berlin/Frankfurt 1968.

Gusy, Christoph: Die Verfassungsbeschwerde, Heidelberg 1988.

Haag, Theodor August: „Effektiver Rechtsschutz" - grundrechtlicher Anspruch oder Leerformel? Konstanz 1986.

Habscheid, Walther J.: Das Recht auf Beweis, ZZP 96 (1983), S. 308 - 334

Häberle, Peter: Grundrechte im Leistungsstaat, VVDStRL 30 (1972), S. 43ff.

-- Effizienz und Verfassung, AöR 98 (1973), S. 625 - 635.

Häsemeyer, Ludwig: Die Erzwingung richterlicher Entscheidungen, mögliche Reaktionen auf Justizverweigerungen, in : Festschrift für Karl Michaelis, hrsg. von H.- M. Pawlowski/F. Wieacker, Göttingen 1977, S. 134 - 150.

Haffner/Venohr: Sebastian Haffner, Wolfgang Venohr, Preussische Profile, Königstein/TS, 1980.

Haft, Fritjof: Aus der Waagschale der Justitia, 2. A. München 1990.

Hagen, Horst: „Unrichtige Sachbehandlung" im Prozeß und Prozeßkostenrisiko, NJW 1970, S. 1017 - 1023.

Hahn, C.: Die gesammelten Materialien zu dem Gerichtsverfassungsgesetz und dem Einführungsgesetz zu demselben vom 27. Januar 1877; hrsg. von C. Hahn, 1. Bd., Berlin 1879. (Zit.: Materialien)

Hailbronner, Kay: Die Einschränkung von Grundrechten in einer demokratischen Gesellschaft - Zu den Schrankenvorbehalten der Europäischen Menschenrechtskonvention in: Völkerrecht als Rechtsordnung - Internationale Gerichtsbarkeit - Menschenrechte, Festschrift für Hermann Mosler, hrsg. von R. Bernhardt/W. Geck/G. Jaenicke/H. Steinberger, Berlin/ Heidelberg/New York 1983, S. 359 - 385. (Zit.: FS Mosler)

Hallstein, Walter: Angleichung des Privat- und Prozeßrechts in der Europäischen Wirtschaftsgemeinschaft, RabelsZ 1964, S. 211 - 231.

Hammerstein, Gerhard: Diskussionsbeitrag in: Absprache im Strafprozeß - ein Handel mit der Gerechtigkeit? Bericht über das Symposion am 20. und 21. November 1986 in Triberg, Stuttgart 1987, S. 91 - 101. (Zit.: Symposion)

Hanack, Ernst-Walter: Prozeßhindernis des überlangen Strafverfahrens? JZ 1971, S. 705 - 715.

Hartmann, Peter: Kostengesetze, 24. Auflage München 1991.

Heidenhain, Martin: Amtshaftung und Entschädigung aus enteignungsgleichen Eingriff, Berlin 1965.

Herzog, Roman: Das Grundrecht auf Freiheit in der Europäischen Menschenrechtskonvention, AöR 86 (1961), S. 194 - 244.

Hesse, Konrad: Bestand und Bedeutung der Grundrechte in der Bundesrepublik Deutschland, EuGRZ 1978, S. 427 - 438.

-- Verfassungsrecht und Privatrecht, Heidelberg 1988.

-- Grundzüge des Verfassungsrechts der Bundesrepublik Deutschland, 18. Auflage Heidelberg 1991.

-- Bedeutung der Grundrechte, in: Handbuch des Verfassungsrechts der Bundesrepublik Deutschland, hrsg. von E. Benda, W. Maihofer, H.-J. Vogel, 2. Auflage Berlin New York 1994, § 5 S. 127 - 160. (Zit. HdBVerfR)

Heubel, Horst: Der „fair-trial" - Ein Grundsatz des Strafverfahrens, Berlin 1981.

Hill, Hermann: Rechtsschutz des Bürgers und Überlastung der Gerichte, JZ 1981, S. 805 - 815.

Hillenkamp, Thomas: Verwirkung des Strafanspruchs durch Verfahrensverzögerung? JR 1975, S. 133 - 140.

-- Verfahrenshindernisse von Verfassungs wegen, NJW 1989, S. 2841 - 2849.

His, Rudolf: Das Strafrecht des deutschen Mittelalters, Band 1, Leipzig 1920.

Huber, Ernst Rudolf (Hrsg): Dokumente zur deutschen Verfassungsgeschichte, Bd. 1, Deutsche Verfassungsdokumente 1803 - 1850, Stuttgart 1961; Bd. 2 Deutsche Verfassungsdokumente 1851 - 1918, Stuttgart 1964. (Zit.: Dokumente)

-- Deutsche Verfassungsgeschichte seit 1789, Bd. III, Bismarck und das Reich, 2. Auflage Stuttgart 1970

Hummer, Rüdiger: Justizgewährung und Justizverweigerung in verfassungsrechtlicher Sicht, Marburg 1972. (Zit.: Justizgewährung)

Int. Kommentar-*Bearbeiter*: Internationaler Kommentar zur Europäischen Menschenrechtskonvention, hrsg. von H. Golsong/W. Karl/H. Miehsler u.a., Loseblatt Ausgabe, Köln/Berlin/Bonn/München 1986.

Jagemann, Eugen von: Die deutsche Reichsverfassung, Vorträge von Eugen von Jagemann, Heidelberg 1904. (Zit.: Reichsverfassung)

Jakobs, Michael Ch.: Der Grundsatz der Verhältnismäßigkeit, Köln/Berlin/Bonn/München 1985.

Jarass/Pieroth: Grundgesetz für die Bundesrepublik Deutschland, Kommentar von Hans D. Jarass und Bodo Pieroth, München 1989.

Jauernig, Othmar: Zivilprozeßrecht, 23. Auflage München 1991.

Jescheck, Hans-Heinrich: Der Strafprozeß - Aktuelles und Zeitloses - JZ 1970, S. 201 - 207.

Joachim, Hans G.: Der Gesetzliche Richter, DRiZ 1965, S. 181 - 188.

Kälin, Walter: Die Europäische Menschenrechtskonvention als Faktor der europäischen Integration, in: Im Dienst an der Gemeinschaft, Festschrift für Dietrich Schindler, hrsg. von W. Haller/A. Kölz/G. Müller/D. Thürer, Basel/Frankfurt am Main 1989, S. 530 - 538.

Karwacki, Angelika Christiane: Der Anspruch der Parteien auf einen fairen Zivilprozeß, Köln/Berlin/Bonn/München 1984.

Kern, Eduard: Gerichtsverfassungsrecht, 4. Auflage, München und Berlin 1965.

-- Der gesetzliche Richter, Berlin 1927.

Kilian, Dieter: Die Bindungswirkungen der Entscheidungen des Europäischen Gerichtshofs für Menschenrechte auf die nationalen Gerichte der Mitgliedstaaten der Konvention zum Schutze der Menschenrechte und Grundfreiheiten vom 4. November 1950, Frankfurt am Main/Berlin/Bern/New York/Paris/Wien 1994.

Kirchhof, Paul: Verfassungsrechtliche Maßstäbe für die Verfahrensdauer und für die Rechtsmittel, in: Staat und Völkerrechtsordnung, Festschrift für Karl Döhring, hrsg. von K. Hailbronner/G. Ress/T. Stein, Berlin u.a. 1989, S. 439 - 457.

Kissel, Otto Rudolf: Gerichtsverfassungsgesetz, Kommentar, München 1981.

KK-*Bearbeiter*: Karlsruher Kommentar zur Strafprozeßordnung und zum Gerichtsverfassungsgesetz, hrsg. von Gerd Pfeiffer, 3. Auflage München 1993.

Klein, Hans H. : Rechtsweg und Justizverweigerung, Anm. zum Urteil des BFH vom 26.10.1962, JZ 1963, S. 591 - 593.

Kleinknecht/Meyer: Theodor Kleinknecht, Karl Heinz Meyer, fortgeführt von Lutz Meyer-Goßner, Strafprozeßordnung, Gerichtsverfassungsgesetz, Nebengesetze und ergänzende Bestimmungen, 40. Auflage München 1991.

Kloepfer, Michael: Verfahrensdauer und Verfassungsrecht, JZ 1979, S. 209 - 216.

-- Anm. zum Beschluß des VG Berlin - VG Disz. 14/76 - vom 15.1.1977, DVBl 1977, S. 740 - 741.

Klüber, Johann Ludwig: Öffentliches Recht des Teutschen Bundes und der Bundesstaaten, 4. Aufl. Frankfurt 1848.

Köndgen, Johannes: Ehrverletzungen durch Gerichtsentscheid und Spruchrichterprivileg, JZ 1979, S. 246 - 252.

Konow, Karl-Otto: Aufopferungsansprüche wegen spruchrichterlicher Maßnahmen, JR 1969, S. 6 - 8.

Kopp, Ferdinand O.: Verwaltungsgerichtsordnung, 8. Auflage München 1989.

Korintenberg-*Bearbeiter*: W.Korintenberg/F.Lappe/M.Bengel/W.Reimann, Kostenordnung, 12. Auflage München 1991.

Krause, Hans G: Richterliche Unabhängigkeit und Rechtsbeugungsvorsatz, NJW 1977, S. 285 - 286.

Krauss, Rupprecht von: Der Grundsatz der Verhältnismäßigkeit, Hamburg 1955.

Krumsiek, Rolf: Management im Verwaltungsgericht, DVBl 1992, S. 508 - 515.

Kühl, Kristian: Der Einfluß der Europäischen Menschenrechtskonvention auf das Strafrecht und Strafverfahrensrecht in der Bundesrepublik Deutschland; ZStW 100 (1988), S. 406 - 433; 601 - 644.

Laband, Paul: Das Staatsrecht des Deutschen Reiches, 5. Auflage, 1. Band, Tübingen 1911 (Neudruck 1964).

Lackner, Karl: Strafgesetzbuch, 19. Auflage München 1991.

Leibholz/Rinck/Hesselberger: Gerhard Leibholz, Hans-Justus Rinck, Dieter Hesselberger, Grundgesetz für die Bundesrepublik Deutschland, Kommentar an Hand der Rechtsprechung des Bundesverfassungsgerichts, 6. Auflage (Loseblatt) Bd. 1 und 2, Köln 1989.

Leibholz/Rupprecht: Gerhard Leibholz, Reinhard Rupprecht, Bundesverfassungsgerichtsgesetz, Rechtsprechungskommentar, Köln 1968.

Leiphold, Dieter: Prozeßförderungspflicht der Parteien und richterliche Verantwortung, ZZP 93 (1980), S. 237 - 265.

-- Anm. zum Urteil des BGH - III ZR 72/65 - (OLG München) vom 11. 3. 1968, JZ 1968, S. 465 - 466.

-- Grundlagen des einstweiligen Rechtsschutzes, München 1971.

Leipziger Kommentar-*Bearbeiter*: Leipziger Kommentar zum Strafgesetzbuch, 10. Auflage hrsg. von H.H. Jescheck/W. Ruß/G. Willms, Berlin/ New York 1985 - 1989.

Lerche, Peter: Zum Anspruch auf „rechtliches Gehör", ZZP 78, (1965), 1 - 31.

Liebs, Detlev: Lateinische Rechtsregeln und Rechtssprichwörter, München 1982.

Löwe/Rosenberg-*Bearbeiter*: Die Strafprozeßordnung und das Gerichtsverfassungsgesetz, Großkommentar, hrsg. von Peter Rieß, 24. Auflage Berlin/ New York 1988

Lorenz, Dieter: Der Rechtsschutz des Bürgers und die Rechtsweggarantie, München 1973.

-- Grundrechte und Verfahrensordnungen, NJW 1977, S. 865 - 872.

-- Der grundrechtliche Anspruch auf effektiven Rechtsschutz, AöR 105 (1980), S. 623 - 649.

Markl, Hermann: Gerichtskostengesetz, Kommentar, 2. Auflage Berlin, New York 1983.

Marx, Reinhard: Eine menschenrechtliche Begründung des Asylrechts, Baden-Baden 1984.

Matscher, Franz: Die Methoden der Auslegung der EMRK in der Rechtsprechung ihrer Organe, in: Aktuelle Fragen zum Europarecht aus der Sicht in- und ausländischer Gelehrter, hrsg. von F. Schwind, Wien 1986, S. 102 - 127. (Zit.: Auslegung)

-- Das Verfahren vor den Organen der EMRK, EuGRZ 1982, S. 489 - 503; 517 - 528.

v. Mangoldt/Klein: Das Bonner Grundgesetz, Berlin/Frankfurt am Main 1966 - 1974.

Mattern, Karl-Heinz: Petitionsrecht, in: Die Grundrechte, Bd. II, hrsg. von F. L. Neumann/H.C. Nipperdey/U.Scheuner, 2. unveränderte Auflage Berlin 1968, S. 623 - 639.

Maunz/Dürig-*Bearbeiter*: Grundgesetz, Kommentar, von T. Maunz, G. Dürig, R. Herzog, R. Scholz, P. Lerche, H.J. Papier, A. Randelzhofer, E. Schmidt-Assmann, Loseblatt, München 1990.

Maurer, Hartmut: Allgemeines Verwaltungsrecht, 7. Auflage München 1990.

Menger, Anton: Das bürgerliche Recht und die besitzlosen Volksklassen, 4. Auflage 1908, Neudruck Darmstadt 1968.

Menger/Erichsen: Christian Friedrich Menger, Hans-Uwe Erichsen, Höchstrichterliche Rechtsprechung zum Verwaltungsrecht, VerwArch 59 (1968) S. 366 - 388.

Merten, Detlef: Zum Spruchrichterprivileg des § 839 Abs. II, in: Multidudo Legum Ius Unum, Festschrift für Wilhelm Wengler, Band II, hrsg. von J. Tittel, Berlin 1973, S. 519 - 540.

Meyer/Anschütz: Georg Meyer, Gerhard Anschütz, Lehrbuch des Deutschen Staatsrechts, 7. Aufl. München und Leipzig 1919.

Meyer, Jürgen: Zur prozeßrechtlichen Problematik des V-Mannes; ZStW 95 (1983), S. 834 - 861.

Meyer, Karlheinz: Anm. zum Urteil des BGH - 2 StR 222/83 - (BGHSt 32, 44) vom 6.7.1983, JR 1984, S. 173 - 174.

MK-*Bearbeiter*: Münchener Kommentar zum Bürgerlichen Gesetzbuch, 2. Auflage München 1986.

MK ZPO-*Bearbeiter*: Münchener Kommmentar zur Zivilprozeßordnung, hrsg. von G. Lüke und A. Walchshöfer, München 1992.

Molketin, Rüdiger: Buchbesprechung zu Scheffler, Die überlange Dauer von Strafverfahren NJW 1992, S. 2010.

Mosler, Hermann: Der Europäische Gerichtshof für Menschenrechte nach zwanzig Jahren, in: Recht als Prozeß und Gefüge, Festschrift für Hans Huber zum 80. Geburtstag, Bern 1981, S. 595 - 607. (Zit.: FS Huber)

-- Grundrechtsschutz in Europa, Europäische Menschenrechtskonvention und Europäische Gemeinschaften, Beiträge zum ausländischen öffentlichen Recht und Völkerrecht, Bd. 72, hrsg. von M. Mosler/R. Bernhardt/ M. Hilf, 1977.

-- Verhandlungen des Fünften Internationalen Kolloquiums über die Europäische Menschenrechtskonvention in Frankfurt/Main, Schlußbericht, in: Europäischer Menschenrechtsschutz, Schranken und Wirkungen, hrsg. von I. Maier, Heidelberg 1982, S. 355 - 369. (Zit.: Kolloquium 1982)

Mugdan, Benno: Die gesamten Materialien zum bürgerlichen Gesetzbuch für das Deutsche Reich, Berlin 1899.

Murswiek, Dietrich: Die Individualbeschwerde vor den Organen der Europäischen Menschenrechtskonvention, JuS 1986, S. 8 - 10 - Zulässigkeitsvoraussetzungen - ; S. 175 - 179 - das Verfahren -.

Nakano, Teiichiro: Das Prozeßrechtsverhältnis, ZZP 79 (1966), S. 99 - 112.

Niese, Werner: Doppelfunktionelle Prozeßhandlungen, ein Beitrag zur allgemeinen Prozeßrechtslehre, Göttingen 1950.

Nüßgens/Boujong: Karl Nüßgens, Karlheinz Boujong, Eigentum, Sozialbindung, Enteignung, München 1987.

Olshausens Kommentar-*Bearbeiter*: Olshausen's Kommentar zum Strafgesetzbuch für das Deutsche Reich, 11. Auflage Berlin 1927.

Ossenbühl, Fritz: Kernenergie im Spiegel des Verfassungsrechts, DöV 1981, S. 1ff.

-- Grundrechtsschutz im und durch Verfahrensrecht, in: Staatsorganisation und Staatsfunktionen im Wandel, Festschrift für Kurt Eichenberger, hrsg. von G. Müller/R. A. Rhinow/G. Schmidt/L. Wildhaber, Basel/Frankfurt am Main 1982, S. 183 - 195.

-- Staatshaftungsrecht, 4. Auflage München 1991.

-- Neuere Entwicklungen im Staatshaftungsrecht, 1984.

Paeffgen, Hans-Ullrich: Vorüberlegungen zu einer Dogmatik des Untersuchungshaft-Rechts, Köln/Berlin/Bonn/München 1986.

Palandt-*Bearbeiter*: Bürgerliches Gesetzbuch, 51. Auflage München 1992.

Papier, Hans-Jürgen: Enteignungsgleiche und enteignende Eingriffe nach der Naßauskiesung - Entscheidung - BGHZ 90, 17 und BGH NJW 1984, 1876, JuS 1985, S. 184 - 188.

-- Richterliche Unabhängigkeit und Dienstaufsicht, NJW 1990, S. 8 - 14.

Partsch, Karl Josef: Die Rechte und Freiheiten der europäischen Menschenrechtskonvention, in: Die Grundrechte, hrsg. von K.A. Bettermann/F.L. Neumann/H.C. Nipperdey, Band I/1, Berlin 1966, S. 235 - 492.

Pawlowski, Hans-Martin: Zur Funktion der Prozeßkostenhilfe, JZ 1975, S. 197 - 202.

Perels, Kurt: Die Justizverweigerung im alten Reiche seit 1495, in: Zeitschrift der Savigny-Stiftung für Rechtsgeschichte, Band 25, Germanistische Abteilung, Weimar 1904, S. 1 - 51.

Pestalozza, Christian: Verfassungsprozeßrecht, 3. Auflage München 1991.

Peukert, Wolfgang: Die überlange Verfahrensdauer (Art. 6 Abs. 1 EMRK) in der Rechtsprechung der Staßburger Instanzen, EuGRZ 1979, S. 261 - 274.

Pfeiffer, Gerd: Das strafrechtliche Beschleunigungsgebot, in: Festschrift für Jürgen Baumann, hrsg. von G. Arzt, G. Fezer, U. Weber, E. Schlüchter und D. Rössner, Bielefeld 1992, S. 329 - 347.

Pieroth/Schlink: Bodo Pieroth, Bernhard Schlink, Grundrechte, 3. Auflage Heidelberg 1987.

Planitz/Eckhardt: Hans Planitz, Karl August Eckardt, Deutsche Rechtsgeschichte, 3. Auflage, Graz 1971.

Plöchl, Willibald: Geschichte des Kirchenrechts, Bd. II, Wien/München 1955.

Priebe, Reinhard: Die Dauer von Gerichtsverfahren im Lichte der Europäischen Menschenrechtskonvention und des Grundgesetzes, in: Grundrechtsschutz im nationalen und internationalen Recht, Festschrift für Werner Simson, hrsg. von J. Schwarze/W. Graf Vitzthum, Baden-Baden 1983, S. 287 - 310.

Pütter, Johann Stephan: Anleitung zum Teutschen Staatsrechte, aus dem Lateinischen übersetzt von Carl Anton Friedrich Graf von Hohenthal, 2. Teil, 1. Band, Bayreuth 1792.

Redeker, Konrad: Werden die Prozeßordnungen zum ministeriellen Experimentierfeld? DVBl 1992, S. 212 - 216.

Redeker/von Oertzen: Verwaltungsgerichtsordnung, Kommentar von Konrad Redeker, Hans-Joachim von Oertzen, 10. Auflage Stuttgart/Berlin/Köln 1991.

Ress, Georg: Die „Einzelfallgerechtigkeit" in der Rechtsprechung des Europäischen Gerichtshofs für Menschenrechte, in: Völkerrecht als Rechtsordnung - Internationale Gerichtsbarkeit - Menschenrechte; Festschrift für Hermann Mosler, hrsg. von R. Bernhardt/W. Geck/G. Jaenicke/H. Steinberger, Berlin/Heidelberg/New York, 1983, S. 719 - 744. (Zit.: FS Mosler)

-- Die Europäische Menschenrechtskonvention und die Vertragsstaaten: Die Wirkungen der Urteile des Europäischen Gerichtshofes für Menschenrechte im innerstaatlichen Recht und vor innerstaatlichen Gerichten, in: Europäischer Menschenrechtsschutz, Verhandlungen des Fünften Internationalen Kolloqiums über die Europäische Menschenrechtskonvention in Frankfurt/Main, hrsg. von I. Maier, Heidelberg 1982, S. 227 - 287. (Zit.: Kolloquium 1982)

-- Der Grundsatz der Verhältnismäßigkeit im deutschen Recht, in: Der Grundsatz der Verhältnismäßigkeit in europäischen Rechtsordnungen, Heidelberg 1985, S. 5 - 51. (Zit.: Verhältnismäßigkeit)

RGRK-*Bearbeiter*: Das Bürgerliche Gesetzbuch mit besonderer Berücksichtigung der Rechtsprechung, des Reichsgerichts und des Bundesgerichtshofes, Kommentar, 12. Auflage Berlin/New York 1974ff.

Roellecke, Gerd: Über richterliche Gewalt und höchstrichterliche Entscheidung, in: Zur Problematik der höchstrichterlichen Entscheidung, hrsg. von G. Roellecke, Darmstadt 1982.

-- Die Bindung des Richters an Gesetz und Verfassung, VVDStRL 34 (1976) S. 7 - 42.

Ronellenfitsch, Michael: Anmerkung zum Urteil des BGH vom 18.12.1986 - III ZR 174/85 - (OLG Hamm), JZ 1987, S. 671 - 674.

Rosenberg, Leo: Lehrbuch des deutschen Zivilprozeßrechts, 5. Aufl. 1951.

Rosenberg/Schwab: Leo Rosenberg, Karl Heinz Schwab, Zivilprozeßrecht, 14. Auflage München 1986.

Rosenberg, Werner: Gutachten des Herrn Reichsgerichtsrats Dr. Werner Rosenberg in Leipzig über die Frage: Empfiehlt sich eine Abänderung der Bestimmungen über parlamentarische Untersuchungsausschüsse, um den ungestörten Verlauf des Strafverfahrens und die Unabhängigkeit des Richtertums sicherzustellen? in: Verhandlungen des 34. Deutschen Juristentags (Köln), 1. Bd. (Gutachten), S. 3 - 29, Berlin und Leipzig 1926. (Zit.: Gutachten)

Rottleuthner, Hubert/*Rottleuthner-Lutter*, Margret: Die Dauer von Gerichtsverfahren, Evaluation der ZPO-Vereinfachungsnovelle, Baden-Baden 1990.

Roxin, Claus: Strafverfahrensrecht, 22. Auflage München 1991.

Roxin, Imme: Die Rechtsfolgen schwerwiegender Rechtsstaatsverstöße in der Strafrechtspflege, München 1988. (Zit.: Rechtsfolgen)

Rudolf, Walter: Völkerrecht und deutsches Recht, Tübingen 1967.

-- Die innerstaatliche Anwendung partikulären Völkergewohnheitsrechts, in: Internationale Festschrift für Alfred Verdross, hrsg. von R. Marcic/H. Mosler/E. Suy/K. Zemanek, München/Salzburg 1971, S. 435 - 448. (Zit.: FS Verdross)

Rudolph, Kurt: Richterliche Unabhängigkeit und Terminierung, DRiZ 1985, S. 351 - 353.

Rückerl, Adalbert: NS-Verbrechen vor Gericht, 2. Auflage Heidelberg 1984.

Rüfner, Wolfgang: Verwaltungsrechtschutz in Preußen von 1749 - 1842, Bonn 1962.

-- Grundrechtsträger, in: Handbuch des Staatsrechts der Bundesrepublik Deutschland, hrsg. von J. Isensee und P. Kirchhof, Band V; Allgemeine Grundrechtslehren, Heidelberg 1992, § 116 S. 527 - 549. (Zit. HdBStR V)

-- Grundrechtsadressaten, in: Handbuch des Staatsrechts der Bundesrepublik Deutschland, hrsg. von J. Isensee und P. Kirchhof, Band V; Allgemeine Grundrechtslehren, Heidelberg 1992, § 117 S. 550 - 562. (Zit. HdBStR V)

Samson, Erich: Strafvereitelung auf Zeit, JA 1982, S. 181 - 184.

Schaffstein, Friedrich: Die Vollendung der Unterlassung in: Festschrift für Eduard Dreher, hrsg. von H.-H. Jescheck und H. Lüttger, Berlin/New York 1977, S. 147 - 166.

Schaupp-Haag, Judith: Die Erschöpfung des innerstaatlichen Rechtsweges nach Art. 26 EMRK und das deutsche Recht, Frankfurt am Main 1987.

Scheffler, Uwe: Die überlange Dauer von Strafverfahren, Berlin 1991. (Zit.: Strafverfahren)

Schellenberg, Frank: Das Verfahren vor der Europäischen Kommission und dem Europäischen Gerichtshof für Menschenrechte, Frankfurt/Bern/New York 1983.

Scheuing, Dieter H.: Haftung für Gesetze, in: Festschrift für Otto Bachof, hrsg. von G. Püttner, München 1984, S. 343 - 380.

Scheuner, Ulrich: An investigation of the influence of the ECHR on national legislation and practice, in: International Protection of Human Rights, Proceedings of the Seventh Nobel Symposium, Oslo 1967, hrsg. von A. Eide/A. Schou, Stockholm 1968, S. 193 - 215. (Zit.: Nobel-Symposion)

Schilken, Eberhard: Gerichtsverfassungsrecht, Köln/Berlin/Bonn/München 1990.

Schindler, Dietrich: Die innerstaatlichen Wirkungen der Entscheidungen der europäischen Menschenrechtsorgane, in: Festschrift zum 70. Geburtstag für Max Guldener, hrsg. von M. Kummer/H.U. Walder, Zürich 1973, S. 273 - 290.

Schmidt-Aßmann, Eberhard: Verfahrensgarantien im Bereich des öffentlichen Rechts: Darstellung der Rechtslage in der Bundesrepublik Deutschland mit vergleichenden Hinweisen auf die Bundesverwaltungsrechtspflege in der Schweiz mit Blick auf Art. 6 I EMRK, in: Matscher, Franz, Verfahrensgarantien des öffentlichen Rechts, Kehl am Rhein 1989. (Zit.: Verfahrensgarantien)

Schmidt, Eberhard: Lehrkommentar zur Strafprozeßordnung und zum Gerichtsverfassungsgesetz, Teil I, 1. Auflage Göttingen 1952.

-- Einführung in die Geschichte der deutschen Strafrechtspflege, 3. Auflage Göttingen 1965.

Schmidt-Räntsch, Ruth: Dienstaufsicht über Richter, Bielefeld 1985.

Schmidt-Räntsch: Günter Schmidt-Räntsch, Dieter Schmidt Räntsch, Deutsches Richtergesetz, 4. Auflage 1988. (Zit.: DRiG)

Schmitt-Kammler, Arnulf: Das „Sonderopfer“ - ein lebender Leichnam im Staatshaftungsrecht, NJW 1990, S. 2515 - 2520.

Schmitt-Weigand, Adolf: Rechtspflegedelikte in der fränkischen Zeit, Berlin 1962.

Schmieszeck, Hans-Peter: Die Novelle zur Verwaltungsgerichtsordnung - Ein Versuch, mit Mitteln des Verfahrensrechts die Ressource Mensch besser zu nutzen, NVwZ 1991, 522 - 526.

Schneider, Egon: Verschenkte Gerichtskosten, Anwaltsblatt 1987, S. 563 - 565.

-- Die Verlagerung richterlicher Pflichten auf die Prozeßbevollmächtigten, Anwaltsblatt 1988, S. 259 - 262.

-- Das Pflichten- und Haftungsverständnis der Dritten Gewalt, Anwaltsblatt 1988, S. 601 - 607.

-- Nichterhebung von Kosten nach § 7 GKG - Eine Fehlentwicklung der Rechtsprechung -, JurBüro 1975, Spalte 870 - 878.

-- Der Einfluß der Rechtsprechung des Bundesverfassungsgerichts auf das Zivilprozeßrecht, MDR 1979, S. 617 - 623.

-- Revision bei verzögerter Urteilsabsetzung, MDR 1988, S. 640 - 642.

-- Anmerkung zu OLG Frankfurt, Urt. vom 24.10.1968 - 15 U 94/68; MDR 1969, S. 580

Schneider, Hans: Zur Verhältnismäßigkeits-Kontrolle insbesondere bei Gesetzen, in: Bundesverfassungsgericht und Grundgesetz, Festgabe für das Bundesverfassungsgericht, 2. Band, hrsg. von C. Starck, Tübingen 1976, S. 390- 404. (Zit.: FG BVerfG)

Schoch, Friedrich: Vorläufiger Rechtsschutz und Risikoverteilung im Verwaltungsrecht, Heidelberg 1988. (Zit.: Vorläufiger Rechtsschutz)

Schönke/Kuchinke: Adolf Schönke, Kurt Kuchinke, Zivilprozeßrecht, 9. Auflage Karlsruhe 1969.

Schönke/Schröder: Strafgesetzbuch, Kommentar, 23. Auflage, München 1988.

Schroth, Ulrich: Strafrechtliche und strafprozessuale Konsequenzen aus der Überlänge von Strafverfahren, NJW 1990, S. 29 - 31.

Schünemann, Bernd: Absprachen im Strafverfahren? Grundlagen, Gegenstände und Grenzen. Gutachten zum 58. Deutschen Juristentag, München 1990.

Schumann, Ekkehard: Bundesverfassungsgericht und Grundgesetz und Zivilprozeß, ZZP 96 (1983), S. 137 - 253.

-- Menschenrechtskonvention und Zivilprozeß, Festschrift für Karl Heinz Schwab, hrsg. von P. Gottwald/H. Prütting, München 1990, S. 449 - 464.

-- Menschenrechtskonvention und Wiederaufnahme des Verfahrens, NJW 1964, S. 753 - 756.

Schwab, Karl Heinz: Zur Wiederbelebung des Rechtschutzanspruchs, ZZP 81 (1968), S. 412 - 429.

Schwab/Gottwald: Karl Heinz Schwab, Peter Gottwald, Verfassung und Zivilprozeß, Bielefeld 1984.

Schwartz, Ernst: Das Strafgesetzbuch für das Deutsche Reich mit Kommentar, Berlin 1914.

Schwartz, Johann Christoph: Vierhundert Jahre deutscher Civilproceß-Gesetzgebung, Berlin 1898.

Schwerdtfeger, Gunther: Eigentumsgarantie, Inhaltsbestimmung und Enteignung - BVerfGE 58, 300 („Naßauskiesung"), JuS 1983, S. 104 - 110.

Seibert, Helga: Europäische Menschenrechtskonvention und Bundesverfassungsgericht, in: Die Freiheit der Anderen, Festschrift für Martin Hirsch, hrsg. von H.J. Vogel/H. Simon/A. Podlech, Baden-Baden 1981, S. 519 - 527. (Zit.: FS Hirsch)

Sendler, Horst: Möglichkeiten zur Beschleunigung des verwaltungsgerichtlichen Verfahrens, -Zur „hausgemachten" Überlastung der Verwaltungsgerichte-, DVBl 1982, S. 923 - 933.

-- Gefahren für die Effektivität des Rechts, DÖV 1990, S. 776 - 782.

-- Zu wenig durch zuviel Rechtsschutz im Verwaltungsprozeß? Oder: Wäre weniger mehr? In: Justiz und Recht, Festschrift für die Deutsche Richterakademie, hrsg. von W. Schmidt-Hieber/R. Wassermann, Heidelberg 1983, S. 175 - 192.

Soergel-*Bearbeiter*: Kommentar zum Bürgerlichen Gesetzbuch, Bd. 6, 11. Auflage Stuttgart 1985.

Sommermann, Karl-Peter: Völkerrechtlich garantierte Menschenrechte als Maßstab der Verfassungskonkretisierung - Die Menschenrechtsfreundlichkeit des Grundgesetzes - AöR 1989, S. 391 - 422.

Spendel, Günter: Rechtsbeugung im Jugendstrafverfahren, JR 1985, S. 485 - 490.

-- Zur strafrechtlichen Verantwortlichkeit des Richters. Die Vorsatzform der Rechtsbeugung, in: Festschrift für Ernst Heinitz, hrsg. von H. Lüttger/H. Blei/P. Hanau, Berlin 1972.

Stackelberg, Curt Freiherr von: Verjährung und Verwirkung des Rechts auf Strafverfolgung, in: Festschrift für Paul Bockelmann, München 1979, S. 759 - 769.

Staudinger-*Bearbeiter*: J. von Staudingers Kommentar zum Bürgerlichen Gesetzbuch, 12. Auflage Berlin 1986.

Steffen, Erich: Das Haftungsprivileg des Spruchrichters, seine Geltung im außerdeliktischen Bereich, DRiZ 1968, S. 237 - 239.

Stein/Jonas-*Bearbeiter*: Kommentar zur Zivilprozeßordnung, 20. Auflage Tübingen 1984.

Steinberger, Helmut: 6. Internationales Kolloquium über die Europäische Menschenrechtskonvention in Sevilla (Bericht), HRLJ 6 (1985), S. 402 - 408.

-- Entwicklungslinien in der neueren Rechtsprechung des Bundesver fassungsgerichts zu völkerrechtlichen Fragen, ZaöRV 48 (1988), S. 1 - 8.

Stern, Klaus: Das Staatsrecht der Bundesrepublik Deutschland, Bd. III/1, München 1988; Band I, 2. Auflage München 1984.

Strasser, Wolfgang: Europäische Kommission für Menschenrechte (EKMR) Straßburg; Zulässige Beschwerden/Rechtsprechungsbericht 1989 und 1990, EuGRZ 1991, S. 193 - 196.

Stürner, Rolf: Die Aufklärungspflicht der Parteien des Zivilprozesses, Tübingen 1976.

-- Die Einwirkungen der Verfassung auf das Zivilrecht und den Zivilprozeß, NJW 1979, S. 2334 - 2338.

Systematischer Kommentar-*Bearbeiter*: Systematischer Kommentar zum Strafgesetzbuch, Besonderer Teil, 4. Auflage Frankfurt/Main 1989.

Thoma, Richard: Über die Grundrechte im Grundgesetz für die Bundesrepublik Deutschland, in: Recht, Staat, Wirtschaft, Bd. 3, hrsg. von H. Wandersleb, bearb. von E. Trautmann, Düsseldorf 1951, S. 9 - 19.

Thomas/Putzo: Heinz Thomas, Hans Putzo, Zivilprozeßordnung, 16. Auflage München 1990.

Triepel, Heinrich: Die Reichsaufsicht, Berlin 1917.

Trzaskalik, Christoph: Die Rechtsprechung zum Verwaltungsprozeßrecht, JZ 1983, S. 415 - 422.

Ulsamer, Gerhard: Art. 6 Menschenrechtskonvention und die Dauer von Strafverfahren, in: Festschrift Hans Joachim Faller, hrsg. von W. Zeidler/T. Maunz/G. Roellecke, München 1984, S. 373 - 384.

Ulsenheimer, Klaus: Zur Problematik der überlangen Verfahrensdauer und richterlichen Aufklärungspflicht im Strafprozeß sowie zur Frage der Steuerhinterziehung durch Steuerumgehung - Anmerkung zu BGH 3 StR 217/87 vom 27.1.82 (wistra 1982, 108), wistra 1983, S. 12 - 17.

Vogler, Theo: Straf- und strafverfahrensrechtliche Fragen in der Spruchpraxis der Europäischen Kommission und des Europäischen Gerichtshofs für Menschenrechte, ZStW 89 (1977), S. 761 - 795.

Vollkommer, Max: Die lange Dauer der Zivilprozesse und ihre Ursachen, ZZP 81 (1968) S. 102 - 135.

-- Der Anspruch der Parteien auf ein faires Verfahren im Zivilprozeß, in: Gedächtnisschrift für Rudolf Bruns, hrsg. von R. Baltzer/G. Baumgärtel/E. Peters/H. Pieper, München 1980, S. 195 - 220.

Volz: Die politischen Testamente Friedrichs des Großen, 1920.

Wacker, Hans: Die Rechtsbeugung, Kiel 1931.

Waldock, Humphrey Sir: Die Wirksamkeit des Systems der Europäischen Menschenrechtskonvention, EuGRZ 1979, S. 599 - 603.

Weber-Grellet, Heinrich: (Irr-)Wege aus der Justizmisere, NJW 1990, S. 1777 - 1778.

Weides, Peter/*Bertrams*, Rainer: Die nachträgliche Entscheidung im Verfahren der Untätigkeitsklage, NVwZ 1988, S. 673 - 679.

Weidmann, Klaus W.: Der Europäische Gerichtshof für Menschenrechte auf dem Weg zu einem europäischen Verfassungsgerichtshof, Frankfurt/Bern/New York 1985.

Weitzel, Jürgen: Der Kampf um die Appellation ans Reichskammergericht, Köln 1976.

Weth, Stephan: Die Zurückweisung verspäteten Vorbringens im Zivilprozeß, Köln/Berlin/Bonn/München 1988.

Wieczorek, Bernhard: Zivilprozeßordnung und Gerichtsverfassungsgesetz, 1. Auflage Berlin 1957.

Wildhaber, Luzius: Erfahrungen mit der Europäischen Menschenrechtskonvention, Zeitschrift für Schweizerisches Recht, NF 98 (1979) II, S. 229 - 379.

Witt, Jürgen: Verhältismäßigkeitsgrundsatz - Untersuchungshaft, körperliche Eingriffe und Gutachten über den Geisteszustand, Mainz 1968. (Zit.: Verhältnismäßigkeitsgrundsatz)

Wolf, Manfred: Gerichtsverfassungsrecht aller Verfahrenszweige, 6. Auflage München 1987.

Wolfslast, Gabriele: Absprachen im Strafprozeß, NStZ 1990, S. 409 - 416.

Zachariä, Heinrich A.: Deutsches Staats- und Bundesrecht, 2. Teil, 3. Aufl. Göttingen 1867.

Zeumer, Karl: Quellensammlung zur Geschichte der Deutschen Reichsverfassung in Mittelalter und Neuzeit, Teil 1 und 2, 2. Auflage Tübingen 1913.

Zeuner, Albrecht: Rechtliches Gehör, materielles Recht und Urteilswirkungen, Karsruhe 1974.

Zinn, Georg August: Die Rechtsprechung, DöV 1949, S. 278 - 282.

Zöller-*Bearbeiter*: Zivilprozeßordnung, 15. Auflage, Köln 1987.

Zuck, Rüdiger: Neue Tendenzen in der Kammerrechtsprechung des BVerfG, NJW 1990, S. 2449f.

Zwierlein, Christian Jakob von: Vermischte Briefe und Abhandlungen über die Verbesserung des Justizwesens am Kammergerichte, mit patriotischer Freimütigkeit entworfen, I. Theil, Berlin 1767. (Zit.: Vermischte Briefe)

FSC
www.fsc.org
MIX
Papier | Fördert gute Waldnutzung
FSC® C083411

Kolibri 360 GmbH
Ferdinand-Jühlke-Straße 7
99095 Erfurt, Deutschland
produktsicherheit@kolibri360.de